Ich lerne
Häkeln

Pauline Turner

Ich lerne Häkeln

Neue Ideen für Anfänger und Fortgeschrittene

Bechtermünz

Für Kathleen, Rita, Sylvia und meine Schülerinnen und Schüler in aller Welt, ohne die dieses Buch niemals hätte realisiert werden können.

Dank der Autorin

Ich danke den Firmen Coats und Rowan dafür, dass Sie mir ihre Garne so großzügig zur Verfügung gestellt haben; Julia Barnard für die Auswahl der Projekt-Ideen; Rita, Dorothy, Marie, Marian, Sheila und allen, die fleißig gehäkelt haben, um den Termin einzuhalten; den Schülerinnen meines Häkelunterrichts, die mich permanent fordern; Margaret O'Mara für das runde Kissen in tunesischer Häkelei und Lynne Tuck für den Kinderpullover im Aran-Stil. Besonderer Dank geht an Clare Churly, deren scharfes Auge und stets gute Laune die Arbeit an diesem Buch zu einem Vergnügen machten.

Titel der Originalausgabe: *How to Crochet*
Zuerst veröffentlicht 2001 in Großbritannien von Collins & Brown Limited,
64 Brewery Road, London N7 9NT

Collins & Brown Limited ist ein Imprint der Chrysalis Books PLC.
Copyright © 2001 by Collins & Brown Limited
Copyright © für Text und Projekte 2001 by Pauline Turner
Copyright © für Illustrationen und Fotografien 2001 by Collins & Brown

Deutsche Erstausgabe

Copyright © der deutschen Übersetzung und Ausgabe 2002 by Verlagsgruppe Weltbild GmbH, Augsburg
Redaktion und Lektorat: Clare Churly, Alison Leach
Fachberatung: Julie Barnard
Layout und Design: Maggie Aldred
Fotografie: Nick Pope, Matthew Ward
Illustrationen: Kuo Kang Chen
Koordination und Bearbeitung der deutschen Ausgabe: Maasburg GmbH, München
Übertragung ins Deutsche und Redaktion der deutschen Ausgabe: Helene Weinold-Leipold, Aystetten
Umschlaggestaltung: Andreas Rödig, Büro Lehmacher, Friedberg (Bayern)
Umschlagmotiv: Nick Pope, Matthew Ward
Gesamtherstellung: Druckerei Appl, Wemding

Printed in Germany
ISBN 3-8289-2410-7

Wichtiger Hinweis

Der Verlag hat größte Mühe darauf verwandt, dass alle Angaben in diesem Buch richtig sind. Verlag und Autor können keinerlei Haftung für Verletzungen, Verluste oder andere Schäden übernehmen, die aufgrund abweichender Ausgangssituationen, durch das Werkzeug oder aufgrund individuellen Verhaltens aus den Informationen dieses Buches entstanden sind.

Alle Rechte vorbehalten. Dieses Buch darf nur nach vorheriger schriftlicher Zustimmung des Copyright-Inhabers vollständig bzw. teilweise vervielfältigt, in einem Datenerfassungssystem gespeichert oder mit elektronischen bzw. mechanischen Hilfsmitteln, Fotokopierern oder Aufzeichnungsgeräten bzw. anderweitig weiterverbreitet werden.

Inhalt

Vorwort 7

Grundkurs 9
Häkelnadel, Garn und Technik 10
Mustersammlung 21
1. Projekt: Einkaufsnetz 22

Die Grundmaschen 25
Technik 26
Mustersammlung 33
2. Projekt: Umhäkelte Kleiderbügel 35
3. Projekt: Buchhüllen 38

Mehrfarbig häkeln 41
Technik 42
Mustersammlung 45
4. Projekt: Badezimmerteppich 48
5. Projekt: Kissenhülle 51

Formgebung 53
Technik 54
Mustersammlung 57
6. Projekt: Fausthandschuhe 60
7. Projekt: Träger-Top 63

Strukturmaschen 67
Technik 68
Mustersammlung 73
8. Projekt: Einfache Aran-Pullover 75
9. Projekt: Babydecke 79

Tunesische Häkelei 83
Technik 84
Mustersammlung 90
10. Projekt: Rundes Kissen 92
11. Projekt: Kuscheldecke 95

Kreise und Motive 99
Technik 100
Mustersammlung 105
12. Projekt: Hüte und Taschen 109
13. Projekt: Motivkissen 112
14. Projekt: Blütenschmuck 115

Filethäkelei 119
Technik 120
Mustersammlung 124
15. Projekt: Hausschuhe 126
16. Projekt: Vorhangspitze 128

Schlingenhäkelei 131
Technik 132
Mustersammlung 136
17. Projekt: Stola 138

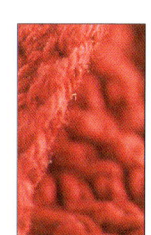

Der letzte Schliff 141
Technik 142
Mustersammlung 145

Grafiken für Linkshänder 148
Register 151
Bezugsquellen 152

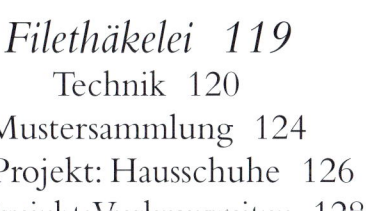

Vorwort

Das Häkeln ist die wohl einfachste Handarbeit, aber gleichzeitig die interessanteste. Sie glauben mir nicht? Anfangs hatte ich auch meine Zweifel. Ich hielt das Häkeln für altmodisch und dachte, es gäbe nur hausbackene Modelle aus farblosem Baumwollgarn. Zunächst erlernte ich die Technik nur, weil ich sie unterrichten sollte – und war gar nicht glücklich darüber.

Als ich begonnen hatte, häkeln zu lernen, merkte ich, dass es allein darauf ankommt, was man draus macht. Ich entdeckte, dass die Häkelei die jüngste aller textilen Techniken ist. Außerdem ist sie unter allen Handarbeitstechniken, die ich je gelehrt habe, die einzige, die nicht auch mit Maschinen bewältigt wird. Und nicht zuletzt lässt sie uns unbegrenzte Freiheit. Beim Häkeln gibt es keine Regeln, lediglich grobe Richtlinien. Daher soll dieses Buch Sie zum Experimentieren ermutigen, selbst wenn Sie blutige Anfängerin sind. Jede Masche in diesem Buch wird erklärt. Es gibt nur drei Grundmaschen – alle anderen Maschenarten sind Variationen davon. Sie können Häkelnadeln in verschiedenen Stärken verwenden, um unterschiedliche Effekte zu erzielen. Als Material bietet sich nahezu alles an, was geschmeidig genug ist: angefangen bei Woll- und Baumwollgarnen über Draht, Schnur und Stoffstreifen bis hin zu Seidenpapier. Wenn Sie mit diesem Buch fertig sind, haben Sie hoffentlich so viel Selbstvertrauen gewonnen, dass Sie Ihre eigenen Modelle ohne jegliche Anleitung häkeln.

Ich wünsche Ihnen frohe Häkelstunden!

1. Kapitel

Grundkurs

Beim Häkeln gibt es keine strengen Regeln, sondern nur Richtlinien – und es gibt mehr oder weniger gute Methoden zu häkeln. Dieses Buch soll Sie mit den Methoden vertraut machen, die zu einem professionellen Ergebnis führen. Das Häkeln ist die jüngste aller Techniken zur Stoffherstellung. Zunächst sollte damit Spitze imitiert werden, doch mit der Häkelnadel lassen sich sowohl fantasievoll Farben und Strukturen ausprobieren als auch die traditionellen Durchbrucharbeiten aus feiner Baumwolle häkeln. Wenn der Stoff erst einmal fertig ist, kann er ganz nach Wunsch zu Dekorations- und Gebrauchsgegenständen für zu Hause, zu Kleidung, Spielzeug und Accessoires weiterverarbeitet werden.

Jeder kann häkeln. Anfänger mit einem Hang zur Logik werden sich vielleicht Notizen machen und später, wenn Wissen und Fertigkeit zugenommen haben, darauf zurückgreifen, während unbekümmertere Geister all ihre Probstücke sammeln und frisch-fröhlich zu einer Decke oder einem künstlerischen dreidimensionalen Objekt zusammensetzen. Suchen Sie sich die Arbeitsmethode heraus, die Ihnen am besten behagt – dann werden auch Sie dauerhaft Spaß am Häkeln haben.

GRUNDKURS

Häkelnadeln und nützliches Zubehör

Häkelarbeiten lassen sich leicht mitnehmen, denn Sie brauchen nur eine Häkelnadel und Garn, eine scharfe Schere, ein Maßband und eine stumpfe Sticknadel mit großem Öhr.

RECHTS *Wollhäkelnadeln gibt es in verschiedenen Stärken. Am gebräuchlichsten sind Häkelnadeln aus Metall mit Grifffläche oder Kunststoffgriff in Stärken von 2 bis 6 mm, abgestuft in Schritten von jeweils einem halben Millimeter. Dickere Garne oder Stoffstreifen werden mit Häkelnadeln der Stärken 7 bis 20 verarbeitet, die meist aus Kunststoff bestehen. Mittlere Stärken werden auch in Holz oder Bambus angeboten, die feineren Nadeln nur in Metall. Wollhäkelnadeln mit Kunststoffgriff (2 bis 6 mm), die sich wärmer anfühlen und gut in der Hand liegen, sind besonders für Häklerinnen mit arthritischen Gelenken empfehlenswert.*

RECHTS *Garnhäkelnadeln haben keine Grifffläche. Wenn Sie während der Arbeit nicht dauernd einen Finger als Stopper an exakt derselben Stelle der Nadel lassen, wird Ihre Häkelei leicht ungleichmäßig. Anfängerinnen sollten daher zunächst lieber keine zylindrischen Nadeln verwenden.*

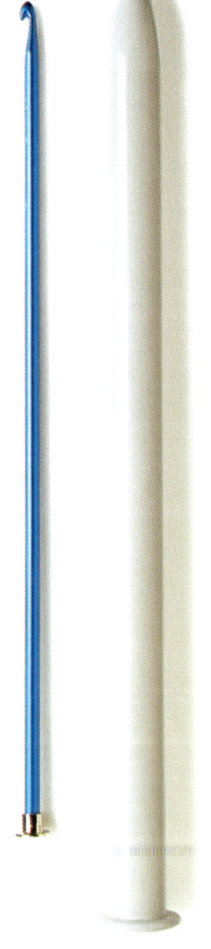

LINKS *Für tunesische Häkelarbeiten (siehe S. 82 ff.) verwendet man eine tunesische Häkelnadel (links außen), für Schlingenhäkeleien (S. 130 ff.) einen dicken Stab (links).*

LINKS *Kaufen Sie sich eine spitze, scharfe Schere. Damit können Sie einzelne Garnfäden vom Rest trennen.*

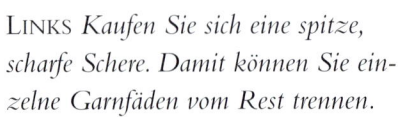

RECHTS *Außerdem brauchen Sie ein hochwertiges Maßband. Erneuern Sie es ab und zu, da solche Bänder sich mit der Zeit dehnen und ungenau werden.*

LINKS *Steck- und Sicherheitsnadeln sind stets von Nutzen. Außerdem brauchen Sie stumpfe Sticknadeln, deren Öhr groß genug für Ihr Häkelgarn ist.*

Häkelnadelstärken

Auf vielen Häkelnadeln ist die Stärke nicht angegeben. Sie können den Metallgriff einer solchen Nadel in die Löcher eines Stricknadelmaßes stecken, um die exakte Stärke zu ermitteln. Wenn Sie dieses Buch durchgearbeitet haben, werden Sie jedoch keine Vorgaben mehr brauchen, sondern die Häkelnadel nach Ihren eigenen Wünschen und Vorlieben auswählen.

Abkürzungen und Symbole

Offenbar ist die Häkelsprache ebenso vielfältig wie die Technik des Häkelns. Jedenfalls variieren Bezeichnungen und Symbole nicht nur von Land zu Land, sondern oft sogar von Anleitung zu Anleitung. Lesen Sie deshalb die Erläuterungen zur jeweiligen Anleitung, nach der Sie arbeiten wollen, sorgfältig durch, bevor Sie zu Garn und Nadeln greifen.

abgem.	abgemascht(e)	RDStb	Relief-Doppelstäbchen
abm.	abmaschen	RDStbh	Relief-Doppelstäbchen hinten
abn.	abnehmen	RDStbv	Relief-Doppelstäbchen vorne
anschl.	anschlagen	RStb	Reliefstäbchen
arb.	arbeiten	RStbh	Reliefstäbchen hinten
Bm	Büschelmasche	RStbv	Reliefstäbchen vorne
dfM	doppelte feste Masche		Schlinge, abgehäkelt
Dreifach-Stb	Dreifachstäbchen	Stb	Stäbchen
DStb	Doppelstäbchen	tBm	tunesische Büschelmasche
fM	feste Masche	tDStb	tunesische(s) Doppelstäbchen
folg.	folgende(n)	tN	tunesische Noppe
fortlfd.	fortlaufend	tS	einfacher tunesischer Stich
Gk	Gitterkästchen	tStb	tunesische(s) Stäbchen
hkr.	hinten kreuzen	U	Umschlag
hStb	halbes Stäbchen	üb-spr.	überspringen
hStbN	Noppe aus halben Stäbchen	unv.	unvollendet(es)
Km	Kettmasche	Vierfach-Stb	Vierfach-Stäbchen
kr.	kreuzen	vkr.	vorne kreuzen
Krebs-M	Krebsmasche	Vor-R	Vorreihe
Lm	Luftmasche	Vor-Rd	Vorrunde
M	Masche	wdh.	wiederholen
Mk	Musterkästchen	weiterarb.	weiterarbeiten
N	Noppe	ZR	Zwischenraum
P	Pikot	zus.	zusammen
Pm	Plustermasche	2 Stb in 1 Einstichstelle	2 Stäbchen in dieselbe Einstichstelle
R	Reihe(n)	2 Stb zus. abm.	2 Stäbchen zusammen abmaschen
RBmv(h)	Relief-Büschelmasche vorn (hinten)	2 tS zus. abm.	2 einfache tunesische Stiche zus. abm.
Rd	Runde(n)		

GRUNDKURS

Material

Das Häkeln hat etwas von Piraterie, denn es bedient sich der Garne, Nadeln und sogar Vorlagen anderer Handarbeitstechniken. Alles, was geschmeidig und lang genug ist, lässt sich verwenden – Draht, Bindfaden, Stoffstreifen, ja sogar Seidenpapier. Auf den meisten Garnbanderolen sind die empfohlenen Nadelstärken angegeben. Ich richte mich lieber nur grob danach oder ignoriere derlei Angaben.

LINKS *Traditionell verwendet man für Häkelarbeiten Baumwollgarn in Stärken zwischen 100 und 5: Je höher die Nummer, desto feiner der Faden. Baumwollgarne sind üblicherweise merzerisiert und dadurch besonders haltbar. Alle Strickgarne – gleich aus welchen Fasern sie bestehen – lassen sich ebenfalls verhäkeln.*

OBEN *Aran-Garne aus reiner Wolle oder aus einer Wolle-Synthetik-Mischung halten die Form besonders gut und bringen das Maschenbild hervorragend zur Geltung. Ich empfehle Ihnen solche Garne, wenn Sie eine neue Technik zum ersten Mal ausprobieren.*

OBEN *Seidige Garne sind rutschig und halten die Form schlecht. Außerdem kommen die Fadenenden immer wieder zum Vorschein, wenn sie nicht sehr gut vernäht werden.*

RECHTS *Flauschige Garne verschleiern das Maschenbild und sind schwer aufzutrennen, weil sich die Flauschhärchen ineinander verhaken. Das kann Sie entmutigen, wenn Sie gerade eine neue Technik lernen; meiden Sie deshalb derlei Garne, bis Sie mit Arbeitsweise und Maschenbild vertraut sind. Außerdem gehen immer mehr Härchen verloren, je öfter Sie auftrennen. Wenn Sie mit Flauschgarnen arbeiten, sollte das Licht von vorne kommen und durch die Maschen scheinen, sodass Sie immer genau sehen, wo Sie einstechen müssen.*

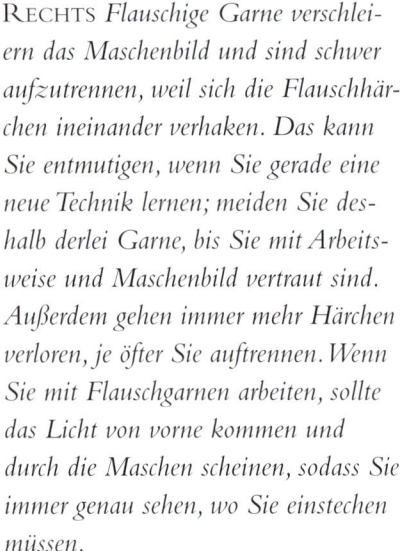

GRUNDKURS

LINKS *Feine Garne sind nicht gerade die erste Wahl, wenn Sie eine neue Technik ausprobieren und schlecht sehen oder unter steifen Fingern leiden. Eine Häkelnadel mit Kunststoffgriff erleichtert das gleichmäßige Arbeiten, ganz besonders, wenn Sie das erste Mal mit feinem Garn häkeln.*

UNTEN *Effektgarne wie zum Beispiel Bouclé-, Chenille- und Mohairgarn oder Dochtwolle ergeben ein ungleichmäßiges Maschenbild, das durchaus erwünscht ist. Als Anfängerin sollten Sie jedoch die verschiedenen Methoden für ein akkurates Maschenbild kennen lernen. Widerstehen Sie also der Versuchung, und meiden Sie stark strukturierte Garne, bis Ihnen die Häkelarbeit problemlos und sauber von der Hand geht.*

OBEN *Polyamid und viele andere Kunstfasern dehnen sich leicht. Solange Sie den Faden noch nicht sicher halten, sodass er frei zwischen den Fingern durchgleitet, könnte das Maschenbild ungleichmäßig werden: Das Garn dehnt sich zunächst und zieht sich wieder zusammen, sobald die Masche gehäkelt ist. Dadurch wird die Masche kleiner als vorgesehen, und es entstehen Löcher, weil der Faden die Zwischenräume nicht mehr ausfüllt.*

TIPP
Dunkle Garne sind in der Dämmerung und bei Kunstlicht schlecht zu sehen. Über längere Zeit hinweg kann das Ihre Augen ermüden. Suchen Sie sich daher für trübe Tage und Abende ein Modell in hellen Tönen aus, und arbeiten Sie nur an sonnigen Tagen mit dunklen Garnen. Denken Sie auch daran, dass Häkelarbeiten sich gut mit ungewöhnlichen Stoffen und nahezu jeder anderen Handarbeit kombinieren lassen.

GRUNDKURS

Maschenprobe

Bevor Sie mit einer Häkelarbeit beginnen, sollten Sie sich die Zeit für eine Maschenprobe nehmen. Sie ist ein wichtiger Bestandteil jeder Anleitung, wird aber oft übergangen. Damit Ihr Modell am Ende passt, müssen Sie auf dieselben Maschen- und Reihenzahlen pro Zentimeter kommen wie beim Originalmodell. Schon geringe Abweichungen der Maschenprobe wirken sich auf die Größe der Häkelteile aus.

Häkeln Sie das Probequadrat mit dem Originalgarn, der empfohlenen Nadelstärke und im Muster Ihres Wunschmodells. Das Quadrat muss mindestens einen Mustersatz plus 5 cm Zugabe an allen Seiten umfassen. Legen Sie das Probequadrat flach aus. Entscheidend ist, dass die Arbeitsfläche wirklich eben ist; das Häkelquadrat auf Knie, Hand oder Sessellehne auszubreiten mag zwar bequem sein, führt aber unweigerlich zu Problemen. Der geringe Aufwand, die Maschenprobe richtig zu berechnen, zahlt sich aus.

Breiten Sie das Probequadrat aus, doch dehnen Sie es nicht! Ziehen Sie vor allem nicht die Maschen in Querrichtung auseinander: Wenn Sie das vor dem Messen tun, wird Ihr Modell zu lang und schmal. Achten Sie darauf, das Quadrat von der Maschen-basis nach oben hin glatt zu streichen. Einzige Ausnahme von dieser Regel sind Modelle, die von einer Seite zur anderen gehäkelt werden.

Messen Sie mindestens 2 cm von den Seitenkanten und 3 cm von der Unterkante entfernt, denn die ersten zwei bis vier Reihen weichen oft vom Rest der Arbeit ab. Außerdem sollten Sie die letzte Reihe nicht in die Messung einbeziehen. Zählen Sie nun die Maschen- und Reihenzahl auf einer Strecke von 10 cm. Kommen Sie auf weniger Maschen oder Reihen als angegeben, verwenden Sie eine dünnere Häkelnadel. Haben Sie mehr Maschen und Reihen gehäkelt, nehmen Sie eine stärkere Nadel. Beim Häkeln ist eine Abweichung in der Maschenprobe kein Grund zu verzweifeln, denn Sie können einfach die Nadelstärke wechseln.

Ihr psychischer Zustand kann sich darauf auswirken, wie fest oder locker Sie häkeln: Wenn Sie sehr entspannt sind, gerät Ihre Arbeit leicht lockerer und größer als beschrieben, unter Stress hingegen wird Ihre Häkelei fester und kleiner.

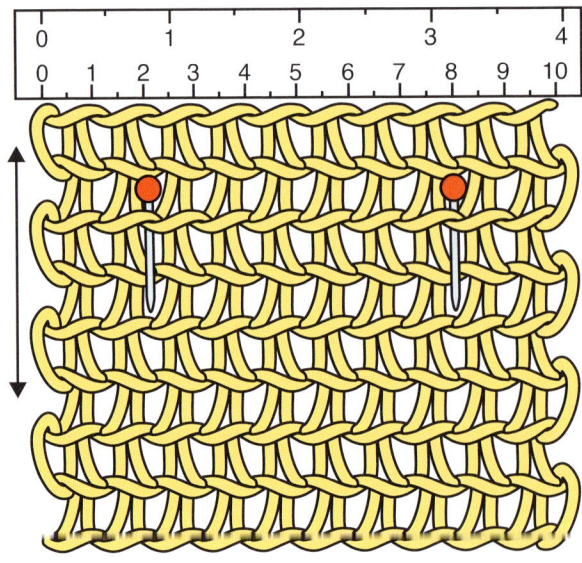

Markieren Sie die Strecke zum exakten Auszählen der Maschenprobe mit Stecknadeln.

Nach Anleitung häkeln

In der Häkelanleitung steht, welches Garn und welche Nadelstärke Sie verwenden sollten, welche Maschenprobe nötig ist und wie groß das fertige Modell wird. Anleitungen können die Arbeitsweise in Worten oder Symbolen (Häkelschrift) beschreiben. In einer Textanleitung werden alle verwendeten Abkürzungen erläutert und alle Symbole zugeordnet. Zu den Anleitungen in diesem Buch finden Sie die Liste der Abkürzungen und die Zeichenerklärung der Häkelsymbole auf Seite 11.

Tipps für die Arbeit nach Anleitungstexten

- Da Sie immer nur eine Masche auf der Häkelnadel haben, können Sie die Nadel überall einstechen. Deshalb muss aus der Häkelanleitung hervorgehen, wie viele Maschen welcher Art für den jeweiligen Arbeitsschritt an welcher Stelle gearbeitet werden müssen. Diese Information steht zwischen Kommas oder in Klammern. Lesen Sie daher immer alle Angaben für einen Arbeitsschritt genau durch.
- Wenn in einer Anleitung nach einer Reihennummer „Hinreihe" oder „Hin-R" angegeben ist, markieren Sie die Reihe. Beim Häkeln gibt es so lange keine „rechte" oder „linke" Seite der Arbeit, bis die Seiten durch eine bestimmte Häkelstruktur oder durch das Anschlingen des Garns bestimmt werden. Zu- und Abnahmen – etwa für die Armausschnitte – entscheiden ebenfalls darüber, welche Seite die linke und welche die rechte ist.
- Wenn nichts anderes angegeben ist, sticht man die Häkelnadel unter den beiden Gliedern (= Fäden) an der Oberkante einer Masche ein. Die Häkelarbeit erscheint anders, je nachdem ob man mit der Nadel das vordere oder das hintere Maschenglied aufnimmt. Manchmal verlangt die Anleitung allerdings auch, in den Zwischenraum zwischen den Maschen und nicht in die Maschen selbst einzustechen.
- Die Reihen werden je nach Anleitung unterschiedlich benannt. Die „Grundreihe" wird direkt in die Luftmaschenkette gearbeitet, unterscheidet sich jedoch im Allgemeinen kaum von den folgenden Reihen. Wenn also in einer Anleitung keine „Grundreihe" angegeben ist, fehlt dennoch nichts.
- Ein Musterrapport in einer Reihe kann auf zwei verschiedene Arten beschrieben werden. Am gebräuchlichsten ist das Wiederholungssternchen. Ein Beispiel: ★2 Stb, 1 Lm, 2 M üb-spr.; ab ★ wdh. bis zu den letzten 2 M – das bedeutet, dass am Ende der Reihe ein kompletter Rapport plus zwei Maschen bleiben sollten. Ein Musterrapport könnte folgendermaßen beschrieben werden: ★2 Stb, 2 Lm, 2 M üb-spr.; ab ★ noch 4 x wdh. Das bedeutet, dass der Rapport vor der nächsten Anweisung insgesamt fünf Mal gehäkelt werden muss.

Musterrapporte können aber auch in Klammern angegeben werden: Die Formulierung 4 x (2 Stb, 2 Lm, 2 M üb-spr.) bedeutet genau dasselbe wie oben, wobei hier der Rapport nur vier Mal statt wie oben fünf Mal gearbeitet wird.
- Häkelmaschen sind unterschiedlich hoch. Am Beginn einer Reihe muss eine bestimmte Anzahl von Luftmaschen gehäkelt werden, um die Nadel auf die Höhe der Maschen in dieser Reihe zu bringen. Diese Wendemaschen werden als erste Masche der Reihe gezählt. Wenn das Muster unterschiedliche Maschenarten in den verschiedenen Reihen vorsieht, differiert die Zahl der Wende-Luftmaschen am Reihenanfang. Wenn Sie die Wende-Luftmaschen nicht beachten, geraten die Kanten entweder offen und locker, oder sie ziehen sich zusammen, sodass das Modell nicht gerade fällt.
- Gelegentlich muss laut einer Anleitung eine Luftmasche gearbeitet werden, der dann die erste Masche in dieselbe Einstichstelle folgt. Die Luftmasche wird in diesem Fall nicht als Masche gezählt.

Tipps für die Arbeit nach Häkelschriften

Flache und spitzenartige Häkelmodelle lassen sich leichter nach einer Häkelschrift arbeiten.
- Jedes Symbol entspricht einer Masche.

GRUNDKURS

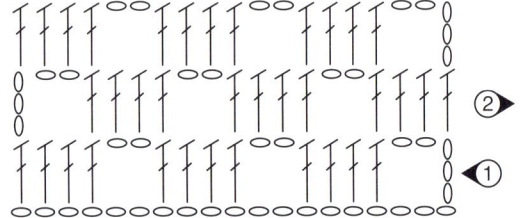

Häkelschrift für eine Arbeit in Reihen

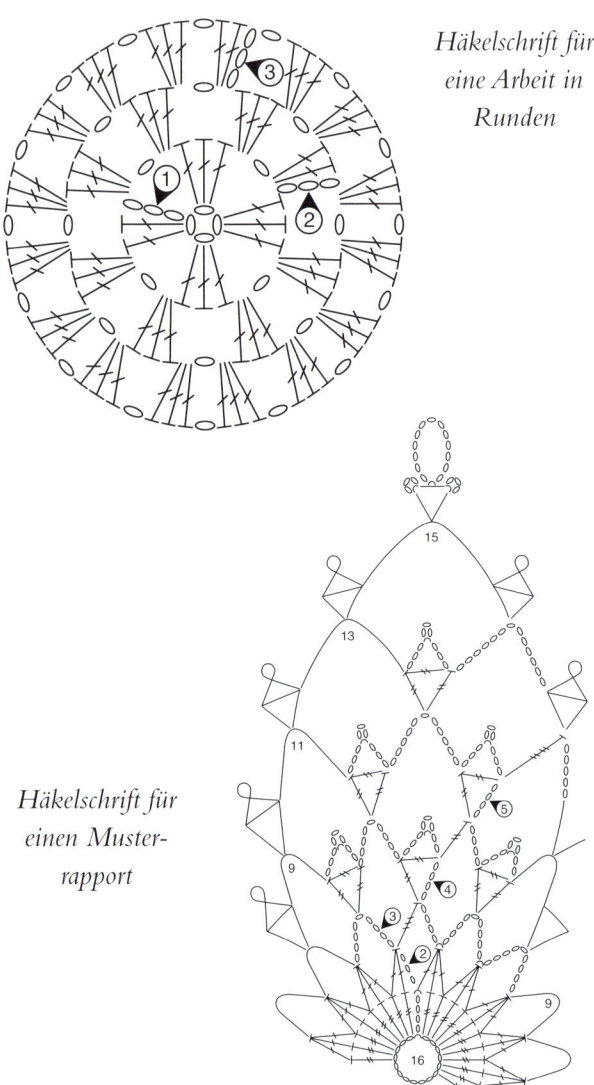

Häkelschrift für eine Arbeit in Runden

Häkelschrift für einen Musterrapport

- Werden für eine Anleitung Symbole verwendet, ist gewöhnlich die ganze Anleitung als Häkelschrift abgedruckt. Üblicherweise werden jedoch die ersten zwei oder drei Reihen eines Musters zusätzlich in Worten beschrieben. Bei der Arbeit in Reihen wird die Arbeit normalerweise nach jeder Reihe gewendet. Wenn ein ganzes Teil auf diese Weise gehäkelt wird, zeigen die Wende-Luftmaschen jeweils den Beginn der Reihe an.
- Neben einer Nummer oder direkt an eine Zahl im Kreis angeschlossen finden Sie Pfeile. Die Zahl gibt die Nummer der Reihe oder Runde an, und der Pfeil zeigt, in welche Richtung in der jeweiligen Reihe oder Runde gehäkelt wird.
- In aufwändiger gestalteten, größeren Mustern für Tischdecken oder Gardinen ist gewöhnlich ein Mustersatz komplett gezeichnet. Der Musterrapport ist in diesen Fällen durch dickere Linien markiert; zusätzlich ist die erforderliche Zahl an Wende-Luftmaschen angegeben.

Die ersten Schritte

Kurioserweise wirken gerade die völlige Freiheit, die Häkelnadel in jeder Richtung zu halten, und die zahlreichen Einstichmöglichkeiten leicht entmutigend. Doch keine Sorge – Sie schaffen das!

Anfänger sind mit einer normalen Wollhäkelnadel (siehe Seite 10), die sich nicht leicht verbiegt, gut beraten. Wählen Sie ein nicht zu dünnes Garn und eine Häkelnadel der Stärke 4,5. Alle Garne erfordern stärkere Häkel- als Stricknadeln. Das liegt am Aufbau der Häkelmasche aus drei Garnfäden, während es bei einer Strickmasche nur zwei sind.

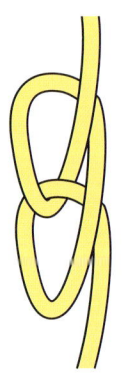

Aufbau einer Häkelmasche

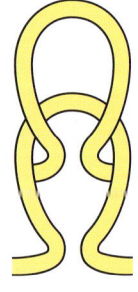

Aufbau einer Strickmasche

GRUNDKURS

So halten Sie die Häkelnadel

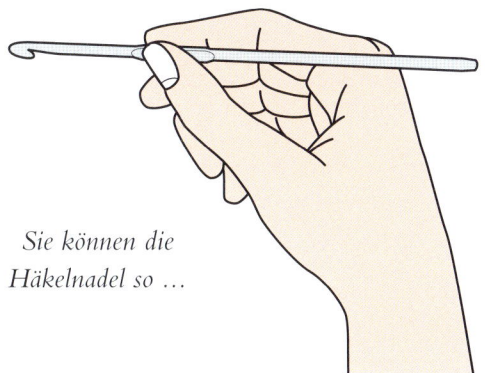

Sie können die Häkelnadel so …

… oder so halten.

Glauben Sie nur nicht, dass es nur eine Methode gebe, eine Häkelnadel zu halten! Wenn Ihre Methode funktioniert, sollten Sie dabei bleiben. Am wichtigsten ist es, die Häkelnadel nicht zu umklammern, sondern sie leicht und bequem zu halten, als ob Sie damit schreiben wollten. Alle Abbildungen zeigen eine Rechtshänderin. Linkshänderinnen finden entsprechende Grafiken auf Seite 152 bis 154.

Halten Sie die Häkelnadel ziemlich weit unten, aber etwas vom Haken entfernt. Der Grund: Um ein gleichmäßiges Maschenbild zu erhalten, müssen alle Maschen dem Durchmesser des Schafts entsprechen. Die Häkelnadel wird zum Haken hin schlanker, und wenn Sie die Maschen lediglich im vorderen Teil der Nadel statt auf dem Schaft bilden, werden sie zu klein.

So halten Sie den Faden

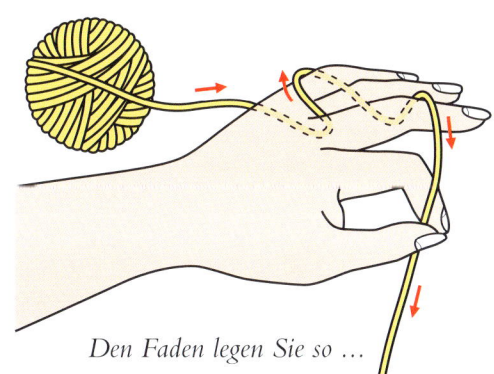

Den Faden legen Sie so …

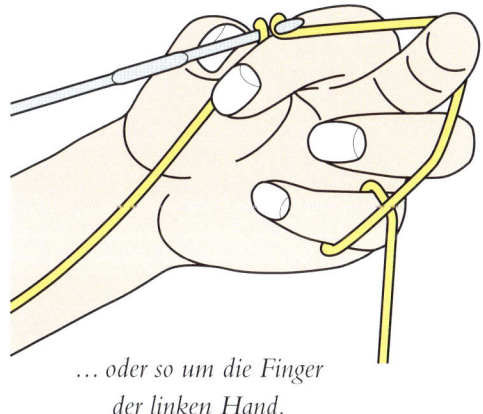

… oder so um die Finger der linken Hand.

Schlingen Sie den Faden so um den kleinen Finger, dass Sie ihn fest halten können. (Das empfiehlt sich für feinere Baumwollgarne, elastischere Garne sollten jedoch nicht zu stark gedehnt werden.) Der Faden muss frei gleiten. Fest angezogen wird er dünner; ein Garn, das zu stark gestrafft wird, kann dabei von der Stärke einer Aranwolle auf die eines Sockengarns reduziert werden. Wenn sich dann das Garn entspannt, erscheinen Löcher zwischen den Maschen. Um zu vermeiden, dass das Garn zu stark angezogen wird, empfehle ich, den Faden zwischen Mittel- und Ringfinger aufzunehmen. Legen Sie ihn über den Ring- und den kleinen Finger, führen Sie ihn nach unten und zwischen Ring- und Mittelfinger wieder nach oben. Halten Sie den Faden zwischen Zeigefinger und Daumen. Dann können Sie die Häkelnadel zwischen Zeige- und Mittelfinger nach links unter den Faden führen und ihn von unten her aufnehmen (= 1 Umschlag). Erfasst die Nadel den Faden von oben her, wirkt die Masche anders.

17

Laufknoten

Ohne eine Anfangsschlinge auf der Häkelnadel kann man nicht häkeln. Der Laufknoten bildet eine solche Schlinge, die jedoch niemals als Masche mitgezählt wird.

Nach der hier beschriebenen Methode lässt sich der Laufknoten am praktischsten arbeiten. Der so entstehende Laufknoten kann in der Häkelarbeit verborgen werden und steht nicht als Knötchen ab. Das ganze Geheimnis besteht darin, dass das kurze Fadenende auf der Nadel angezogen wird.

Legen Sie für einen Laufknoten das kurze Ende des Fadens so über den Faden, der vom Knäuel kommt, dass eine Schlinge entsteht. Führen Sie das Fadenende über und hinter die eben gelegte Schlinge. Stechen Sie die Häkelnadel unter dem einzelnen Faden ein (siehe Abb. rechts). Sie liegt über beiden Seiten der Schlinge. Fassen Sie nun beide Fadenstücke – das kurze Ende und den Knäuelfaden –, und ziehen Sie die Häkelnadel nach oben, um den Knoten zu straffen. Wenn Sie nun noch am kurzen Fadenende ziehen, legt sich die Schlinge sauber um die Nadel.

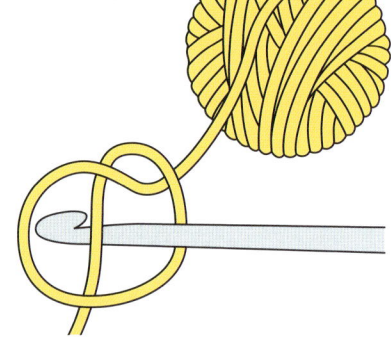

So entsteht ein Laufknoten.

Luftmasche (Lm)

Luftmaschen bilden die Grundlage für alle Häkelmuster. Außerdem werden sie für Filet- und Spitzenarbeiten sowie als Wendemaschen am Beginn einer neuen Reihe oder Runde benötigt.

Beginnen Sie mit einem Laufknoten. Legen Sie den Faden von hinten nach vorn um die Häkelnadel (siehe Abb. unten), und ziehen Sie ihn durch die Schlinge auf der Nadel. Fahren Sie so fort, bis die Luftmaschenkette die erforderliche Länge hat. Eine Seite wirkt wie gestickte Kettstiche, die andere wie kleine Knötchen. Wenn nicht anders angegeben, arbeiten Sie stets auf der Seite der „Kettstiche". Luftmaschen dienen als Grundlage für alle Häkelmuster, werden aber auch als Wendemaschen am Beginn einer Reihe oder Runde benötigt und bilden die Löchlein in Filet- und Spitzenarbeiten.

So entsteht eine Luftmasche.

Links sehen Sie die Vorderseite, rechts die Rückseite einer Luftmaschenkette.

Kettmasche (Km)

Eine Kettmasche ist nichts anderes als eine Luftmasche, die mit der Häkelarbeit verbunden wird. Mit Kettmaschen lässt sich der Faden über einige Maschen hinweg führen, sodass er nicht abgeschnitten und neu angeschlungen werden muss. Außerdem werden Luftmaschenringe mit einer Kettmasche geschlossen.

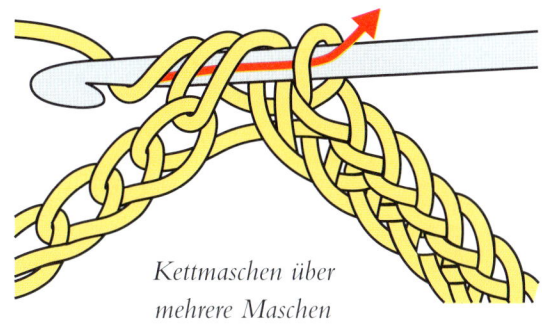

Kettmaschen über mehrere Maschen

Kettmasche zum Schließen eines Luftmaschenrings

Stechen Sie die Häkelnadel unter den zwei oberen Maschengliedern ein, und legen Sie den Faden wie für eine Luftmasche über die Nadel (= 1 U). Ziehen Sie den Faden durch alle Schlingen auf der Nadel: Fertig ist die Kettmasche.

Kettmaschen werden normalerweise dazu verwendet, eine Masche oder Maschengruppe an einer anderen Stelle zu befestigen. Mit Kettmaschen werden aber auch Reihen zu Runden geschlossen, etwa bei flachen Motiven oder röhrenförmigen Arbeiten.

Wenn Sie ein ganzes Teil aus Kettmaschen häkeln wollen, dürfen Sie nur das hintere Maschenglied aufnehmen, sonst wächst Ihre Arbeit nicht, denn Kettmaschen haben selbst keine Höhe. Sie erfordern daher auch keine Wende-Luftmaschen und können jederzeit dazu genutzt werden, den Faden über mehrere Maschen hinweg an eine andere Stelle zu führen, ohne ihn abzuschneiden und neu anzuschlingen. Sie brauchen also zwei Fadenenden weniger zu vernähen!

Die Arbeit beenden

Nach der letzten Masche schneiden Sie den Faden etwa 15 cm von der Arbeit entfernt ab. Häkeln Sie mit diesem Ende eine Luftmasche, doch ziehen Sie den Faden ganz durch die Schlinge, sodass ein kleiner Knoten entsteht. Schieben Sie diesen Knoten mit Daumen und Zeigefinger ganz nah an die Häkelarbeit. Wenn Sie das Fadenende länger lassen, können Sie zwei Teile damit zusammennähen.

Pikot

Für Pikots, die dekorative Knötchen an der Häkelarbeit bilden, werden mehrere Luftmaschen mit einer Kettmasche verbunden. Pikots gehören traditionell zum Gipüregrund der Irischen Häkelei (siehe Beispiel auf Seite 21). Außerdem ergeben sie einen hübschen Effekt, wenn sie in der letzten Reihe einer Arbeit als reizvolle Umrandung gehäkelt werden.

GRUNDKURS

Netzgrund aus Luft- und Kettmaschen

Auch ohne weitere Vorkenntnisse lässt sich schon aus einfachen Luft- und Kettmaschen ein dekorativer Netzgrund häkeln. Dabei handelt es sich um die gehäkelte Version eines Fischernetzes. Aus Spagatschnur können Sie auf diese Weise praktische Netze zum Einkaufen oder für den Garten häkeln.

Eine Maschenprobe für diese Häkelarbeit anzugeben ist fast unmöglich, weil sich das Netz in jeder beliebigen Richtung dehnt: in der Breite, in der Höhe, aber auch diagonal. Trotzdem fällt der Häkelstoff gut und eignet sich deshalb beispielsweise als Blende für einen Vorhang. Seine Elastizität prädestiniert ihn aber auch für ein praktisches, leicht zu verstauendes Einkaufsnetz. Decken in dieser Häkeltechnik wärmen, weil sie die Luft speichern, und sind dennoch leicht. Bevor Sie sich an ein größeres Projekt wagen, sollten Sie folgendes Probestück arbeiten:

Praktische Übung: Netzmuster aus Luft- und Kettmaschen

Lm-Zahl teilbar durch 4 + 5 Lm.
Beginnen Sie zunächst mit einem kleineren Format, und schlagen Sie 29 Luftmaschen an.
1. Reihe: 1 Km in die 9. Lm nach der Häkelnadel, ★5 Lm, 3 Lm üb-spr., 1 Km in die nächste Lm; ab ★ wdh. bis R-Ende (= 6 Bogen); 6 Lm; wenden.
2. Reihe: ★1 Km in den 5-Lm-ZR, 5 Lm; ab ★ wdh. bis zum letzten ZR, 1 Km in die 4. Lm des letzten Bogens, 6 Lm; wenden.
Die 2. R bis zur gewünschten Höhe stets wdh.
Wenn Sie dieses Stück als Maschenprobe benötigen, müssen Sie unbedingt genügend Reihen arbeiten.
Die letzte Reihe ergibt einen Bogenrand. Um eine gerade Kante zu erhalten, arbeiten Sie in der letzten Reihe jeweils nur 2 Lm statt wie vorher 5 Lm.

Hinweise

1 Wenn dieses Übungsstück fertig ist, sollten Sie überprüfen, ob Sie den Faden nicht zu fest angezogen haben. Wenn Ihre Finger schmerzen, sind die Luftmaschen zu fest gehäkelt.
2 Beim Einstechen der Häkelnadel in den Zwi-

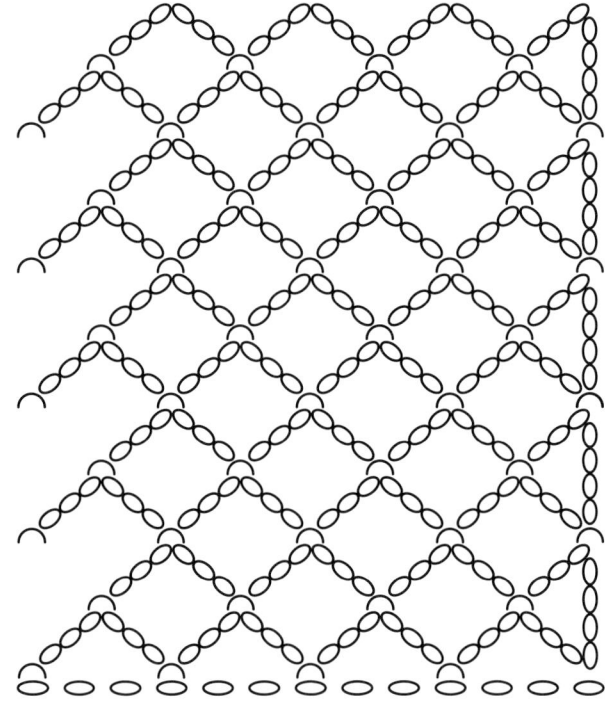

Häkelschrift für einen Netzgrund

schenraum unter den fünf Luftmaschen (5-Lm-ZR) müssen Sie daran denken, die Nadel unter den Luftmaschen hindurchzuführen und nicht in eine Luftmasche einzustechen.
3 Statt die einzelnen Reihen zu zählen, ist es einfacher, die übereinander liegenden Rhomben zu zählen und ihre Zahl zu verdoppeln.
4 Breiten Sie die fertige Häkelarbeit auf einer ebenen Fläche aus. Vorausgesetzt sie liegt wirklich flach, können Sie die Arbeit ausmessen, ohne sie jedoch in der Breite oder in der Länge zu dehnen.
5 Weil diese Arbeit keine rechte und linke Seite hat, können Sie zwei Teile ganz einfach zusammenfügen, indem Sie die Bogen aus sechs Luftmaschen miteinander verbinden.

Mustersammlung

In der Mustersammlung dieses Buches finden Sie nach und nach immer wieder Muster, die sich mit den Techniken aus dem jeweiligen Kapitel häkeln lassen. Probieren Sie jedes Muster mit verschiedenen Garnen und Nadelstärken aus, und Sie werden staunen, wie unterschiedlich das Ergebnis wirkt, selbst wenn Sie nach ein und derselben Anleitung gearbeitet haben. Den größten Nutzen bringt Ihnen die Mustersammlung, wenn Sie alle Durchbruchmuster mit Baumwollgarn und alle übrigen Muster mit Wollgarn häkeln. Später könnten Sie zum Beispiel alle Wollmuster zu einer Decke und alle Garnmuster zu einem Teppich zusammensetzen.

Englische Kettmaschen oder Bosnisches Muster

Auch aus nichts anderem als Luft- und Kettmaschen lässt sich ein dichter Stoff häkeln. Die Lm-Zahl ist beliebig (Probestück: 23 Lm); jeweils unter dem oberen Maschenglied der Luftmasche einstechen.

1. Reihe: 1 Km in die 3. Lm nach der Häkelnadel, 1 Km in jede Lm bis R-Ende, 1 Lm; wenden.
2. Reihe: *1 Km ins hintere M-Glied der nächsten M; ab * wdh. bis R-Ende, 1 Lm; wenden. Die 2. R bis zur gewünschten Höhe fortlfd. wdh.

Pikots

Ein so genannter Gipüregrund mit Pikots wird traditionell in der Irischen Häkelei verwendet. Lm-Zahl teilbar durch 4 + 3 Lm (Probestück: 27 Lm).

1. Reihe: 1 Km in die 7. Lm nach der Häkelnadel; *5 Lm, 3 Lm übspr., 1 Km in die nächste Lm, 3 Lm, 1 Km in dieselbe Einstichstelle (= 1 Pikot); ab * fortlfd. wdh. bis R-Ende; wenden.
2. Reihe: 6 Lm, 1 Km in den 1. Lm-ZR; * 3 Lm, 1 Km in dieselbe Einstichstelle, 5 Lm, 1 Km in den nächsten Lm-ZR; ab * fortlfd. wdh. bis R-Ende; wenden. Die 2. R fortlfd. wdh.

GRUNDKURS

1. Projekt: Einkaufsnetz

Dieser einfache Beutel wird aus den beiden einfachsten Maschenarten gehäkelt: Luft- und Kettmaschen. Damit möglichst wenig genäht werden muss, häkeln Sie Vorder- und Rückseite röhrenförmig in einem Stück. Der Beutel wird aus feinem Garn gehäkelt, aber vielleicht entscheiden Sie sich zunächst einmal für die einfachere Variante aus dickerem Garn, das mit einer stärkeren Nadel verarbeitet wird.

Material

Für einen Netzbeutel: 100 g *Coats Floretta 10* (LL 130 m/25 g) in einer beliebigen Farbe; Garnhäkelnadel Nr. 2

Größe

30 x 35 cm

Maschenprobe

10 Bogen sollten knapp 10 cm entsprechen.

Hinweise

1 Bei röhrenförmig gehäkelten Modellen wird die Arbeit nicht gewendet. Außerdem gehen die Häkelrunden ohne echtes Ende ineinander über.
2 Wenn Sie ein etwa 50 cm langes Stück Garn hängen lassen, bevor Sie den Laufknoten arbeiten, können Sie damit später den Beutel an der Unterkante zusammennähen, ohne einen neuen Faden anschlingen zu müssen. Wenn Sie die ersten 10 oder 20 Bogen der zweiten Reihe bzw. Runde gearbeitet haben, sichern Sie die Arbeitsschlinge auf der Häkelnadel durch eine Sicherheitsnadel, damit sich die Arbeit nicht auflöst, und verbinden Sie die Lm-Kette zur Runde. So erkennen Sie später leichter, wo Sie die Häkelnadel einstechen müssen, wenn Sie zum Ende der 2. Runde gelangen. Es spart Garn, wenn Sie die Henkel zuerst häkeln.

Anleitung

Häkeln Sie für die Henkel 6 Luftmaschenketten von jeweils 46 cm Länge.

Beutel
244 Lm anschl.
1. Reihe: 1 Km in die 8. Lm nach der Häkelnadel, *5 Lm, 3 Lm üb-spr., 1 Km in die nächste Lm; ab * fortlfd. wdh. bis R-Ende (= 60 Bogen).
2. Runde: 5 Lm, 1 Km in den nächsten Lm-ZR (das ist der ZR des 1. Bogens aus der 1. Rd und verwandelt Reihen in Runden); *5 Lm, 1 Km in den nächsten Lm-ZR; ab * in einer kontinuierlichen Spirale bis zu einer Höhe von etwa 35 cm (oder bis der Faden aufgebraucht ist) wiederholen. Faden abschneiden und sichern.

Fertigstellung

Schließen Sie den Boden des Beutels, indem Sie die Röhre flach auslegen und die beiden Hälften der Röhre zusammennähen. Dann nähen Sie jeweils ein Ende eines Luftmaschenhenkels am 5., 7. und 9. Bogen an. Verflechten Sie diese 3 Luftmaschenketten 6 cm vom Beutelrand entfernt bis 6 cm vor der Stelle, an der die Henkel angenäht werden sollen. Nähen Sie die 3 Enden sauber an die Bogen an, wobei sie zwischen Beginn und Ende des Henkels 12 Bogen überspringen. Die übrigen 3 Luftmaschenketten bringen sie auf dieselbe Weise auf der anderen Seite des Beutels an. Halten Sie die Enden der Zöpfe jeweils mit einem kleinen Rückstich zusammen.

EINFACHE ALTERNATIVE
Dieser Beutel ist etwas vereinfacht aus dickerer Wolle mit einer Häkelnadel Nr. 4 gearbeitet. Beginnen Sie mit 120 Luftmaschen, sodass Sie am Ende der 1. Reihe 30 Bogen gehäkelt haben. Wenn Sie Luftmaschenketten als Henkel anbringen wollen, nähen Sie eine im 2., eine im 3. und eine im 4. Bogen an und lassen 7 Bogen in der Mitte frei.

2. Kapitel

Die Grundmaschen

Beim Häkeln gibt es drei Grundmaschenarten: Luftmasche, feste Masche und Stäbchen. Die Luftmasche kennen Sie schon. Viel Spaß nun mit den beiden anderen Maschenarten! Alle übrigen Maschen sind Variationen dieser drei Typen. Wo die Häkelnadel eingestochen wird, wie viele Maschen übersprungen oder wie viele in eine Einstichstelle gearbeitet werden – all das beeinflusst das Aussehen der Häkelarbeit. Wenn Sie erst einmal die drei Grundmaschen-Familien kennen, können Sie Muster aller Art gestalten, indem Sie Maschen überspringen und durch Luftmaschen ersetzen, mehrere Maschen in eine Einstichstelle arbeiten oder sogar die Häkelnadel anders als gewohnt einstechen. Viele dieser Variationen werden Sie in den folgenden Kapiteln dieses Buches entdecken.

Die Kettmasche ist eine Variation der Luftmasche, doch daraus ein ganzes Häkelteil zu arbeiten ist mühsam und langweilig, wenngleich der Effekt am Ende oft die Mühe lohnt.

Die Häkelnadel bewegt sich stets auf der Oberkante der Reihe, an der Sie gerade arbeiten. Deshalb sind Wende-Luftmaschen nötig, um die Nadel am Beginn jeder Reihe auf die Arbeitshöhe zu bringen. Bei jeder Masche, die hier beschrieben wird, steht auch die Zahl der dafür erforderlichen Wende-Luftmaschen.

Die Grundmaschen

Feste Masche (fM) *(1 Wende-Lm)*

Häkeln Sie zunächst eine Luftmaschenkette. Für den Anfang genügen 15 Luftmaschen, damit Sie sehen, wie eine Häkelarbeit aus festen Maschen wirkt. Die Zahl der Luftmaschen entspricht der erforderlichen Maschenzahl plus eins; 15 Luftmaschen ergeben also 14 Maschen.

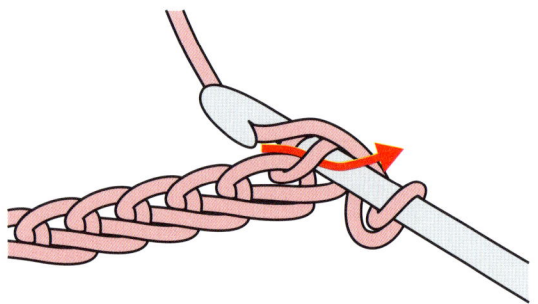

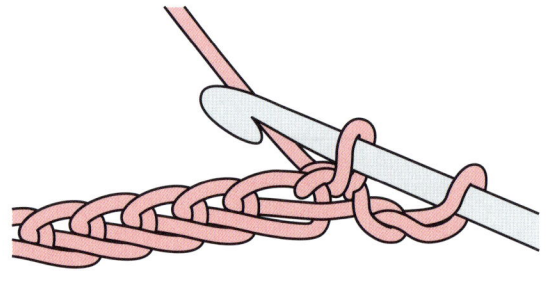

1 Halten Sie die Lm-Kette so, dass die glatte Seite Ihnen zugewandt ist. Stechen Sie die Häkelnadel von vorn nach hinten in die 3. Lm nach der Nadel ein, und nehmen Sie dabei zwei M-Glieder der Lm auf. Die beiden „übersprungenen" Lm entsprechen der 1. M der R: Eine dient als Grund-M, die zweite als Wende-Lm. Die Wende-Lm werden als 1. M gezählt, wenn nichts anderes angegeben ist. Legen Sie den Faden um die Häkelnadel (1 U).

2 Wenn Sie den Faden um die Nadel gelegt haben, ziehen Sie ihn zur Vorderseite durch.

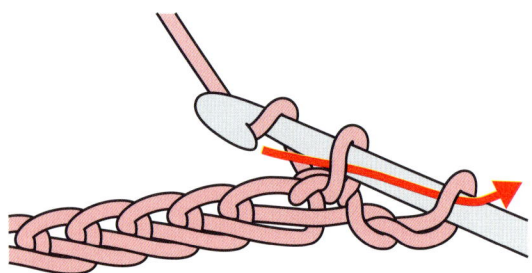

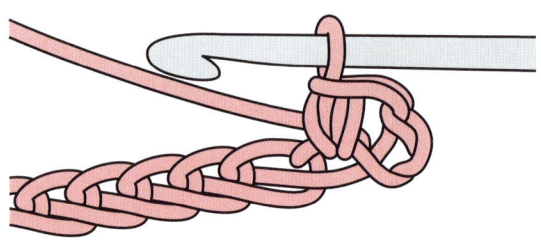

3 Nun haben Sie 2 Schlingen auf der Häkelnadel. Faden um die Nadel legen (1 U) und durch beide Schlingen ziehen: Fertig ist die feste Masche. Zur Erinnerung: Alle Häkelmaschen beginnen und enden mit 1 Schlinge auf der Nadel.

4 Sie haben nun 2 M fertig gestellt (einschließlich der Wende-Lm). Die nächste fM wird in die nächste Lm gehäkelt, ohne dass Lm übersprungen würden. Fahren Sie auf diese Weise fort, bis alle Lm aufgebraucht sind. Die M-Zahl sollte nun um 1 geringer sein als die Zahl der angeschlagenen Lm, wobei die Wende-Lm als M gezählt wird.

DIE GRUNDMASCHEN

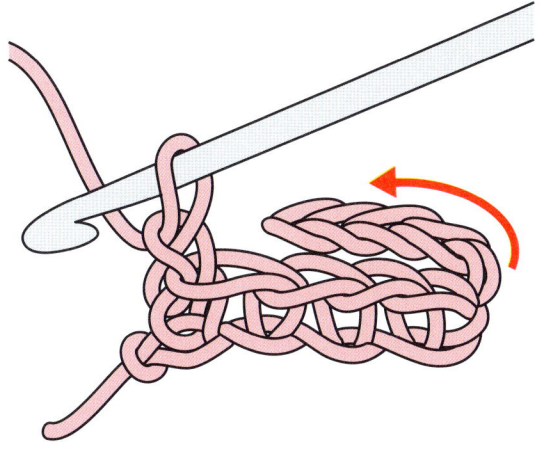

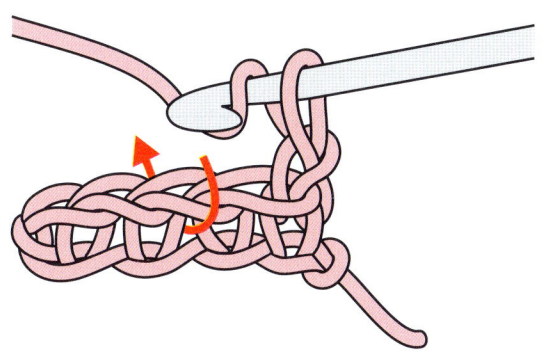

5 **2. Reihe:** Damit Sie die letzte M einer Reihe leichter erkennen und die Kanten gerade werden, arbeiten Sie 1 Lm, bevor Sie die Arbeit wenden. Dann sehen Sie die glatte Seite der Wende-Lm, wenn Sie die letzte Masche der nächsten Reihe häkeln.

6 Wenn Sie die Arbeit gewendet haben, steche Sie die Häkelnadel in die nächste Masche ein. Denken Sie daran, dass die Wende-Lm als 1. M gilt und daher die 1. fM in die 2. M gehäkelt wird.

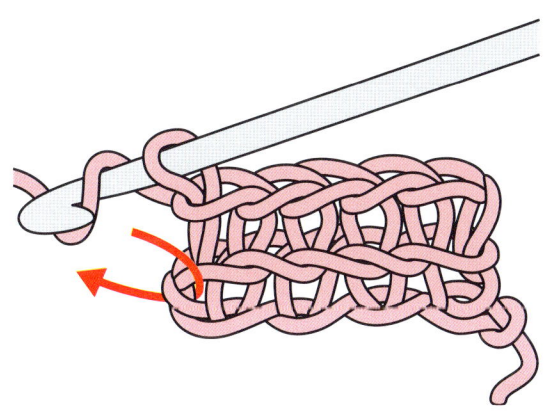

7 Die allerletzte M wird in die Wende-Lm gehäkelt. Wiederholen Sie diese 2. R bis zur gewünschten Höhe.

Reihen und Maschen zählen

Wenn Sie eine Häkelarbeit aus festen Maschen vor sich haben, sehen Sie deutliche horizontale Linien in gleichmäßigen Abständen. Jede Linie entspricht zwei Reihen. Zwischen diesen Linien erkennt man eine Reihe waagerechter „Gedankenstriche". Jeder Strich ist eine Masche.

Rippenmuster aus festen Maschen

Wenn Sie eine dünnere Häkelnadel verwenden und anders in die Masche einstechen als gewohnt, entstehen elastische Rippen. Für ein Bündchen sind nur wenige Maschen erforderlich, und es empfiehlt sich, eine etwas dünnere Häkelnadel für Rippenbündchen an Kleidungsstücken zu verwenden.

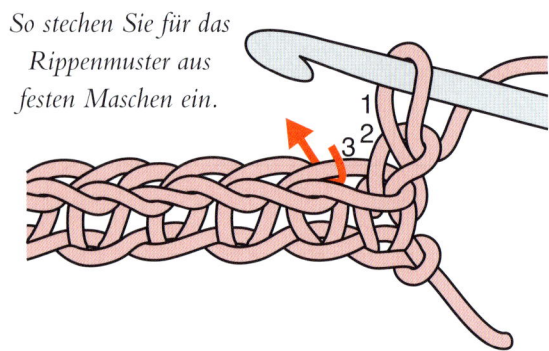

So stechen Sie für das Rippenmuster aus festen Maschen ein.

Häkeln Sie die 1. R wie gewohnt in eine Lm-Kette.
2. Reihe: ★1 fM unter das hintere M-Glied der nächsten M; ab ★ fortlfd. wdh. bis R-Ende, 1 Lm; wenden. Beim gehäkelten Rippenmuster werden die Kanten leicht ungleichmäßig. Das müssen Sie bei Rippenbündchen vermeiden, weil die Seitenkante am Ende den Rand des Kleidungsstücks bildet. Drehen Sie die Arbeit zu sich her, nachdem Sie die Lm am R-Ende gehäkelt haben. Stechen Sie die Nadel in das hintere Glied der 3. M ein, und zählen Sie die Wende-Lm als 1. M mit (siehe Abb. oben). Arbeiten Sie bis zum R-Ende 1 fM in jede M. Die allerletzte M wird in das Fadenglied auf der Rückseite des „Knotens" gearbeitet, den die Wende-Lm bildet.

TIPP

Bei festen Maschen wird der Faden erst nach dem Einstechen in die Masche um die Häkelnadel gelegt. Bei Stäbchen hingegen arbeiten Sie schon einen oder – für Doppel- und Dreifachstäbchen – mehrere Umschläge, bevor Sie die Nadel durch die Masche führen. Die Schlingen werden dann nacheinander paarweise abgemascht: Das heißt, dass der Faden nach dem Einstechen wieder um die Nadel gelegt und durch die vorderen zwei Schlingen auf der Nadel gezogen wird. Danach folgt ein weiterer Umschlag, und der Faden wird durch die nächsten zwei Schlingen gezogen, bis zuletzt nur noch eine Schlinge auf der Nadel bleibt – der Ausgangspunkt für die nächste Masche.

Krebsmasche (Krebs-M)

Krebsmaschen sind im Grunde nichts anderes als in entgegengesetzter Richtung gearbeitete feste Maschen. Sie werden häufig zum Einfassen und Verstärken von Rändern verwendet.

Krebsmaschen werden – sofern man Rechtshänder ist – von links nach rechts gehäkelt und nicht wie die üblichen festen Maschen von rechts nach links. Arbeiten Sie die Krebsmaschen immer von der rechten Seite des Häkelstücks mit einer Nadel, die um eine Nummer dünner ist als die für den Rest der Arbeit. Der Wickeleffekt der Maschen kommt auf diese Weise besser zur Geltung. Bei Krebsmaschen in Runden ist – anders als beim Häkeln in Reihen – keine Wende-Luftmasche erforderlich. Damit die Ecke jedoch sauber gelingt, sollten Sie eine Luftmasche an einer geraden Kante häkeln.

Stechen Sie die Häkelnadel in die nächste Masche rechts unterhalb der oberen zwei Maschenglieder ein wie für eine gewöhnliche feste Masche. Erfassen Sie den Faden von oben mit dem Haken der Nadel (siehe Abb. rechts). Ziehen Sie den Faden zur Vorderseite der Arbeit durch, und halten Sie den Haken dabei nach oben, damit auch wirklich zwei Schlingen auf der Nadel sind. Achtung: An diesem Punkt zieht man den Faden leicht durch die Schlingen, doch würde dabei nur eine umgekehrte Kettmasche entstehen. Drehen Sie die Häkelnadel in die normale Arbeitsposition, legen Sie den Faden um die Nadel, und ziehen Sie ihn durch beide Schlingen. Damit ist die Krebsmasche vollendet.

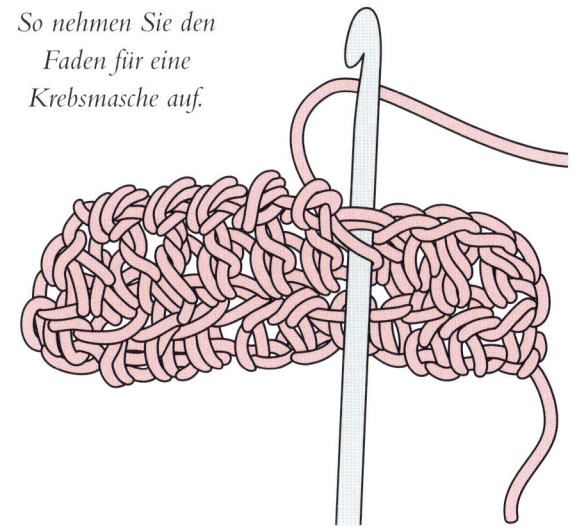

So nehmen Sie den Faden für eine Krebsmasche auf.

Stäbchen (Stb) *(3 Wende-Luftmaschen)*

Die dritte Grundmasche ist das Stäbchen, zu dem eine ganze Maschenfamilie einschließlich der Mehrfachstäbchen und des halben Stäbchens gehört. Wie hoch die Masche wird, hängt davon ab, wie oft Sie den Faden um die Nadel legen, bevor Sie in die Arbeit einstechen. Weil Stäbchen ziemlich hoch sind, müssen mehr Wende-Luftmaschen gehäkelt werden, um die Nadel auf Arbeitsniveau zu bringen. Daher beginnen Stäbchenreihen mit drei Luftmaschen.

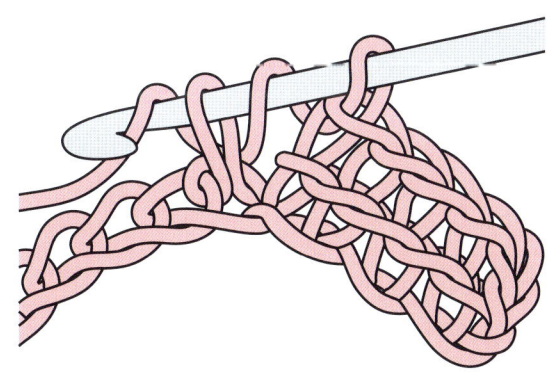
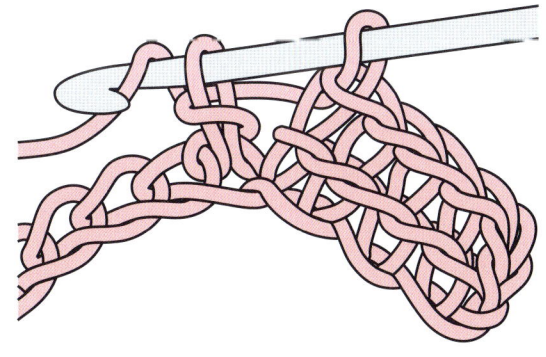

1 Häkeln Sie zur Übung eine Kette von 20 Lm. Die erforderliche Zahl an Lm ergibt sich aus der gewünschten M-Zahl + 2. Dann legen Sie den Faden um die Häkelnadel. Die glatte Seite der Lm-Kette zeigt zu Ihnen. Unter den beiden oberen Gliedern der 4. Lm einstechen, Faden um die Nadel legen und durchziehen. Sie haben nun 3 Schlingen auf der Nadel.

2 Faden um die Nadel legen und durch 2 Schlingen ziehen (es bleiben 2 Schlingen auf der Nadel), Faden um die Nadel legen und durch die beiden letzten Schlingen ziehen (es bleibt 1 Schlinge auf der Nadel): Das 1. Stb ist fertig. Bis zum R-Ende 1 Stb in jede Lm häkeln, 3 Lm, Arbeit wenden.

Die Grundmaschen

3 Sie können nun mit der 2. R beginnen. Oft wird fälschlich das 1. Stb in dieselbe Einstichstelle wie die 3. Lm gehäkelt. Dadurch entsteht aber entweder eine zusätzliche M oder ein welliger Rand, der sich schlecht zusammennähen lässt.

Damit der Rand gerade wird, häkeln Sie das 1. Stb (= 2. M) in die M neben der Wende-Lm. Anschließend arbeiten Sie wieder 1 Stb in jede M. Denken Sie daran, auch ein Stäbchen in die oberen M-Glieder der Wende-Lm aus der Vor-R zu häkeln!

Tipp
Wenn Sie zum ersten Mal Woll- statt Baumwollgarn verwenden, erscheinen Ihnen möglicherweise zwei Wende-Luftmaschen als ausreichend. Wenn am Reihenbeginn ein Loch entsteht, arbeiten Sie eine Wende-Luftmasche weniger. Beim Häkeln mit feinerem Garn und dünnerer Nadel sind im Allgemeinen die üblichen drei Luftmaschen erforderlich.

Weitere Maschen der Stäbchen-Familie

Höhere Maschen entstehen, indem man den Faden vor dem Einstechen in die Arbeit mehrmals um die Häkelnadel schlingt. Je höher die Maschen sind, desto „löchriger" erscheint die fertige Häkelarbeit.

Maschenhöhen

In den frühen 1920er Jahren, als Baumwollhäkeleien besonders beliebt waren, wurde oft eine Reihe feste Maschen in die Luftmaschenkette gehäkelt, bevor man mit dem eigentlichen Muster begann. Heute ist das nicht mehr üblich, besonders dann nicht, wenn die Arbeit auch höhere Maschen umfasst. Höhere Maschen sind all jene, bei denen der Faden vor dem Einstechen in eine andere Masche um die Nadel geschlungen wird. Die niedrigen Maschen, bei denen der Faden vor dem Einstechen nicht um die Nadel gelegt wird, ziehen die Arbeit seitlich zusammen. Je mehr Umschläge vor dem Einstechen gearbeitet werden, desto höher wird die Masche, und je höher die Maschen sind, desto breiter wird die Häkelei. Das bedeutet, dass eine Art „Blumentopf-Effekt" entsteht, wenn man eine Arbeit aus höheren Maschen mit einer Reihe fester Maschen beginnt.

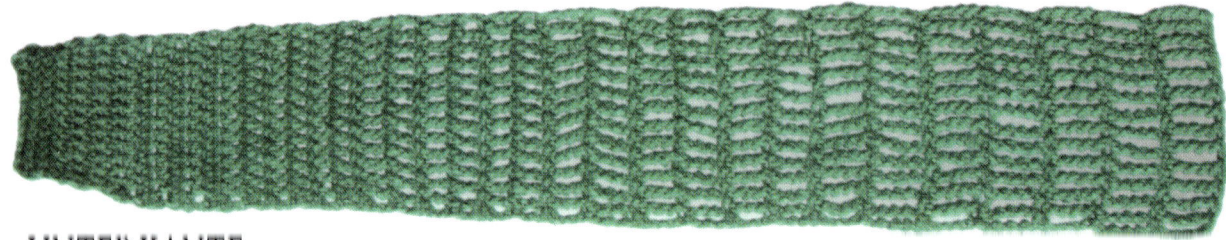

UNTERKANTE   OBERKANTE

Doppelstäbchen (DStb)
(4 Wende-Luftmaschen)

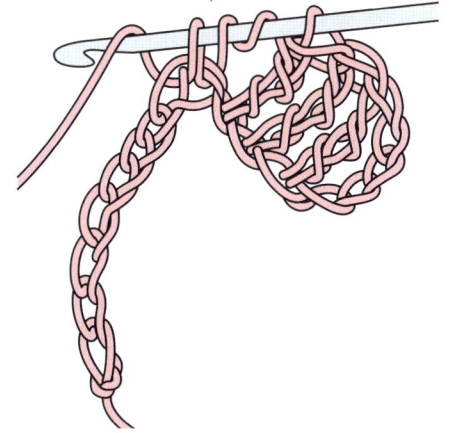

Faden 2 x um die Nadel schlingen, in die 5. Lm nach der Nadel einstechen, Faden um die Nadel legen und durch die Arbeit ziehen (= 4 Schlingen auf der Nadel). ★1 U, Faden durch 2 Schlingen ziehen; ab ★ 2 x wdh. (= 1 Schlinge auf der Nadel). 1 DStb in jede Lm bis R-Ende; 4 Lm, wenden.

Vierfach-Stäbchen (Vierfach-Stb)
(6 Wende-Luftmaschen)

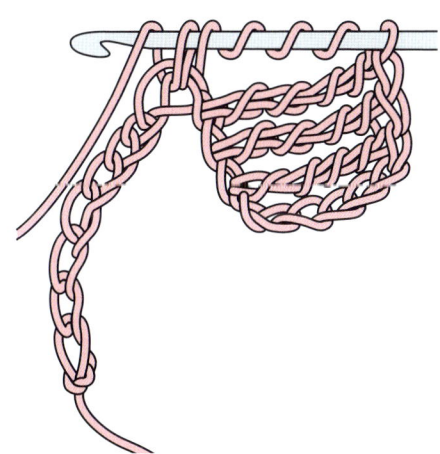

Faden 4 x um die Nadel schlingen, in die 7. Lm nach der Nadel einstechen, Faden noch 1 x um die Nadel schlingen und durch die Arbeit ziehen (= 6 Schlingen auf der Nadel). ★1 U, Faden durch 2 Schlingen ziehen; ab ★ noch 4 x wdh. (= 1 Schlinge auf der Nadel). 1 Vierfach-Stb in jede Lm bis R-Ende; 6 Lm, wenden.

Dreifach-Stäbchen (Dreifach-Stb)
(5 Wende-Luftmaschen)

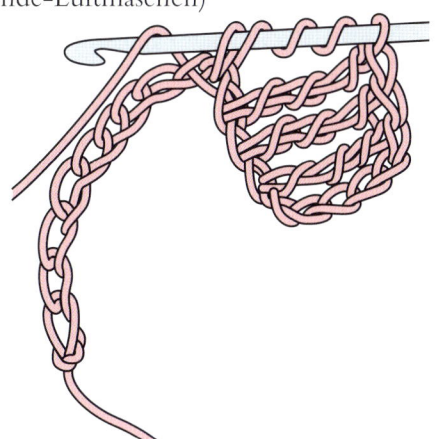

Für ein Dreifach-Stb den Faden 3 x um die Nadel schlingen, in die 6. Lm nach der Nadel einstechen; Faden wieder um die Nadel schlingen und durch die Arbeit ziehen (= 5 Schlingen auf der Nadel). ★1 U, Faden durch 2 Schlingen ziehen; ab ★ noch 3 x wdh. (= 1 Schlinge auf der Nadel). 1 Dreifach-Stb in jede Lm bis R-Ende; 5 Lm, wenden.

Halbes Stäbchen (hStb)
(2 Wende-Lm)

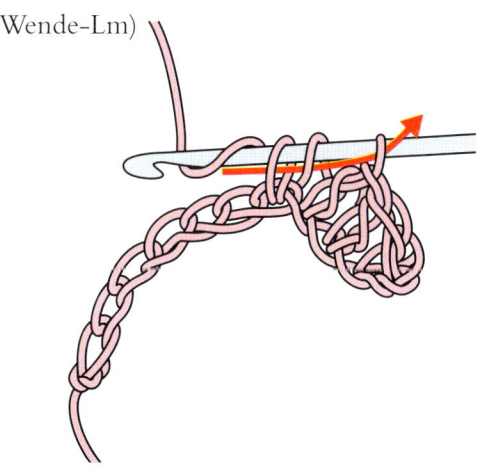

Die Höhe des hStb liegt zwischen der einer fM und der eines Stb. Die Oberseite der fertigen M sieht nicht wie eine Kette aus zwei Garnfäden aus, sondern eher wie eine doppelte Kette aus drei Fäden. Faden um die Nadel legen und wie für ein Stb in die 4. Lm nach der Nadel einstechen. 1 U, Faden durch die Arbeit ziehen (= 3 Schlingen auf der Nadel). 1 U, Faden durch alle 3 Schlingen gleichzeitig ziehen (dadurch wird die M niedriger als ein Stb).

Einfache Häkelkanten

Häkelkanten gelingen ganz einfach und können direkt in gehäkelten, gestrickten oder gewebten Stoff gearbeitet werden. Außerdem lassen sich damit zwei Teile miteinander verbinden und zugleich verzieren.

- Eine Reihe feste Maschen und eine Reihe Kettmaschen mit einem Pikot in jeder dritten Masche nehmen den Kanten ihre Strenge und sehen reizvoll aus.
- Krebsmaschen über einer Reihe festen Maschen lassen die „Kettenwirkung" von Häkelmaschen verschwinden und ergeben eine feste, attraktive Kante.
- Muschelborten sind ebenfalls als Umrandung von Strick- und Häkelmodellen beliebt. Für eine Muschelborte brauchen Sie eine durch 6 teilbare Maschenzahl plus 1 zusätzliche Masche. Häkeln Sie wie folgt:

Faden von der rechten Seite der Arbeit anschlingen. ★2 M üb-spr, 5 Stb in die nächste M, 2 M üb-spr. 1 Km in die nächste M; ab ★ fortlfd. wdh. bis R-Ende. Faden abschneiden und sichern.

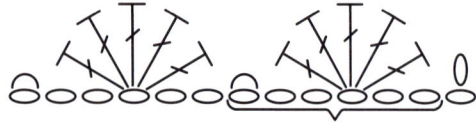

Häkelschrift für die Muschelborte. Der eingeklammerte Teil entspricht einem Rapport von sechs Maschen.

> ### TIPP
> *Bei höheren Maschen ist es nicht immer einfach, eine gleichmäßige Spannung beizubehalten; oft entsteht ein größerer Zwischenraum zur Nachbarmasche. Wenn Sie den Faden um die Nadel schlingen, halten Sie am besten jeden Umschlag mit dem Finger fest, damit er nicht größer wird als der Umfang der Häkelnadel. Nehmen Sie den Finger erst dann von den Umschlägen, wenn sie abgemascht werden.*

Eine Schmuckkante verändert die Wirkung Ihres Häkelmodells enorm.

Mustersammlung

Mit den drei Grundmaschenarten lassen sich zahllose Muster gestalten. Probieren Sie für den Anfang doch gleich die Vorschläge aus unserer Mustersammlung aus.

V-Muster

Lm-Zahl teilbar durch 2 (z. B. 24).
1. Reihe: 2 Stb in die 4. Lm; ★1 Lm üb-spr., 2 Stb in die folg. Lm; ab ★ fortlfd. wdh. bis zu den letzten 2 M, 1 M üb-spr., 1 Stb in die letzte M; 3 Lm, wenden.
2. Reihe: ★2 Stb zwischen die 2 Stb der Vor-R; ab ★ fortlfd. wdh. bis zur letzten M, 1 Stb

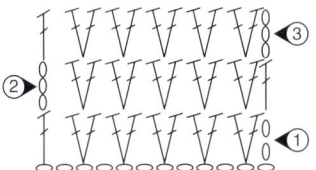

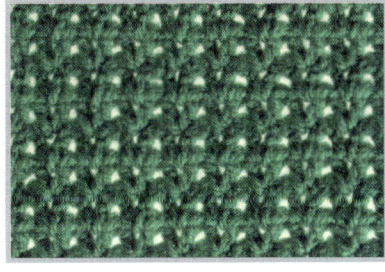

in die letzte M; 3 Lm, wenden.
Die 2. R fortlfd. wdh.

Fächerstreifen

Lm-Zahl teilbar durch 10 + 2 Lm.
1. Reihe: 1 Stb in die 4. Lm; ★1 Lm üb-spr., (4 Stb, 2 Lm, 1 Stb) in die folg. Lm, 3 Lm üb-spr., 5 Stb; ab ★ fortlfd. wdh. bis zu den letzten 7 M, 1 Lm üb-spr., (4 Stb, 2 Lm, 1 Stb) in die nächste Lm, 3 Lm üb-spr., 2 Stb; 3 Lm, wenden.

2. Reihe: 1 Stb ins nächste Stb, ★(4 Stb, 2 Lm, 1 Stb) in den 2-Lm-

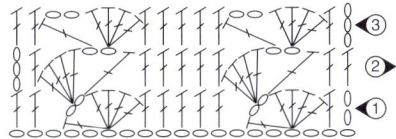

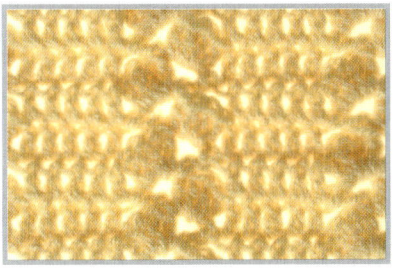

ZR, 5 Stb; ab ★ fortlfd. wdh. bis R-Ende, zuletzt statt der 5 Stb nur 2 Stb arb.; 3 Lm, wenden.
Die 2. R fortlfd. wdh.

Fantasiemuster

Lm-Zahl teilbar durch 2 (z. B. 24).
1. Reihe: 1 fM in die 4. Lm; ★1 Stb in die nächste Lm, 1 fM in die folg. Lm; ab ★ fortlfd. wdh. bis R-Ende; 3 Lm, wenden.

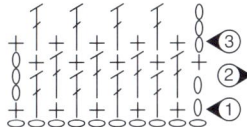

2. Reihe: 1 fM ins nächste Stb; ★1 Stb in die nächste fM, 1 fM ins nächste Stb; ab ★ wdh. bis R-Ende; 3 Lm, wenden.
Die 2. R fortlfd. wdh.

Muschelmuster

Lm-Zahl teilbar durch 6 + 1 Lm.
1. Reihe: 5 Stb in die 4. Lm, 2 Lm üb-spr., 1 fM in die nächste Lm; ★2 Lm üb-spr., 5 Stb in die nächste Lm, 2 Lm üb-spr., 1 fM in die nächste Lm; ab ★ fortlfd. wdh. bis R-Ende; 3 Lm, wenden.
2. Reihe: 2 Stb in die unterste Wende-Lm, 2 M üb-spr., 1 fM ins nächste Stb (= mittleres Stb der 5er-Gruppe); ★5 Stb in die fM, 1 fM ins mittlere Stb der Gruppe; ab ★ fortlfd. wdh. bis R-Ende;

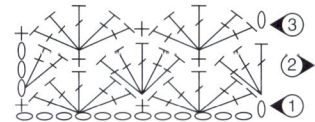

3 Stb in die Wende-Lm. (Keine Wende-Lm für die 3. R.) **3. Reihe:** ★5 Stb in die fM, 1 fM ins mittlere Stb der Gruppe; ab ★ fortlfd. wdh. bis R-Ende; 3 Lm, wenden.
Die 2. und 3. R fortlfd. wdh.

Die Grundmaschen

Versetzte feste Maschen

Lm-Zahl teilbar durch 2.
1. Reihe: 1 fM in die 5. Lm;
★1 Lm, 1 Lm üb-spr., 1 fM in die nächste Lm; ab ★ fortlfd. wdh. bis R-Ende; 1 Lm, wenden.
2. Reihe: 1 fM um die Lm, 1 fM üb-spr., 1 fM um die nächste Lm; ab ★ fortlfd. wdh. bis zur letzten M; 1 fM in die Wende-Lm; 3 Lm, wenden.
3. Reihe: 1 fM üb-spr., 1 fM um die nächste Lm; ★1 Lm, 1 fM üb-spr., 1 fM um die nächste Lm; ab ★ fortlfd. wdh. bis zur letzten M, 1 fM in die Wende-Lm; 1 Lm, wenden.
Die 2. und 3. R fortlfd. wdh.

Immer unter der Lm einstechen, nicht in die M selbst.

Doppelte feste Maschen (dfM)

Dies ist eine etwas höhere Variante der fM – etwa von der Höhe eines hStb. Schlagen Sie beliebig viele Lm an, jeweils eine für jede erforderliche M, + 2 Lm (z. B. 24 Lm). So häkeln Sie eine doppelte feste Masche (dfM): Nadel in die M einstechen, Faden holen (= 1 U) und durch die Arbeit ziehen, Faden holen und nur durch 1 Schlinge ziehen, Faden holen und durch beide Schlingen ziehen.
1. Reihe: In die 4. Lm einstechen, 1 dfM in jede Lm bis R-Ende; 2 Lm, wenden.
2. Reihe: In die nächste M ein-

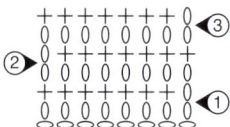

stechen, 1 dfM in jede M bis R-Ende; 2 Lm, wenden.
Die 2. R fortlfd. wdh.

Durch dick und dünn

Lm-Zahl beliebig. Es empfiehlt sich, dieses Muster mit je 1 R fM zu beginnen und zu beschließen.
1. Reihe: 1 fM in die 3. Lm, 1 fM in jede Lm bis R-Ende; 3 Lm, wenden. **2. Reihe:** 1 Stb in die nächste M, 1 Stb in jede M bis R-Ende; 1 Lm, wenden. **3. Reihe:** 1 fM in die nächste M, 1 fM

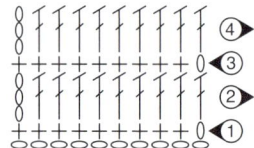

in jede M bis R-Ende; 3 Lm, wenden. Die 2. und 3. R fortlfd. wdh.

Pfauenauge

Lm-Zahl teilbar durch 8 + 2 Lm.
1. Reihe: 9 DStb in die 6. Lm, 3 Lm üb-spr., 1 fM in die nächste Lm; ★3 Lm üb-spr., 9 DStb in die nächste Lm, 3 Lm üb-spr., 1 fM in die nächste Lm; ab ★ fortlfd. wdh. bis R-Ende. **2. Reihe:** 6 Lm; ★1 fM ins 5. DStb der 9er-Gruppe, 2 Lm, (1 DStb, 1 Lm, 1 DStb) in die fM, 2 Lm; ab ★ fortlfd. wdh. bis zur letzten 9er-Gruppe, 1 fM ins 5. DStb der Gruppe, 2 Lm, 1 DStb in die Wende-Lm; 4 Lm, wenden. **3. Reihe:** 4 DStb in die unterste Wende-Lm; ★1 fM in die fM, 9 DStb in den 1-Lm-ZR; ab ★ fortlfd. wdh. bis zur letzten fM, 1 fM in die fM, 5 DStb in die letzte M; 4 Lm, wenden. **4. Reihe:** ★(1 DStb, 1 Lm, 1 DStb) in die fM, 2 Lm, 1 fM ins 5. DStb der Gruppe, 2 fM; ab ★ fortlfd. wdh. bis zur

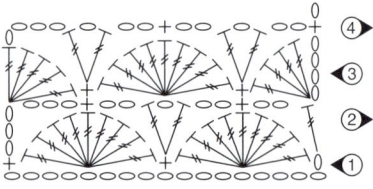

letzten fM, (1 DStb, 1 Lm, 1 DStb) in die fM, 2 Lm, 1 fM in die letzte M; 1 Lm, wenden. **5. Reihe:** ★9 D-Stb in den 1-Lm-ZR, 1 fM in die fM; ab ★ fortlfd. wdh. bis R-Ende; wenden. Die 2. - 5. R fortlfd. wdh.

2. Projekt: Umhäkelte Kleiderbügel

Der Reiz dieser Kleiderbügel, von denen jeder in einem anderen Muster umhäkelt ist, liegt in ihrer Einfachheit. Dieselben Muster können Sie aber auch als Rechtecke häkeln und daraus Stiftmäppchen oder Brillenetuis arbeiten. Als Verschluss bringen Sie dann eine Luftmaschenschlinge und einen Knopf an.

Rosafarbener Kleiderbügel

Material

50 g *Coats Lyric 8/8* (LL 70 m/50 g) in Pink (Fb 525) Häkelnadel Nr. 4,5; Kleiderbügel aus Holz, 42 cm breit; 25 cm Volumenvlies; 50 cm schmales Satinband in Pink
Für die Dekoration: Reste von 10er-Baumwollgarn; Häkelnadel Nr. 1,75

Größe

Die angegebenen Maße und Maschenzahlen beziehen sich auf einen 42 cm breiten Kleiderbügel.

Maschenprobe 12 M = 7,5 cm Breite; 4 R = 5 cm Höhe

Anleitung

69 Lm anschl. **1. Reihe:** 1 hStb in die 4. Lm, 1 hStb in jede folg. Lm bis R-Ende; 2 Lm, wenden (= 67 M).
2. Reihe: 1 hStb in jede M bis R-Ende; 2 Lm, wenden. Die 2. R noch 10 x wdh. Zum Schluss 1 R Krebs-M häkeln. Faden abschneiden und sichern.

Fertigstellung

Polstern Sie den Kleiderbügel mit Volumenvlies. Dann legen Sie die Häkelarbeit um den Bügel (Faltkante an der Unterseite), sodass die Krebs-M-Kante an der Vorderseite liegt. Nähen Sie die Lm-Anschlag-R an die Unterseite der Krebs-M-R. Lassen Sie eine Öffnung von 2 Lm Breite dort, wo der Haken eingedreht wird.

Röschen

49 Lm anschl. **1. Reihe:** 1 fM in die 4. Lm; *2 Lm, 2 Lm üb-spr., 1 fM in die nächste Lm; ab * fortlfd. wdh. bis R-Ende; 1 Lm, wenden (= 16 ZR).
2. Reihe: 3 fM in den 1. ZR, 3 x (3 fM in den nächsten ZR), 3 x (4 Stb in den nächsten ZR), 2 x (5 Stb in den nächsten ZR), 4 DStb in den nächsten ZR, 2 x (5 DStb in den nächsten ZR), 4 Dreifach-Stb in den nächsten ZR, 2 x (5 Dreifach-Stb in den nächsten ZR), 3 Dreifach-Stb in den letzten ZR. Faden abschneiden und sichern.
Von der rechten Seite der Arbeit und beginnend mit dem Anfang der 2. R die Arbeit aufrollen und an der Lm-Anschlag-R zu einem Röschen zusammennähen.
3 Röschen in harmonierenden Farben häkeln.

Blätter

11 Lm anschl. 1 fM in die 2. Lm nach der Nadel, 1 fM, 1 hStb, 3 Stb, 1 hStb, 2 fM, 3 fM in die letzte Lm. Entlang der anderen Seite der Lm-Anschlag-R in Richtung Laufknoten zurück arb. wie folgt: 2 fM, 1 hStb, 3 Stb, 1 hStb, 1 fM, 2 fM in die letzte Lm, mit 1 Km anschließen. Faden abschneiden und sichern. Beliebig viele Blätter in Grün arb.

Haken umhäkeln

Faden an einer der nicht zusammengenähten Anschlag-Lm des Überzugs anschlingen. Kett-M rund um den Haken arb. bis zur Haken-Spitze. Faden abschneiden und sichern. Satinband am unteren Ende des Hakens zur Schleife binden. Röschen und Blätter annähen.

Die Grundmaschen

Blauer Kleiderbügel

Material

50 g *Coats Lyric 8/8* (LL 70 m/50 g) in Blau (Fb 510); Häkelnadel Nr. 3,5; Kleiderbügel aus Holz, 42 cm breit 25 cm Volumenvlies

Größe

Die angegebenen Maße und Maschenzahlen beziehen sich auf einen 42 cm breiten Kleiderbügel, können aber jederzeit für andere Bügelgrößen abgeändert werden.

Maschenprobe

10 M/9 R = 5 x 5 cm

Anleitung

82 Lm anschl.
1. Reihe: 1 fM in die 3. Lm nach der Häkelnadel, 1 fM in jede folg. Lm bis R-Ende; 1 Lm, wenden (= 81 M).
2. Reihe: ★1 DStb, 1 fM; ab ★ fortlfd. wdh. bis R-Ende; 1 Lm, wenden.
3. Reihe: 1 fM in jede M bis R-Ende; 1 Lm, wenden.
Die 2. und 3. R noch 9 x wdh.
Zum Schluss 1 R Krebs-M arb., dann Faden abschneiden und sichern.

Fertigstellung

Siehe pinkfarbener Kleiderbügel (S. 35).

Haken umhäkeln

Siehe pinkfarbener Kleiderbügel (allerdings ohne Schleife und Blüten).

Lilafarbener Kleiderbügel

Material

50 g *Coats Lyric 8/8* (LL 70 m/50 g) in Lila (Fb 527); Häkelnadel Nr. 3,5; Kleiderbügel aus Holz, 42 cm breit; 25 cm Volumenvlies

Größe

Die angegebenen Maße und Maschenzahlen beziehen sich auf einen 42 cm breiten Kleiderbügel, können aber jederzeit für andere Bügelgrößen abgeändert werden.

Maschenprobe

2 Muscheln = 7,5 cm Breite; 3 R = 5 cm Höhe

Anleitung

67 Lm anschl.
1. Reihe: 5 Stb in die 5. Lm nach der Nadel, 2 Lm üb-spr., 1 fM in die nächste Lm; ★2 Lm üb-spr., 5 Stb in die nächste Lm, 2 Lm üb-spr., 1 fM in die nächste Lm, ab ★ fortlfd. wdh. bis R-Ende; 3 Lm, wenden.
2. Reihe: 2 Stb in die unterste Wende-Lm; ★1 fM ins mittlere Stb der 5-Stb-Muschel, 5 Stb in die nächste fM; ab ★ fortlfd. wdh. bis zur letzten Muschel, 1 fM ins mittlere Stb der letzten Muschel, 3 Stb in die letzte M der R (keine Wende-Lm!).
3. Reihe: ★5 Stb in die nächste fM, 1 fM ins mittlere Stb der Muschel; ab ★ fortlfd. wdh. bis R-Ende (letzte fM in die oberste Wende-Lm); 3 Lm, wenden.
Die 2. R noch 1 x wdh., dann Faden abschneiden und sichern. Damit ist eine Seite des Überzugs fertig gestellt. Faden an der Lm-Anschlag-R wieder anschlingen. Die 2. R in diese Lm-Kette arb., dabei dieselben Lm wie bei der ersten Seite verwenden. Anschließend die 3. R häkeln und schließlich die 2. und 3. R noch 1 x wdh.

Fertigstellung

Bügel mit Volumenvlies polstern. Den Überzug so um den Bügel legen, dass die Muscheln der 5. R eine reizvolle Bogenkante ergeben. Oberhalb des Bügels den Überzug zusammennähen und dabei die Muscheln in den Stb in gerader Linie mit den fM erfassen.

Haken umhäkeln

Faden an einer M am unteren Ende des Hakens anschlingen. Km rund um den Haken arb. bis zur Haken-Spitze. Faden abschneiden und sichern.

3. Projekt: Buchhüllen

Diese Buchhüllen bestehen aus festen Maschen und einer abschließenden Runde Krebsmaschen. Auf die größere Hülle wird ein weißes Schild mit Schlingstichen appliziert. Wer mag, kann ein Motiv oder einen Namen in Kreuzstich aufsticken und dabei die festen Maschen als Raster verwenden.

Material

100 g *Coats Floretta 10* (130 m/25 g) in Rot (Fb 4408) oder Hellgrün (Fb 4428); 50 g *Coats Floretta 10* (130 m/25 g) in Naturweiß (Fb 4401);
Häkelnadel Nr. 2; 1 Knopf (Häkelknöpfe siehe S. 145/146);
25 cm Futterstoff (nach Belieben)
Großes Buch, 16 x 23 cm
Kleines Buch, 11 x 17,5 cm

Größe

Große Buchhülle: 23 x 36 cm (appliziertes Schild: 11 x 15 cm); kleine Buchhülle: 18 x 25 cm

Maschenprobe

6 M/8 R = 2 x 2 cm

Anleitung

Die Angaben für die kleine Buchhülle stehen vor, die für die große Hülle hinter dem Schrägstrich. Bei der letzten Runde entsteht gleichzeitig ein Knopfloch. Wenn Sie lieber eine Lm-Schlinge an die fertige Buchhülle nähen, lassen Sie das Knopfloch weg und arbeiten stattdessen ebenfalls Krebs-M (siehe S. 28/29).
56/72 Lm anschl.
1. Reihe: 1 fM in die 3. Lm nach der Nadel, 1 fM in jeder der folg. Lm bis R-Ende; 1 Lm, wenden (= 55/71 M).
2. Reihe: 1 Lm (zählt als 1. M), 1 fM in die nächste M, 1 fM in jede folg. M bis R-Ende; 1 Lm, wenden.
Die 2. R fortlfd. wdh., bis 138 R vollendet sind oder die erforderliche Höhe erreicht ist. Faden nicht abschneiden, sondern an der Seitenkante des Rechtecks eine Umrandung aus fM arb. (3 fM auf 4 R; wenn Sie 1 fM pro R arb., liegt die Kante nicht flach). In die Ecke 1 fM zusätzlich arb und mit 1 fM in jede Lm der Anschlag-R weiterarb. Wieder 1 fM zusätzlich in die Ecke arb., dann die 2. Seitenkante mit fM behäkeln (3 fM auf 4 R). 1 fM zusätzlich in die Ecke arb., danach fortfahren wie folgt: 25/33 fM, 6 Lm, 5 fM üb-spr., 25/33 fM bis zum Rd-Ende. Die Rd mit 1 Km schließen.
Abschluss-Runde: 1 Krebs-M in jede M bis zu den 6 Lm, Arbeit wenden, 7 fM in die Lm-Schlinge, Arbeit wenden und ohne zusätzliche M Krebs-M rund um die Buchhülle arb., bis die 1. Krebs-M erreicht ist. Faden abschneiden und sichern.

Schild

Bei diesem Schild ist es besonders wichtig, dass die Seitenkanten gerade verlaufen und gleichmäßig gearbeitet wird.
35 Lm anschl.
1. Reihe: 1 fM in die 3. Lm nach der Nadel, 1 fM in jede Lm bis R-Ende; 1 Lm, wenden (= 34 M).
2. Reihe: 1 Lm (zählt als 1. M), 1 fM in die nächste M, 1 fM in jede folg M bis R-Ende; 1 Lm, wenden.
Die 2. R wdh., bis 56 R vollendet oder die gewünschte Höhe erreicht ist.

Fertigstellung

Messen Sie die Buchhülle sorgfältig aus, und markieren Sie die Stelle für das Schild. Applizieren Sie das Schild mit Schlingstichen in kontrastfarbenem Faden. Nähen Sie den Knopf passend zur Schlinge an.

EINFACHE VARIANTE
Bedecken Sie ein Buch mit Stoff und formen Sie dabei zwei Taschen, in die das Buch hineingeschoben werden kann. Dann häkeln Sie das Schild, wie oben beschrieben. Nähen Sie das Häkelschild mit Schlingstichen auf. Bringen Sie eine Knopfschlinge an, und befestigen Sie den Knopf passend zur Schlinge an der Hülle.

3. Kapitel

Mehrfarbig häkeln

Auch wenn Sie für ein Modell viele Farben verwenden, arbeiten Sie doch nie mit mehr als einem Faden auf einmal. Mehrfarbige Häkelarbeiten lassen sich einfach gestalten, indem man jeweils eine ganze Reihe in einer Farbe häkelt. Auf diese Weise müssen auch keine Fäden mitgezogen oder auf der Rückseite hängen gelassen werden.

Was die Farbwahl betrifft, haben Sie beim Häkeln völlig freie Hand. Alles ist möglich, wenn Sie ein wenig experimentierfreudig sind. Beim Häkeln von Streifen können Sie beispielsweise in derselben Reihe höhere und niedrigere Maschen arbeiten. Oder stechen Sie die Häkelnadel doch einmal unten statt oben in eine Masche ein, sodass kontrastierende Punkte auf der Farbe der Vorreihe entstehen.

Weil immer nur eine Schlinge auf der Nadel liegt, können Sie die Farben ganz frei einsetzen. In diesem Kapitel verwenden wir jedoch immer nur eine Farbe pro Reihe oder Runde.

MEHRFARBIG HÄKELN

Die Farbwahl

Manche Menschen haben einfach ein Händchen für Farben. Andere sind überzeugt davon, keinerlei Farbgefühl zu haben. Ich selbst wurde einst vom Kunstunterricht ausgeschlossen. Es hieß, ich würde nie irgendetwas Kreatives zustande bringen. Und ich glaubte das! Inzwischen habe ich meinen Lehrer Lügen gestraft. Wenn Sie sich also für gänzlich unbegabt in Sachen Farbe halten, halten Sie sich an die folgenden Ratschläge. Sie werden staunen, wozu Sie fähig sind!

• Für Ihr erstes Projekt mit zwei oder mehr Farben sollten Sie Farbtöne aus demselben Segment des Farbkreises auswählen. Das Ergebnis wirkt vielleicht etwas gedämpft, aber sicher harmonisch. Die Garne passen zueinander, auch wenn Sie nicht sofort verstehen, warum.

• Bei Ihrem zweiten Projekt können Sie dann schon mutiger sein: Wählen Sie Garne aus einem Segment des Farbkreises, aber verwenden Sie auch eine sehr leuchtende Farbe aus dem Segment, das genau gegenüber liegt. Fügen Sie einen Hauch dieser Farbe hier und da als Akzent hinzu.

• Spielen Sie willkürlich mit Farben! Mischen Sie kleine Garnmengen. Schließen Sie die Augen, verknoten Sie zwei Garnstücke, und wickeln Sie sie zu einem Knäuel auf. Knoten Sie am Ende des zweiten Stücks einen neuen Faden in anderer Farbe an, und wickeln Sie weiter. Ziel dieser Farbübung ist es, einen ganz zufällig eingefärbten Knäuel herzustellen, der Ihnen zeigt, wie Farben miteinander harmonieren - oder auch nicht.

• Verwenden Sie ein einfarbiges Garn als Basis einer Häkelarbeit aus Stäbchen. In jeder zweiten Reihe arbeiten Sie feste Maschen mit einem Multicolorgarn. So entsteht der Eindruck, als hätten Sie viele verschiedene Garne eingesetzt.

• Arbeiten Sie die Beispiele aus der Mustersammlung zunächst mit dunklen und hellen Schattierungen derselben Farbe, anschließend mit einer stumpfen und einer kontrastierenden leuchtenden Farbe. Als Drittes verwenden Sie zwei leuchtende Grundfarben für dasselbe Häkelmuster. Entscheiden Sie, welche Probestücke Ihnen am besten gefallen, und beschränken Sie sich bei einem größeren Projekt zunächst auf diese Kombinationen. Interessanterweise halten sich die meisten Menschen an Farben aus einer Hälfte des Farbspektrums. Wer Ihre Farbwahl nicht gut heißt, schätzt womöglich keine Ihrer Farbkombinationen, weil er die andere Hälfte des Farbspektrums vorzieht. (Selbstverständlich gilt das auch umgekehrt: Vermutlich können Sie mit seiner Farbwahl genauso wenig anfangen.)

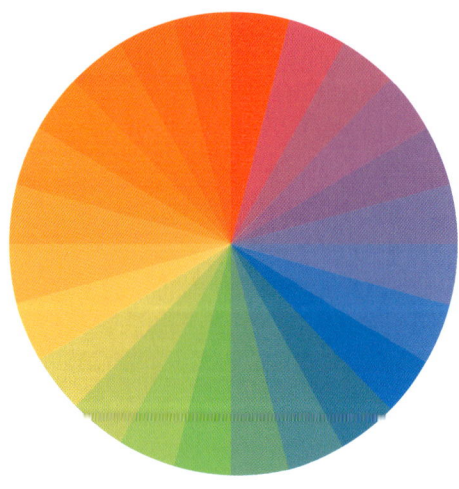

Anhand des Farbkreises erkennen Sie auf einen Blick, wie unterschiedliche Farben miteinander harmonieren.

Pannenhilfe

Beim Arbeiten mit Farben stellt sich immer wieder heraus, dass manche Kombinationen absolut nicht harmonieren. Nur keine Panik! Hier sind drei Tipps, wie sich die Gesamtwirkung verändern lässt.

- Wenn Sie sich nicht sicher sind, ob die Farben wirklich zusammenpassen, verarbeiten Sie einen Faden in einer zusätzlichen Farbe zusammen mit Ihrem Garn. Das mildert die grelleren Töne ab. Der Trick erweist sich als besonders hilfreich, wenn Sie Garne unterschiedlicher Struktur, Stärke und Farbe verwenden. Sie können mit mehreren Fäden gleichzeitig häkeln, ohne sie vorher miteinander zu verzwirnen, denn das Häkeln mit Garnen unterschiedlicher Stärke und Farbe ist ganz einfach.
- Übersticken Sie weniger gelungene Bereiche der fertigen Häkelarbeit im Kreuz- oder Plattstich, damit sie sich besser in das Gesamtbild Ihres Modells einfügen.
- Färben Sie das ganze Modell. Ein helles Farbbad ergibt zusammen mit den Tönen des Häkelgarns eine Grundfarbe mit verschiedenen Schattierungen. Das dämpft die leuchtenderen Farben, tönt die gesamte Arbeit ab und mildert alle störenden Kontraste.

Anschlingen einer neuen Farbe

Wegen der unterschiedlichen Höhen und des speziellen Aufbaus von Häkelmaschen müssen Sie darauf achten, dass nicht die alte Farbe in die neue „einsickert", wenn Sie einen andersfarbigen Faden an Ihre Häkelarbeit anfügen. Solche unsauberen Übergänge lassen sich aber leicht vermeiden.

Entscheidend ist, dass Sie einen Faden in einer neuen Farbe anschlingen, bevor Sie die letzte Masche vollenden, also wenn noch zwei Schlingen auf der Nadel sind. Wenn Sie die Masche zuerst fertig stellen und dann das andersfarbige Garn anfügen, ziehen Sie die alte Farbe in die neue mit, weil die erste Luftmasche noch in der alten Farbe gehäkelt wird.

Diese Methode, eine neue Farbe anzufügen, empfiehlt sich für die Mitte einer Reihe ebenso wie für den Reihenbeginn.

Es lohnt die Mühe, das in der praktischen Übung (Seite 44) beschriebene Probestück zu häkeln und die Erläuterungen zu jedem Arbeitsschritt zu lesen.

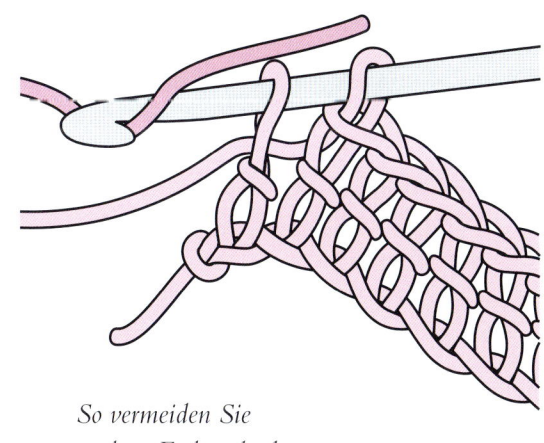

So vermeiden Sie unsaubere Farbwechsel

Mehrfarbig häkeln

Praktische Übung: Farbstreifen häkeln

Häkelarbeiten müssen nicht nach jeder Reihe gewendet werden. Arbeiten Sie das nachfolgend beschriebene Übungsstück nach, und beachten Sie alle Praxistipps, dann können Sie bald nach Belieben mit Häkelnadel und Garn experimentieren.

Verwenden Sie zwei verschiedenfarbige Garne derselben Stärke. Sie können entweder zwei Komplementärfarben (die einander auf dem Farbkreis gegenüberliegen) oder kontrastierende Töne derselben Farbe (einer sehr hell, der andere sehr dunkel) auswählen. Außerdem brauchen Sie eine Häkelnadel in der zum Garn passenden Stärke, etwa eine Nadel Nr. 4,5 für dickeres Strickgarn. Die erste Farbe wird als Farbe A (Fb A = Hauptfarbe) bezeichnet, die zweite Farbe als Farbe B (Fb B = Kontrastfarbe). Denken Sie daran, bei dieser Arbeit die Maschen nach jeder Reihe zu zählen, denn wenn die Häkelarbeit nicht nach jeder Reihe gewendet wird, geht leicht eine Masche verloren. Eben weil hier die Arbeit nicht nach jeder Reihe gewendet wird, müssen Sie die Häkelnadel in jeder zweiten Reihe auch anders als gewohnt einstechen: rechts in die Masche statt wie sonst links. In die linke Seite einer Masche stechen Sie nur ein, nachdem die Arbeit gewendet wurde.

17 Lm in Fb A anschl.
1. Reihe: 1 Stb in die 4. Lm nach der Nadel, 1 Stb in jede Lm bis R-Ende (= 15 M). Fb B anschlingen, bevor die letzte M vollendet ist (siehe S. 43); 1 Lm, wenden.
2. Reihe: ★ 1 DStb, 1 fM; ab ★ fortlfd. wdh. bis R-Ende. Die letzte Schlinge auf eine Sicherheitsnadel heben. Nicht wenden!
3. Reihe: Häkelnadel in die 1. M (= 1 Lm) am R-Beginn einstechen. In Fb A 3 Lm, dann 1 Stb in jede M bis zur letzten M (vor der letzten M müssen 14 M vollendet sein). Für das letzte Stb die Nadel in die M einstechen wie üblich, doch bevor der Faden hinter der Arbeit um die Nadel gelegt wird, die Schlinge von der Sicherheitsnadel auf die Häkelnadel heben, 1 U, Faden unter 3 Fäden auf der Nadel (2 M-Glieder + 1 Schlinge von der Sicherheitsnadel) durchziehen, um die M zu fixieren, 1 U, Faden durch 2 Schlingen ziehen (2 Schlingen bleiben auf der Nadel). Zu Fb B wechseln und die letzte M fertig stellen; 1 Lm, wenden.
4. Reihe: fM bis R-Ende häkeln, dabei die letzte M auf eine Sicherheitsnadel heben.
5. Reihe: Wie 3. R häkeln.
6. Reihe: ★1 DStb in den Fuß des nächsten Stb, 1 fM; ab ★ fortlfd. wdh., letzte Schlinge auf eine Sicherheitsnadel heben.
7. – 9. Reihe: Wie 3. – 5. R häkeln.

Die 2. – 9. R ergeben den Musterrapport. Wiederholen Sie den Rapport, bis Ihnen die neuen Techniken geläufig sind. Wenn Sie dieses Muster in einem Häkelmodell verwenden wollen, sollten Sie den Rapport mit der 5. R beenden, denn dann wirken Muster und Farben ausgewogener.

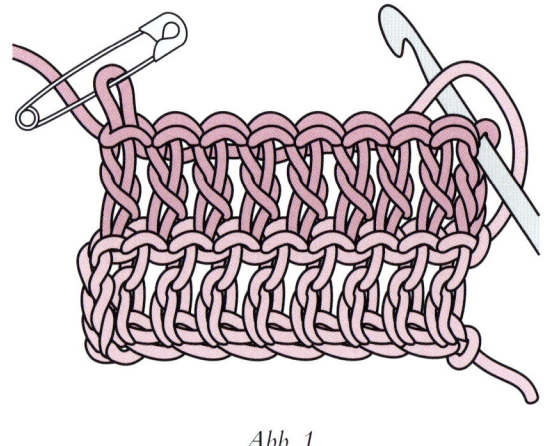

Abb. 1

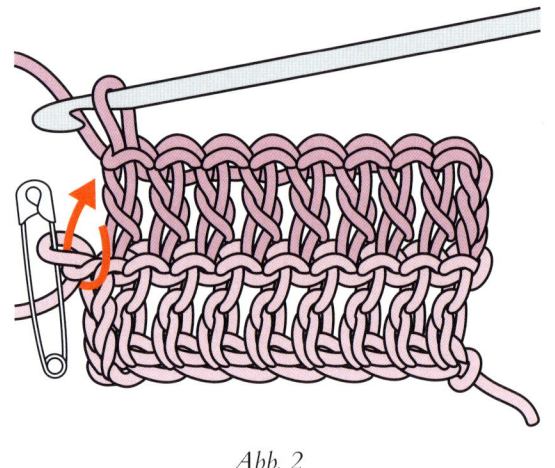

Abb. 2

Mustersammlung

Experimentieren Sie mit diesen einfarbigen Mustern aus dieser Sammlung. Wenn Ihnen ein Muster besonders gefällt, probieren Sie es auch in anderen Farbkombinationen aus.

Bienenmuster

Das Bienenmuster bildet Strukturstreifen, die nicht gar so schnurgerade wirken wie die meisten Farbstreifen. Beginnen Sie Ihr Übungsstück in der Hauptfarbe (Fb A) mit einer ungeraden Lm-Zahl.

1. Reihe: 1 Stb in die 4. Lm nach der Nadel, 1 Stb in jede Lm bis R-Ende; zu Fb B wechseln, wenden.
2. Reihe: 1 Lm. ★1 Stb, 1 Km; ab ★ fortlfd. wdh. bis R-Ende. Nicht wenden.
3. Reihe: In Fb A 2 Lm, Stb bis R-Ende; zu Fb B wechseln, wenden.
4. Reihe: 1 Lm, fM bis R-Ende.
5. Reihe: Wie 3. R häkeln.
Die 2. – 5. R bis zur gewünschten Höhe fortlfd. wdh.

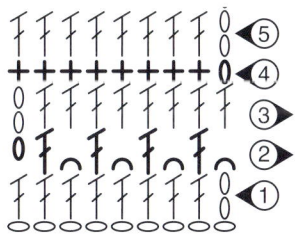

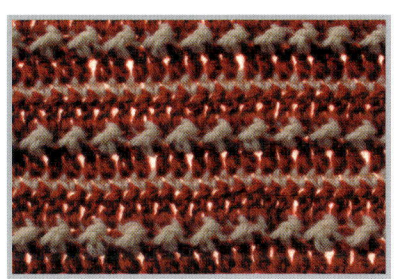

Senkrechte Streifen

Nach dieser Methode entstehen senkrechte Streifen in zwei Farben, wobei dennoch wie gewohnt von unten nach oben gearbeitet werden kann. Sie häkeln nur mit einer Farbe pro Reihe, doch die Luftmaschen der einen Reihe werden in die Stäbchen der nächsten eingeschlossen. Sie wenden einfach die Arbeit nur in jeder 2. R. 29 Lm in Fb A anschlagen.

1. Reihe: 1 Stb in die 4. Lm nach der Nadel, 1 Stb; ★3 Lm, 3 Lm üb-spr., 3 Stb; ab ★ fortlfd. wdh. bis R-Ende, bei der letzten M zu Fb B wechseln; wenden.
2. Reihe: 1 Lm; ★ 3 Stb über die Lm und in die 3 üb-spr. M; 3 Lm, 3 M üb-spr., ab ★ fortlfd. wdh. bis zu den letzten 6 M; 3 Stb (wie zuvor arb.), 2 Lm, 1 Km in die oberste Wende-Lm. Nicht wenden!
3. – 5. Reihe: Nach Häkelschrift arb., dabei nur nach jeder 2. R wenden und am Ende jeder R die Fb wechseln. Die 2. – 5. R fortlfd. wdh.

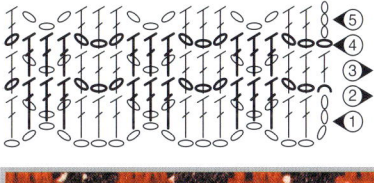

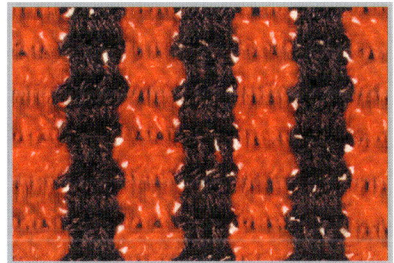

Kornmuster

Lm-Zahl teilbar durch 3 + 1 Wende-Lm. Schlagen Sie für Ihr Übungsstück 24 Lm in Fb A an.

1. Reihe: 1 Stb in die 4. Lm nach der Nadel, 1 Stb, ★1 Lm (keine Lm üb-spr.!), 3 Stb; ab ★ fortlfd. wdh. bis R-Ende. Fb B aufnehmen. Keine Wende-Lm erforderlich. Wenden.
2. Reihe: 2 Lm, ★1 fM in 1-Lm-ZR, 2 Lm; ab ★ fortlfd. wdh. bis R-Ende, 1 fM in die letzte M. Nicht wenden.
3. Reihe (in Fb A): 1 Km in 2-Lm-ZR, 2 Lm, 2 Stb in denselben ZR, ★1 Lm, 3 Stb in 2-Lm-ZR; ab ★ fortlfd. wdh. bis R-Ende. Fb B aufnehmen, wenden.
Die 2. und 3. R bis zur gewünschten Höhe fortlfd. wdh.

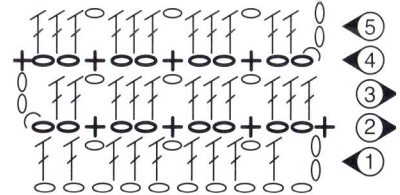

Mehrfarbig häkeln

Zickzackmuster

1. Reihe: 2 Stb in die 4. Lm nach der Nadel; ★3 Lm üb-spr., 1 fM in die nächste Lm, 3 Lm, 3 Stb (in die Lm-Kette); ab ★ fortlfd. wdh. bis zu den letzten 4 Lm, 3 Lm üb-spr., 1 fM in die letzte Lm.
2. Reihe: 3 Lm, 2 Stb in die fM; ★3 Stb üb-spr., 1 fM in die 1. der 3 Lm, 2 Stb, 1 Stb in die fM; ab ★ fortlfd. wdh. bis zu den letzten 3 M, 2 Stb üb-spr., 1 fM in die oberste Wende-Lm, dabei zu Fb B wechseln.
Die 2. R als Musterrapport fortlfd. wdh., dabei die Farben jeweils bei der letzten M jeder 2. R wechseln.

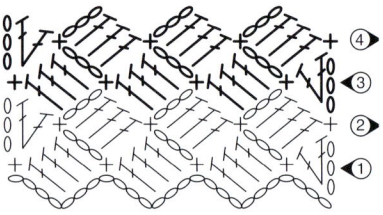

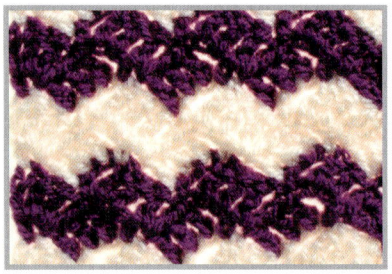

Karomuster

1. Reihe (in Fb B): 1 Stb in die 4. Lm, Stb häkeln bis R-Ende; zu Fb A wechseln, 3 Lm, wenden.
2. Reihe (in Fb A): Stb häkeln bis R-Ende; 3 Lm, wenden.
3. Reihe (in Fb A): Stb häkeln bis R-Ende; zu Fb B wechseln (Faden durch die Rückseite der M in Fb A der 2. und 3. R zum R-Beginn führen); 3 Lm, wenden.
4. Reihe (in Fb B): 1 Stb; ★1 Fünffach-Stb in die Vorderseite der 2. M in der vorhergehenden R in Fb B (hier: 1. R), 3 Stb; ab ★ fortlfd. wdh. bis zu den letzten 3 M; 1 Fünffach-Stb in die vorhergehende R in Fb B, 2 Stb. Letzte Schlinge auf eine Sicherheitsnadel legen; Arbeit nicht wenden.
5. Reihe (in Fb A): 3 Lm, Stb häkeln bis R-Ende, 3 Lm, wenden.
6. Reihe (in Fb A): Stb häkeln bis R-Ende. Arbeit nicht wenden, jedoch Fb B durch die Rückseite der M in Fb A der 5. und 6. R zum R-Beginn führen.
7. Reihe (in Fb B): Die Fünffach-Stb werden in dieser R auf der Rückseite der Arbeit verankert – der eigentlichen rechten Seite. 3 Lm, 1 Stb ★1 Fünffach-Stb in die Rückseite der 2. M der vorhergehenden R in Fb B (hier: 4. R), 3 Stb; ab ★ fortlfd. wdh. bis zu den letzten 3 M; 1 Fünffach-Stb in die vorhergehende R in Fb B, 2 Stb. Fb A aufnehmen, 3 Lm, wenden.
Die 2. – 7. R ergeben den 6-reihigen Musterrapport.

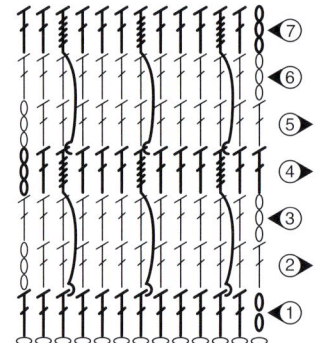

Sanfte Wellen

29 Lm in Fb A anschlagen.
1. Reihe (in Fb A): 1 fM in die 3. Lm, 2 fM; ★4 Stb, 4 fM; ab ★ fortlfd. wdh. bis R-Ende; wenden.
2. Reihe (in Fb A): 1 Lm, 3 fM, ★4 Stb, 4 fM (Stb auf Stb der Vor-R, fM auf fM der Vor-R); ab ★ fortlfd. wdh. bis R-Ende und bei der letzten M zu Fb B wechseln; wenden.
3. Reihe (in Fb B): 3 Lm, 3 Stb; ★4 fM, 4 Stb; ab ★ fortlfd. wdh. bis R-Ende; wenden.
4. Reihe (in Fb B): Wie die 3. R häkeln und bei der letzten M zu Fb A wechseln; wenden.
5. und 6. Reihe (in Fb A): Wie die 2. R häkeln.
Die 3. – 6. R fortlfd. wdh.

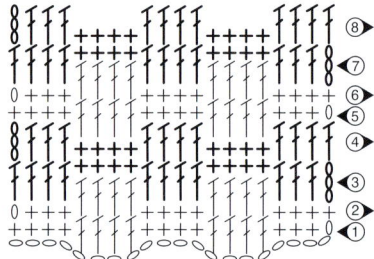

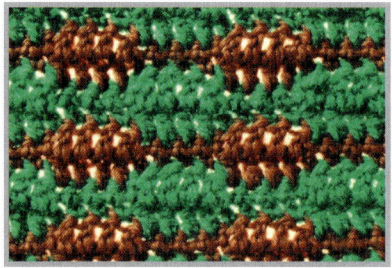

Tropfenmuster

Das Tropfenmuster bricht die strengen Streifen auf, indem jede Farbe ein wenig in die vorhergehende „einsickert": Eine hohe Masche wird in die darunter liegende Reihe eingeschoben. Arbeiten Sie mit zwei Farben, und schlagen Sie 26 Luftmaschen in Fb A an.

Mehrfarbig häkeln

1. Reihe (in Fb A): 1 fM in die 2. Lm nach der Nadel, 1 fM; ★1 Lm, 1 Lm üb-spr., 3 fM, ab ★ fortlfd. wdh. bis zu den letzten 3 M; 1 Lm, 1 Lm üb-spr., 2 fM; 3 Lm, wenden.
2. Reihe (in Fb A): 1 Stb; ★1 Lm, 1 Lm üb-spr, 3 Stb; ab ★ fortlfd. wdh. bis zu den letzten 3 M; 1 Lm, 1 Lm üb-spr., 2 Stb und bei der letzten M zu Fb B wechseln; 1 Lm, wenden.
3. Reihe (in Fb B): 2 fM, 1 DStb in die üb-spr. Lm der vorhergehenden fM-R (hier: 1. R); ★1 fM, 1 Lm, 1 M üb-spr., 1 fM, 1 DStb in die üb-spr. Lm der vorhergehenden fM-R; ab ★ fortlfd. wdh. bis zu den letzten 2 M; 2 fM; 3 Lm, wenden.
4. Reihe (in Fb B): 3 Stb; ★1 Lm, 1 Lm üb-spr., 3 Stb; ab ★ fortlfd. wdh. bis zur letzten M; 1 Stb, dabei zu Fb A wechseln; 1 Lm, wenden.
5. Reihe: 2 fM, 1 Lm, 1 M üb-spr.; ★1 fM, 1 DStb in die üb-spr. Lm der

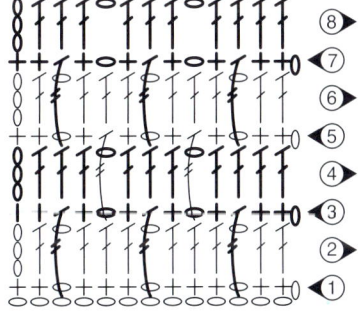

vorhergehenden fM-R (hier: 3. R), 1 fM, 1 Lm, 1 M üb-spr.; ab ★ fortlfd. wdh. bis zu den letzten 2 M; 2 fM; 3 Lm, wenden.
Die 2. – 5. R ergeben den Musterrapport. Diese 4 R fortlfd. wdh.

Dornenmuster

25 Lm (oder ein Vielfaches von 4 + 1 Lm) in Farbe A anschl.
1. Reihe (in Fb A): 1 fM in die 3. Lm nach der Nadel, fM bis R-Ende; 1 Lm, wenden.
2. – 6. Reihe (in Fb A): fM häkeln. Am Ende der 6. R zu Fb B wechseln.
7. Reihe (in Fb B): 1 Lm (gilt als 1. fM), 1 fM in die M 2 R darunter, 1 fM in die M 3 R darunter, 1 fM in die M 4 R darunter, ★1 fM, 1 fM in die M 2 R darunter, 1 fM in die M 3 R darunter, 1 fM in die M 4 R darunter; ab ★ fortlfd. wdh. bis R-Ende; 1 Lm, wenden.
8. – 10. Reihe (in Fb B): fM häkeln. Am Ende der 10. R zu Fb A wechseln.
Die 7. – 10. R fortlfd. wdh., dabei alle 4 R die Fb wechseln.
Sie können verschiedene geometrische Muster gestalten, indem Sie die Häkelnadel an unterschiedlichen Stellen einstechen.

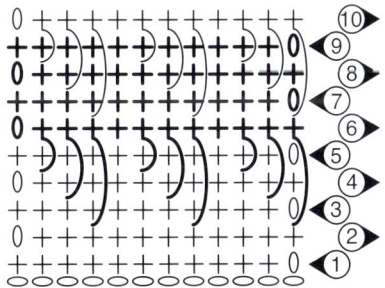

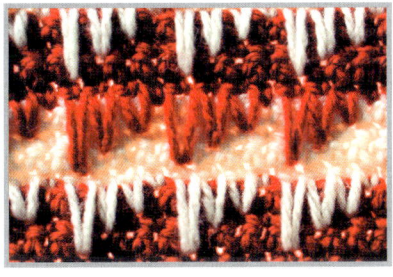

Tupfenmuster

25 Lm in Farbe A anschl.
1. Reihe (in Fb A): 1 Stb in die 4. Lm nach der Nadel, 1 Pikot (= 3 Lm, 1 Km in die 1. Lm), 2 Stb in dieselbe Einstichstelle wie das 1. Stb; ★6 Lm üb-spr., (3 Stb, 1 Pikot, 1 Lm, 1 Stb, 1 Pikot, 2 Stb) in die nächste M; ab ★ fortlfd. wdh. bis zu den letzten 7 Lm; (3 Stb, 1 Pikot, 1 Stb) in die letzte Lm; Fb B anschlingen, 2 Lm, wenden.
2. Reihe (in Fb B): 1 hStb in die untere Wende-Lm, 3 Lm; ★(1 hStb, 1 Pikot, 1 hStb) in den Lm-ZR des Fächers aus der 1. R, 3 Lm; ab ★ fortlfd. wdh. bis zum letzten Fächer, 2 hStb in die oberste Wende-Lm der 1. R. Arbeit nicht wenden.
3. Reihe (in Fb A): 2 Lm, ★(3 Stb, 1 Pikot, 1 Lm, 1 Stb, 1 Pikot, 2 Stb) in den 3-Lm-ZR; ab ★ fortlfd. wdh. bis R-Ende; 1 hStb in die letzte M; wenden.

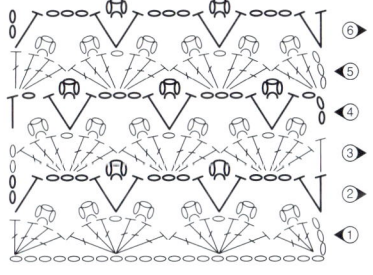

In der 4. und 5. R das Muster versetzen (siehe Häkelschrift).
Die 2. – 5. R bis zur gewünschten Höhe fortlfd. wdh.

4. Projekt: Badezimmerteppich

Streifen in verschiedenen Häkelmustern und Farben beleben diesen Badezimmerteppich. Wenn es Ihnen schwer fällt, beim Wechsel von Muster zu Muster gleichmäßig zu arbeiten, können Sie für den Anfang einen der einfacheren Vorschläge von Seite 50 nacharbeiten.

Material

Coats Lyric 8/8 (LL 70 m/50 g) in folgenden Mengen und Farben: 200 g in Naturweiß (Fb A), je 100 g in Beige (Fb B), Flieder (Fb C) und Gelb (Fb I) je 50 g in Pink (Fb D), Rot (Fb E), Hellrosa (Fb F), Rosa (Fb G), Zartgelb (Fb H), Altrosa (Fb J), Lachs (Fb K) und Lila (Fb L) Häkelnadeln Nr. 4,5 und 5

Größe

50 x 92 cm

Maschenprobe

8 M/7 R mit Häkelnadel Nr. 4,5 in festen Maschen gehäkelt = 5 x 5 cm

Anleitung

81 Lm in Fb A mit Häkelnadel Nr. 4,5 anschl.

1. Reihe (in Fb A): 1 Stb in die 4. Lm nach der Nadel, 1 Stb in jede Lm bis R-Ende; Fb B anschlingen.

2. Reihe (in Fb B): Keine Wende-Lm! *1 Stb, 1 Km; ab * fortlfd. wdh. bis R-Ende (= 79 M). Arbeit nicht wenden.

3. Reihe (in Fb A): Häkelnadel in die 1. M der 2. R einstechen. Mit Fb A 3 Lm; Stb häkeln bis R-Ende und bei der letzten M zu Fb B wechseln; 1 Lm, wenden.

4. Reihe (in Fb B): fM häkeln bis R-Ende, dabei immer nur ins vordere M-Glied einstechen. Arbeit nicht wenden.

5. Reihe (in Fb A): Häkelnadel in die 1. M der 2. R einstechen. Mit Fb A 3 Lm, 1 Stb in jedes hintere M-Glied der 3. R, bei der letzten M zu Fb B wechseln (dabei liegt die 4. R über der 5. R); 3 Lm, wenden.

6. Reihe (in Fb A): Stb häkeln bis R-Ende und bei der letzten M zu Fb B wechseln. Keine Wende-Lm! Wenden. Die 2.–6. R noch 1 x wdh. Dann die 2. und 3. R noch 1 x wdh. und bei der letzten M der 13. R Fb C anschlingen; 1 Lm, wenden. Fb A und B abschneiden.

14. Reihe (in Fb C): fM bis R-Ende; 1 Lm, wenden. Die 14. R noch 3 x wdh. und bei der letzten M der 17. R Fb D anschlingen; 1 Lm, wenden.

18. Reihe (in Fb D): Dornenmuster arb. wie folgt: *1 fM in die 1. R darunter, 1 fM in die 2. R darunter, 1 fM in die 3. R darunter (= Oberkante des vorhergehenden Farbstreifens), 1 fM in die 2. R darunter, 1 fM in die 1. R darunter, 1 fM; ab * 12 x wdh.; 1 Lm, wenden. Die 14. R 3 x wdh. und bei der letzten M der 21. R Fb C wieder aufnehmen (an der Kante der D-Reihen nach oben führen). Fb D abschneiden.

22. Reihe (in Fb C): Wie die 18. R häkeln, jedoch in Fb C; bei der letzten M Fb E anschlingen; 1 Lm, wenden. Fb C abschneiden. Die 14. R 2 x wdh., dabei 1 Lm am Ende der 24. R weglassen und Fb F anschlingen; 2 Lm in Fb F, 1 Lm in Fb G; wenden.

25. Reihe: *1 Stb in Fb G, nach Vollendung der M zu Fb F wechseln; 1 Stb in Fb F, nach Vollendung der M zu Fb G wechseln; ab * fortlfd. wdh. (letzte M in Fb F). Arbeit nicht wenden.

26. Reihe (in Fb E): Häkelnadel in die 1. M einstechen, in Fb E 1 Lm, fM bis R-Ende; bei der letzten M zu Fb G wechseln, 2 Lm in Fb G, 1 Lm in Fb F; wenden.

27. Reihe: *1 Stb in Fb F, nach Vollendung der M zu Fb G wechseln; 1 Stb in Fb G, nach Vollendung der M zu Fb F wechseln; ab * fortlfd. wdh. (letzte M in Fb F). Arbeit nicht wenden. Fb F und G abschneiden.

28. Reihe (in Fb E): Die Häkelnadel in die 1. M einstechen, in Fb E 1 Lm, fM bis R-Ende; 1 Lm, wenden.

29. Reihe (in Fb E): Wie die 14. R häkeln, dabei für die Wende-Lm zu Fb H wechseln; wenden.

30. Reihe (in Fb H): Wie die 14. R häkeln, jedoch am Ende 2 Wende-Lm arb.; wenden.

31. Reihe: Zu Häkelnadel Nr. 5 wechseln. Fb I, J und K zusammenfassen und alle 3 Fäden so auf die Oberkante der 30. R legen, dass sie gemeinsam umhäkelt werden können. In Fb H fM über die Fäden arb. wie folgt, sodass diese von der M umschlossen werden: 1 M üb-spr; *1 fM

über die 3 farbigen Fäden, 1 Lm, 1 M üb-spr.; ab ★ fortlfd. wdh. bis R-Ende; 2 Lm, wenden. Achten Sie auf gleichmäßige Fadenspannung, damit die umhäkelten Fäden locker liegen und die Arbeit nicht zusammenziehen.

Die 31. R noch 6 x wdh., dabei am Ende der 37. R nur 1 Wende-Lm arb. Fb I, J und K abschneiden.

Zur Häkelnadel Nr. 4,5 wechseln, die 14. R 2 x arb. und bei der letzten M Fb C anschlingen; 1 Lm, wenden. Fb H abschneiden.

Die 14. R noch 2 x wdh. und bei der letzten M Fb F anschlingen; 1 Lm, wenden. Fb C abschneiden.

42. Reihe: Fb E anschlingen und eine 2. Wende-Lm arb. ★1 fM in Fb E, dann zu Fb F wechseln, 1 fM in Fb F, dann zu Fb E wechseln; ab ★ fortlfd. wdh. bis zur letzten M; 1 fM in Fb F, 1 Lm, wenden.

43. Reihe: ★1 fM in Fb F, dann zu Fb E wechseln, 1 fM in Fb E, dann zu Fb F wechseln; ab ★ fortlfd. wdh. bis zur letzten M; 1 fM in Fb E, 1 Lm, wenden.

Die 42. und 43. R noch 1 x wdh. und bei der letzten M der 45. R Fb C anschlingen; 1 Lm, wenden. Fb F und E abschneiden.

Die 14. R 2 x wdh., dabei die Wende-Lm weglassen und bei der letzten M zu Fb A wechseln; 3 Lm, wenden.

48. Reihe: Stb bis R-Ende häkeln; Fb B anschlingen.

Die 2. – 8. R wdh. und bei der letzten M Fb L anschlingen.

Die 14. R 2 x wdh., dabei 1 Lm am Ende der 57. R weglassen und Fb A anschlingen; 2 Lm in Fb A, 1 Lm in Fb C, wenden.

58. Reihe: ★1 Stb in Fb C, dann zu Fb A wechseln, 1 Stb in Fb A, dann zu Fb C wechseln; ab ★ fortlfd. wdh. bis R-Ende.

59. Reihe: ★1 Stb in Fb A, dann zu Fb C wechseln, 1 Stb in Fb C, dann zu Fb A wechseln; ab ★ fortlfd. wdh. bis R-Ende, bei der letzten M zu Fb L wechseln.

Die 14. R 2 x wdh. und bei der letzten M zu Fb G wechseln.

Die 14. R noch 2 x wdh., am Ende jedoch 2 Wende-Lm arb. und zur Häkelnadel Nr. 5 wechseln.

64. Reihe: Wie die 31. R häkeln, jedoch Fäden in Fb D, E und H einlegen und mit Fb G umhäkeln.

Die 64. R noch 2 x wdh. Die 64. bis 66. R bilden den mittleren Streifen des Teppichs.

Zur Häkelnadel Nr. 4,5 wechseln und das gesamte Muster in umgekehrter Reihenfolge wdh.

Einfachere Varianten

Arbeiten Sie einen ganzen Teppich mit einem einzigen Muster aus einem der Streifen des hier vorgestellten Modells. Die folgenden Muster sind – beginnend mit dem leichtesten – nach dem Schwierigkeitsgrad geordnet.

1. Streifen (1. – 13. R): Bienenmuster in Fb A und B

2. Streifen (14. – 21. R): Dornenmuster in Fb C und D

5. Streifen (41. – 47. R): fM abwechselnd in Fb E und F, eingerahmt durch fM in Fb C

7. Streifen 56. – 61. R: Stb abwechselnd in Fb C und A, eingerahmt durch Stb in Fb L

3. Streifen (22. – 29. R): Stb abwechselnd in Fb G und F, unterbrochen durch 1 R fM in Fb E und mit breiteren Rändern in Fb E

8. Streifen 62. – 68. R: kann mit nur 3 R gearbeitet werden, in denen die 3 Farbfäden umhäkelt werden; darauf folgen Streifen in Fb G und L

4. Streifen (30. – 38. R): am schwierigsten gleichmäßig zu arb.; Spannung muss ständig kontrolliert werden. Das Muster kann auch als Flächenmuster gehäkelt werden, doch muss jede R überprüft werden, damit die eingelegten und umhäkelten Fäden die Arbeit nicht zusammenziehen.

Fertigstellung

Vernähen Sie alle Fadenenden sauber und sorgfältig in den jeweiligen Farbstreifen. Schneiden Sie 10 cm lange Fadenstücke in Fb A und B zu, und knüpfen Sie diese Fransen mit Hilfe einer Häkelnadel in die Schmalseiten des Teppichs ein.

5. Projekt: Kissenhülle

Diese gestreifte dreifarbige Kissenhülle wurde in einer Kombination aus festen Maschen und Stäbchen gehäkelt. Sie eignet sich ausgezeichnet zum Üben von Farbwechseln.

Material

Coats Lyric 8/8 (LL 70 m/50 g) in folgenden Mengen und Farben: je 100 g in Pink (Fb A) und Lila (Fb C) 50 g in Zartrosa (Fb B); Häkelnadel Nr. 4,5; 6 Knöpfe; Kissenfüllung, 35 x 35 cm

Größe   ca. 32,5 x 32,5 cm

Maschenproben

10 M = 6,5 cm Breite
1 Musterrapport von 6 R = 5 cm Höhe

Anleitung

53 Lm in Fb A anschl.
1. Reihe: 1 Stb in die 4. Lm, 1 Stb; ★5 fM, 5 Stb; ab ★ fortlfd. wdh.; enden mit 3 Stb, 3 Lm, wenden (= 51 M).
2. Reihe: 2 Stb; ★5 fM, 5 Stb; ab ★ fortlfd. wdh.; enden mit 3 Stb, bei der letzten M wechseln zu Fb B, 1 Lm, wenden.
3. Reihe: fM häkeln, bei der letzten M zu Fb C wechseln; 1 Lm, wenden.
4. Reihe: 2 fM; ★5 Stb, 5 fM; ab ★ fortlfd. wdh.; enden mit 3 fM, 1 Lm, wenden.
5. Reihe: Wie die 4. R häkeln und bei der letzten M zu Fb B wechseln; 1 Lm, wenden.
6. Reihe: Wie die 3. R häkeln und bei der letzten M zu Fb A wechseln; 3 Lm, wenden.
7. Reihe: 2 Stb; ★5 fM, 5 Stb; ab ★ fortlfd. wdh.; enden mit 3 Stb, 3 Lm, wenden.
Die 2. – 7. R fortlfd. wdh., bis die Arbeit doppelt so hoch ist, wie die Kissenhülle werden soll. 1 weiteren Musterrapport von 6 R arb.
Letzte Reihe: In Fb A 1 Lm, 1 M üb-spr., 1 Stb; ★5 fM, 2 Stb, 1 Lm, 1 M üb-spr., 2 Stb; ab ★ fortlfd. wdh.; enden mit 1 Stb, 1 Lm, 1 Lm üb-spr., 1 Stb. Faden abschneiden und sichern.

Fertigstellung

Das Häkel-Rechteck so falten, dass die Knopflochkante den Beginn der Arbeit um 1 Musterrapport überlappt. Die Seitennähte von der Innenseite her zusammennähen. Knöpfe annähen. Kissenfüllung in die Hülle schieben, Knöpfe schließen.

4. Kapitel

Formgebung

Es gibt im Wesentlichen zwei Methoden, Häkelteile während der Arbeit zu formen: entweder durch das Zu- und Abnehmen von Maschen oder indem man sich die unterschiedlichen Maschenhöhen zunutze macht. Weil die Häkelnadel immer auf dem höchsten Punkt der Masche sitzt, ist es möglich, die Höhe von Masche zu Masche zu ändern, ohne zu einer anderen Nadelstärke zu wechseln.

Wenn Maschen in der Mitte der Reihen zugenommen werden, entstehen Spitzen, von denen aus der Rest der Arbeit schräg abfällt. Umgekehrt bilden sich durch Abnahmen Einbuchtungen, von denen aus die Arbeit zu beiden Seiten ansteigt. Durch eine entsprechende Anzahl von Zunahmen ergeben sich Kreise (mehr dazu im Kapitel über die Motivhäkelei, Seite 99 ff.). Zu- und Abnahmen in einer Reihe oder über zwei Reihen hinweg lassen sich für vielfältige Musterelemente wie etwa die Kreise im Muster „Feuerrad" (Seite 59) nutzen.

Um das Zu- und Abnehmen von Maschen zu trainieren, können Sie zur Übung viele verschiedene Rhomben- und Dreiecksformen in derselben Größe, aber aus unterschiedlichen Garnen häkeln.

Maschen zunehmen

Beim Häkeln ist das Zunehmen von Maschen leichter als das Abnehmen. Man muss nur eine Masche hinzufügen, indem man eine zweite Masche in dieselbe Einstichstelle häkelt wie die Masche zuvor. Am Beginn einer Reihe stechen Sie die Häkelnadel in das winzige Löchlein links von der Wende-Luftmasche und vor der nächsten Masche ein. Am Reihenende arbeiten Sie zwei Maschen in die oberste Wende-Luftmasche der vorhergehenden Reihe. Diese Methode eignet sich für jede Maschenhöhe von festen Maschen über Stäbchen bis hin zu Fünffach-Stäbchen. (Zunahmen bei komplizierteren Mustern, etwa bei Häkelspitze, werden jeweils gesondert beschrieben.)

Müssen mehrere Maschen zugenommen werden, häkelt man zunächst weitere Luftmaschen. (Sie brauchen diese Methode zum Beispiel, wenn Sie rund um die Ecken eines formgehäkelten Kissens Maschen zunehmen müssen oder wenn Sie einen Ärmel häkeln, der nicht angenäht, sondern in einem Stück mit Vorder- und Rückenteil gearbeitet wird.) Genügend Luftmaschen für die zusätzlichen Maschen und die Wende-Luftmaschen am Ende der Vorreihe anzuschlagen ist leicht: Nach der letzten Masche häkeln Sie für jede gewünschte Zusatzmasche eine Luftmasche plus die jeweils erforderlichen Wende-Luftmaschen. Die neue Luftmaschenkette wird dann genau wie jede andere Reihe überhäkelt, die mit Luftmaschen beginnt. Am Ende der Zusatzmaschen angekommen, arbeiten Sie über die Maschen des Häkelteils weiter wie gewohnt. Wenn bei einem Häkelteil auf beiden Seiten symmetrisch mehrere Maschen zugenommen werden müssen, entstehen leicht hässliche Stufen, wenn Sie auch auf der zweiten Seite einfach Luftmaschen am Reihenende anhäkeln. Nehmen Sie stattdessen ein Stück Garn von einem anderen Knäuel oder vom anderen Ende des Knäuels, mit dem Sie gerade arbeiten, und schlingen Sie es an der letzten Masche der unteren Reihe an. Häkeln Sie eine Luftmaschenkette in der erforderlichen Länge, jedoch ohne eine zusätzliche Wende-Luftmasche. Schneiden Sie den neuen Faden ab. Dann vollenden Sie die letzte Reihe und häkeln über die neu angeschlagenen Luftmaschen hinweg. So können Sie sicher sein, dass beide Seiten übereinstimmen.

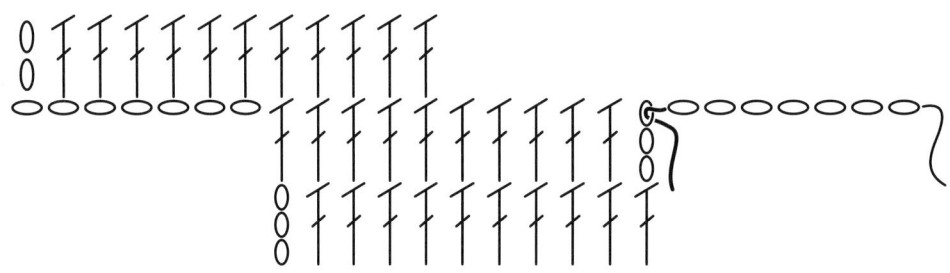

Mehrere Maschen zunehmen

Maschen abnehmen

In älteren Anleitungen wird empfohlen, sich am Reihenbeginn mit Kettmaschen zur nächsten eigentlichen Masche vorzuarbeiten und am Reihenende die abzunehmenden Maschen einfach nicht mehr zu häkeln. Leider entstehen auf diese Weise Stufen statt einer sauberen Rundung.

Im Allgemeinen werden für Abnahmen zwei Maschen gemeinsam abgehäkelt, sodass auf dem Rückweg nur noch eine Masche übrig ist. Häkeln Sie die erste Masche wie gewohnt, doch vollenden Sie sie nicht; es müssen noch zwei Schlingen auf der Nadel bleiben. Arbeiten Sie nun die zweite Masche, bis drei Schlingen auf der Häkelnadel sind. Dann legen Sie den Faden um die Häkelnadel und ziehen ihn durch alle drei Schlingen. Auf diese Weise bilden sich weder Löcher noch Stufen. Die Abbildung unten zeigt eine Abnahme bei Stäbchen (2 Stb zus. abm.).

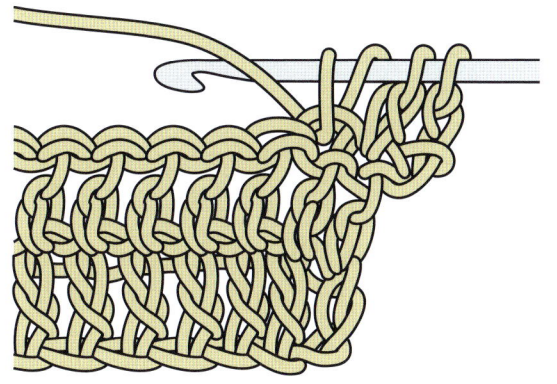

Praktische Übung: Rhombus häkeln

4 Lm anschl.
1. Reihe: 2 Stb in die 4. Lm nach der Nadel (= Beginn der Lm-Kette); 3 Lm, wenden (= 3 M).
2. Reihe: 1 Stb in die unterste Wende-Lm, 1 Stb, 2 Stb in die letzte M; 3 Lm, wenden (= 5 M).
3. Reihe: 1 Stb in die unterste Wende-Lm, Stb häkeln bis zur letzten M, 2 Stb in die letzte M; 3 Lm, wenden.
Zunahme-Reihe: Die 3. R bis zur halben Höhe des Rhombus fortlfd. wdh. (in jeder R + 2 M).
Abnahme-Reihe: 2 Stb zus. abm., Stb häkeln bis zu den letzten 2 M, 2 Stb zus. abm.; 3 Lm, wenden. (In jeder R − 2 M). Die Abnahme-R fortlfd. wdh., bis nur noch 5 M übrig sind.
Nächste Reihe: 2 x 2 Stb zus. abm.; 3 Lm, wenden.
Letzte Reihe: 2 Stb zus. abm.

Abnahme bei halben Stäbchen

Das halbe Stäbchen nimmt eine Sonderstellung ein, weil beim Abmaschen der Faden durch drei statt wie bei anderen Maschenarten nur durch zwei Schlingen gezogen wird. Deshalb lässt sich die oben beschriebene Methode des Abnehmens hier nicht anwenden. Arbeiten Sie die erste Masche am Reihenbeginn wie eine unvollendete feste Masche, die zweite als unvollendetes halbes Stäbchen; dann ziehen Sie den Faden durch vier Schlingen gleichzeitig. Am Reihenende häkeln Sie die vorletzte Masche als unvollendetes halbes Stäbchen, die letzte als unvollendete feste Masche; zum Schluss ziehen Sie den Faden durch vier Schlingen zugleich.

So sollte Ihr gehäkelter Rhombus aussehen.

FORMGEBUNG

Innerhalb einer Reihe abnehmen

Nicht alle Modelle werden von unten nach oben gehäkelt. Manchmal ist es notwendig, von oben nach unten zu arbeiten, damit das Modell schöner fällt und leicht mit einer dekorativen Borte versehen werden kann. Man kann aber auch von einer Seite zur anderen arbeiten, sodass die Reihen vertikal statt horizontal verlaufen.

Bisweilen muss eine ganze Reihe formgehäkelt werden, besonders wenn eine Seite des Modells kürzer ist als die andere – etwa ein Lampenschirm, der an der Oberkante schmaler ist als an der Unterkante, ein Ärmel oder ein Rock, bei dem das Muster rundherum verläuft.

Das Abnehmen mit Hilfe der Maschenhöhen ist eine fantastische Methode des Formhäkelns entlang der Reihen. Häkeln Sie eine Reihe in Stäbchen bis zu einem vorher festgelegten Punkt, von dem an abgenommen werden soll. Ein Drittel der übrigen Strecke häkeln Sie nun in halben Stäbchen, das nächste Drittel in festen Maschen und schließlich Kettmaschen bis zum Ende der Reihe, wo Sie mit der Rückreihe beginnen. Das Ergebnis wirkt wie ein länglicher Keil. Diese Methode eignet sich also hervorragend für „Abnäher" in komplizierten Formen.

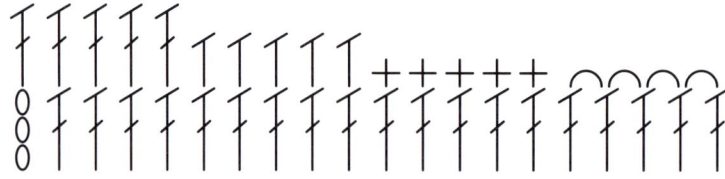

Formgebung durch unterschiedlich hohe Maschen

Ecken

Ecken können abgerundet sein – dann reicht eine gewöhnliche Zunahme. Eine scharf abgewinkelte Ecke gelingt Ihnen, wenn Sie die Tipps im Kasten befolgen.

Um beim Häkeln in Stäbchen einen rechten Winkel an einer Außenecke zu erzielen, müssen Sie drei Maschen in eine Masche der Vorrunde arbeiten. Die zweite der drei Maschen bildet die Spitze der Ecke (Abb. unten). Ecken in niedrigeren Maschenarten erfordern weniger Eckmaschen, solche in höheren Maschenarten mehr.

Um festzustellen, wie viele Maschen mehr oder weniger Sie einberechnen müssen, sollten Sie sich die Ecke als Rundung vorstellen, deren Außenkante Teil eines Kreisumfangs ist. Verwenden Sie dazu die Tabelle für unterschiedliche Maschenhöhen auf Seite 103.

Wenn Sie eine Blende arbeiten, bei der keine Zunahmen, sondern Abnahmen erforderlich sind – etwa an einem rechteckigen Halsausschnitt –, liefern drei zusammen abgemaschte Stäbchen ein sauberes Ergebnis, bei dem die beiden Nachbarkanten im rechten Winkel zueinander stehen.

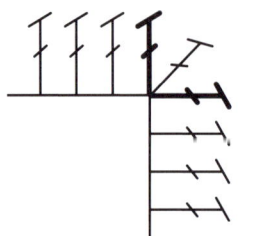

Drei Eckmaschen

> ### TIPP
> *Die mittlere Masche in einer Ecke muss manchmal länger sein als die anderen Maschen, wenn die Ecke spitz und nicht leicht abgerundet werden soll. Häkeln Sie als Eckmasche ruhig ein Doppelstäbchen statt eines Stäbchens, wenn Sie das Ergebnis laut Anleitung nicht zufrieden stellt.*

Mustersammlung

Erweitern Sie Ihr Musterrepertoire durch die folgenden drei Muster, bei denen sowohl unterschiedliche Maschenhöhen als auch Zu- und Abnahmen in einer Reihe vorkommen.

Lilienmuster

Spezielle Abkürzungen
1RBmv = 1 Relief-Büschelmasche vorne: Jeweils die letzte Schlinge aller M auf der Nadel lassen. 1 RStbv um das nächste Stb, 1 Lm üb-spr., 1 Stb in die nächste fM, 1 Lm üb-spr., 1 RStbv um das nächste Stb (= 4 Schlingen auf der Nadel), Faden holen und durch alle 4 Schlingen ziehen.
1RBmh = 1 Relief-Büschelmasche hinten: Wie 1 R-Stbv arb., jedoch von hinten nach vorne einstechen.
1. Reihe (Hin-R): In Fb A 1 Stb in die 4. Lm, *1 Lm, 2 Lm üb-spr., 1 fM, 1 Lm, 2 Lm üb-spr. **, 3 Stb in die nächste Lm; ab * fortlfd. wdh. (letzter Rapport endet bei **), 2 Stb in die letzte Lm. Nicht wenden.
2. Reihe (Hin-R): Fb B am R-Beginn anschlingen, 1 Lm, 1 fM in dieselbe Einstichstelle; *2 Lm, 1 RBmv, 2 Lm, 1 fM ins nächste Stb; ab * fortlfd. wdh.; wenden.
3. Reihe (Rück-R): In Fb A 3 Lm, 1 Stb in dieselbe Einstichstelle; *1 Lm, 2 Lm üb-spr., 1 fM in die nächste Bm, 1 Lm, 2 Lm üb-spr. **, 3 Stb in die nächste fM; ab * fortlfd. wdh. (letzter Rapport endet bei **), 2 Stb in die letzte fM. Nicht wenden. **4. Reihe** (Rück-R): In Fb B 1 Lm, 1 fM in dieselbe Einstichstelle, *2 Lm, 1 RBmh, 2 Lm, 1 fM ins nächste Stb; ab * fortlfd. wdh.; wenden. **5. Reihe** (Hin-R): In Fb A 3 Lm, 1 Stb in dieselbe Einstichstelle, 1 Lm, 2 Lm üb-spr., 1 fM in die nächste Bm, 1 Lm, 2 Lm üb-spr. **, 3 Stb in die nächste fM; ab * fortlfd. wdh. (der letzte Rapport endet bei **), 2 Stb in die letzte fM. Nicht wenden. Die 2. - 5. R fortlfd. wdh.

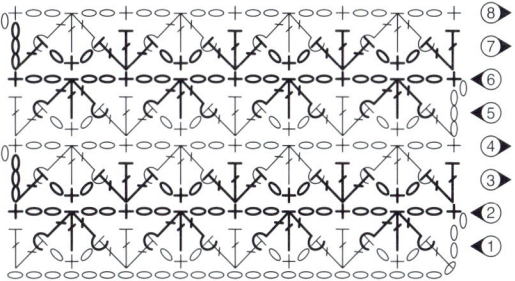

Zackenmuster

24 Lm (oder ein Vielfaches von 10 + 4 Lm) anschl.
1. Reihe: 1 Stb in die 4. Lm, *3 Stb, 3 Stb zus. abm., 3 Stb, 3 Stb in die nächste Lm; ab * fortlfd wdh.; enden mit 2 Stb in die letzte M; 3 Lm, wenden.
2. Reihe: 1 Stb in die unterste Wende-Lm; *3 Stb, 3 Stb zus. abm., 3 Stb in die nächste M; ab * fortlfd. wdh.; enden mit 2 Stb in die letzte M; 3 Lm, wenden. Die 3 Stb in einer Einstichstelle sitzen auf der mittleren M der entsprechenden M-Gruppe der Vor-R, das mittlere der 3 zus. abgem. Stb sitzt auf der Spitze der 3 zus. abgem. Stb der Vor-R.

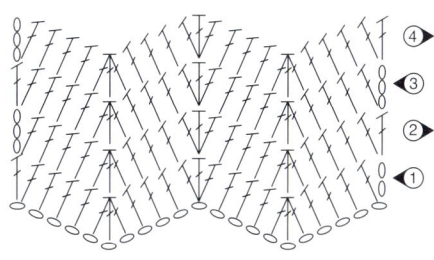

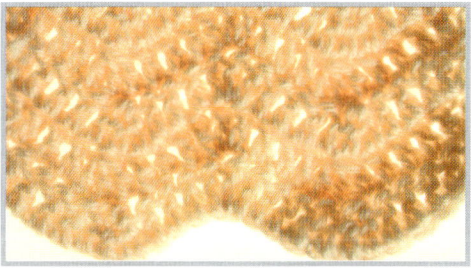

FORMGEBUNG

Lange Wellen

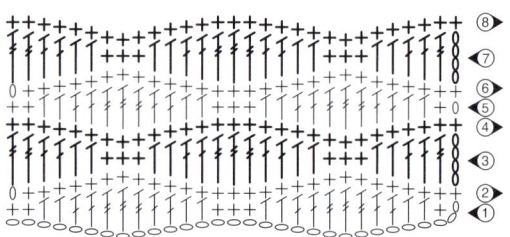

Durch die Verwendung unterschiedlich hoher Maschen ist es möglich, die Form eines Streifens zu verändern. Wechseln Sie die Farben nach jeder zweiten Reihe. 30 Lm anschl.
1. Reihe (Hin-R): Die 1. M in die 3. Lm arb. ★1 fM, 2 hStb, 2 Stb, 3 DStb, 2 Stb, 2 hStb, 2 fM; ab ★ fortlfd. wdh. bis R-Ende; 1 Lm, wenden. **2. Reihe:** fM häkeln bis R-Ende, bei der letzten M Fb wechseln; 4 Lm, wenden. **3. Reihe:** ★1 DStb, 2 Stb, 2 hStb, 3 fM, 2 hStb, 2 Stb, 2 DStb; ab ★ fortlfd. wdh. bis R-Ende; 1 Lm, wenden.
4. Reihe: Wie die 2. R häkeln. **5. Reihe:** ★1 fM, 2 hStb, 2 Stb, 3 DStb, 2 Stb, 2 hStb, 2 fM; ab ★ fortlfd. wdh. bis R-Ende; 1 Lm, wenden.
6. Reihe: Wie die 2. R häkeln. Die 3. - 6. R fortlfd. wdh.

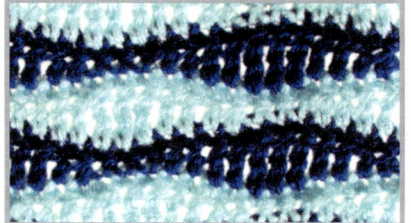

Veilchen

31 Lm anschl. **Spezielle Abkürzung**: **1 Bm** = 1 Büschelmasche: 2 Stb zus. abm. in dieselbe Einstichstelle. **1. Reihe:** 1 hStb in die 5. Lm; ★1 Lm, 1 Lm üb-spr., 1 Stb in die nächste Lm; ab ★ fortlfd. wdh. bis R-Ende; 1 Lm, wenden. **2. Reihe:** 1 fM in dieselbe Einstichstelle wie die Wende-Lm; ★6 Lm, 1 hStb üb-spr., 1 fM ins nächste hStb, 3 Lm, 1 Bm in dieselbe M, 1 hStb üb-spr., 1 Bm in die nächste M, 3 Lm, 1 fM in dieselbe Einstichstelle wie die Bm; ab ★ fortlfd. wdh. bis zu den letzten 2 ZR, 6 Lm, 1 fM in die letzte M; 7 Lm, wenden. **3. Reihe:** 1 fM in den 6-Lm-ZR, 3 Lm; ★(1 Bm, 3 Lm, 1 Km, 3 Lm, 1 Bm) ins Zentrum der nächsten Bm-Gruppe, 3 Lm, 1 fM in den nächsten 6-Lm-ZR, 3 Lm; ab ★ fortlfd. wdh. bis R-Ende, 1 Dreifach-Stb in die letzte M; 1 Lm, wenden. **4. Reihe:** 1 Lm, 1 fM in dieselbe Einstichstelle; ★3 Lm, 1 fM in die Spitze der Bm; ab ★ fortlfd. wdh. bis zu den letzten 7 Lm, 1 fM in die 3. Lm nach der fM in den 6-Lm-ZR; 3 Lm, wenden. **5. Reihe:** ★1 hStb in den 3-Lm-ZR, 1 Lm, 1 hStb in die fM, 1 Lm; ab ★ fortlfd. wdh. (letzte Lm = Wende-Lm.) Die 2. - 5. R fortlfd. wdh.

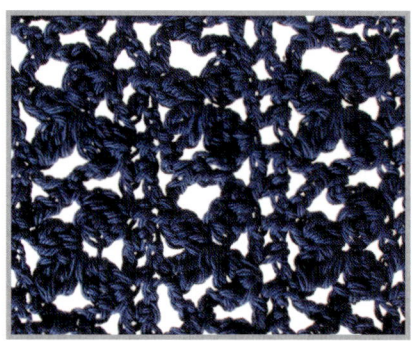

Boot

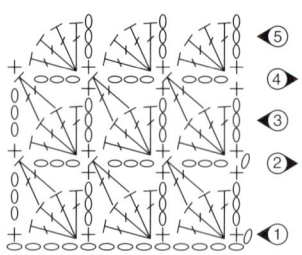

26 Lm anschl. **Spezielle Abkürzung:** **1 Bm** = 1 Büschelmasche: 1 U, in die M einstechen, 1 U, Faden zur Vorderseite durchziehen, 1 U, Faden durch 2 Schlingen ziehen, 1 U, in die nächste M einstechen, 1 U, Faden zur Vorderseite durchziehen, 1 U, Faden durch 2 Schlingen ziehen, dann durch alle 3 Schlingen ziehen. **1. Reihe:** 1 fM in die 3. Lm; ★3 Lm, 4 Stb in dieselbe Lm wie die fM, 3 Lm üb-spr., 1 fM in die nächste Lm; ab ★ fortlfd. wdh. bis R-Ende; 3 Lm, wenden.
2. Reihe: ★1 Stb üb-spr., 1 Bm über 2 Stb, 3 Lm, 1 Stb üb-spr., 1 fM in die oberste der 3 Lm; ab ★ fortlfd. wdh. bis R-Ende; 1 Lm, wenden.
3. Reihe: 1 fM in die unterste Wende-Lm; ★3 Lm, 4 Stb in 1 Einstichstelle, 1 fM in die nächste M; ab ★ fortlfd. wdh. bis R-Ende; 3 Lm, wenden. Die 2. und 3. R bis zur gewünschten Höhe fortlfd. wdh.

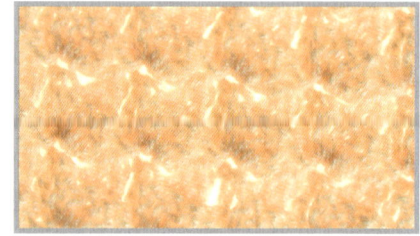

Feuerrad

27 Lm anschl.
Spezielle Abkürzung: 1 Bm = 1 Büschelmasche: mehrere Stb zus. abm. (Anzahl = M-Zahl, über die die Bm gearbeitet wird).
1. Reihe (Rück-R): 1 fM in die 2. Lm, 1 fM in die nächste Lm; ★3 Lm üb-spr., 7 Stb in die nächste Lm, 3 Lm üb-spr., 3 fM; ab ★ fortlfd. wdh. bis zu den letzten 4 Lm; 3 Lm üb-spr., 4 Stb in die letzte Lm, wenden. **2. Reihe:** 1 Lm, 1 fM in dieselbe Einstichstelle, 1 fM; ★3 Lm, 1 Bm über 7 M, 3 Lm, 3 fM; ab★ fortlfd. wdh. bis zu den letzten 4 M; 3 Lm, 1 Bm über 4 Stb; wenden. **3. Reihe:** 3 Lm, 3 Stb in dieselbe Einstichstelle; ★3 Lm üb-spr., 3 fM, 3 Lm üb-spr., 7 Stb in die Bm; ab ★ fortlfd. wdh. bis zu den letzten 5 M, 3 Lm üb-spr., 2 fM, wenden. **4. Reihe:** 3 Lm, 1 Bm über 3 M; ★3 Lm, 3 fM, 3 Lm, 1 Bm über 7 M; ab ★ fortlfd. wdh. bis zu den letzten 5 M; 3 Lm, 2 fM; wenden. **5. Reihe:** 1 Lm, 2 fM, ★3 Lm üb-spr., 7 Stb in die Spitze der Bm, 3 Lm üb-spr., 3 fM; ab ★ fortlfd. wdh. bis zur letzten M; 4 Stb in die letzte M; wenden. Die 2. - 5. R fortlfd. wdh.

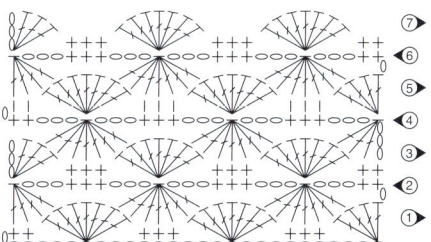

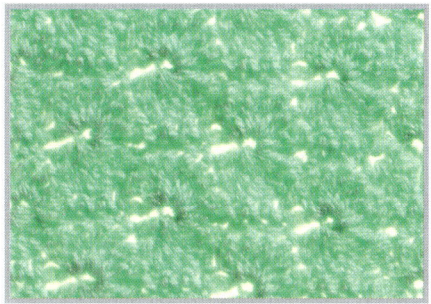

Zweifarbiges Feuerrad

Arbeiten wie oben beschrieben, jedoch in der 2. Reihe zu Farbe B wechseln. Anschließend die Farben nach jeder 2. Reihe wechseln.

Ostereier

29 Lm anschl. **Spezielle Abkürzung:** 1 Bm = 1 Büschelmasche: 5 Stb zus. abm. wie folgt: 2 Stb in die 2 zus. abgem. Stb der Vor-R, 1 Stb in das Stb, 2 Stb in die 2 zus. abgem. Stb. **1. Reihe:** 1 Stb in die 8. Lm; ★1 Lm, 2 Lm üb-spr., (2 Stb zus. abm., 1 Stb, 2 Stb zus. abm.) in die nächste Lm, 1 Lm, 2 Lm üb-spr., 1 Stb in die nächste Lm; ab ★ fortlfd. wdh. bis R-Ende; 5 Lm, wenden. **2. Reihe:** 1 Stb ins nächste Stb, 2 Lm; ★1 Bm, 2 Lm, 1 Stb ins nächste Stb, 2 Lm; ab ★ fortlfd. wdh. bis R-Ende, 1 Stb in die letzte M; 4 Lm, wenden. **3. Reihe:** ★(2 Stb zus. abm., 1 Stb, 2 Stb zus. abm.) in die nächste Lm, 1 Lm, 2 Lm üb-spr., 1 Stb in die Bm, 1 Lm; ab ★ fortlfd. wdh. bis R-Ende, dabei letzte Lm auslassen und 1 Stb in die 3. der 5 Lm häkeln; 5 Lm, wenden. **4. Reihe:** ★1 Bm, 2 Lm, 1 Stb ins nächste Stb, 2 Lm; ab ★ fortlfd. wdh., dabei die 2 Lm am Ende des letzten Rapports weglassen; 1 Stb in die 3. der 4 Lm; 5 Lm, wenden. **5. Reihe:** 1 Stb in die Bm; ★1 Lm, (2 Stb zus. abm., 1 Stb, 2 Stb zus. abm.) ins nächste Stb, 1 Lm, 1 Stb in die Bm; ab ★ fortlfd. wdh. bis zur letzten Bm; 2 Lm, 1 Stb in die 3. der 5 Lm; wenden. Die 2. - 5. R fortlfd. wdh.

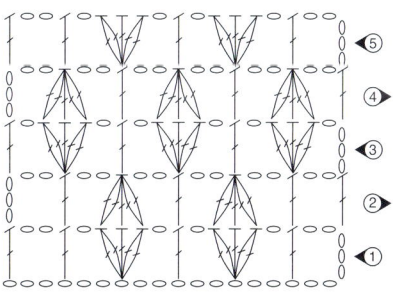

6. Projekt: Fausthandschuhe

Diese klassischen Fausthandschuhe für Erwachsene sind in doppelten festen Maschen gehäkelt und haben ein Bündchen zum Umschlagen. Die Kinderfäustlinge wurden in festen Maschen gearbeitet. Sie gehen nicht verloren, wenn Sie beide Handschuhe mit einer langen Luftmaschenkette verbinden.

Fausthandschuhe für Erwachsene

Material

Je 50 g *Rowan Felted Tweed* (LL 175 m/50 g) in Melody (Fb A) und Corn (Fb B);
Häkelnadeln Nr. 4 und 4,5; 2 Knöpfe

Größe   Einheitsgröße für Damen

Maschenprobe

12 M = 8 cm Breite; 4 R = 5 cm Höhe

Spezielle Abkürzung

dfM = doppelte feste Masche: Nadel in die M einstechen, 1 U, Faden zur Vorderseite durchziehen, 1 U, Faden nur durch 1 Schlinge ziehen, 1 U, Faden durch beide Schlingen auf der Nadel ziehen.

Anleitung

Hand

14 Lm mit der Häkelnadel Nr. 4,5 in Fb A anschl.
1. Reihe: 1 dfM in die 4. Lm, dfM häkeln bis R-Ende; 2 Lm, wenden.
2. Reihe: 1 dfM in die unterste Wende-Lm, 4 dfM, 2 x (2 dfM in die nächste M), 4 dfM, 2 dfM in die letzte M; 2 Lm, wenden.
3. Reihe: 1 dfM in die unterste Wende-Lm, 6 dfM, 2 x (2 dfM in die nächste M), 6 dfM, 2 dfM in die letzte M; 2 Lm, wenden.
4. Reihe: 1 dfM in die unterste Wende-Lm, 8 dfM, 2 x (2 dfM in die nächste M), 8 dfM, 2 dfM in die letzte M; 2 Lm, wenden.
5. Reihe: dfM häkeln bis R-Ende; 2 Lm, wenden (= 24 M).
6. Reihe: 1 dfM in die unterste Wende-Lm, 10 dfM, 2 x (2 dfM in die nächste M), 10 dfM, 2 dfM in die letzte M; 2 Lm, wenden. **7. Reihe:** Wie die 5. R häkeln (= 28 M). Die 7. R noch 20 x wdh.

Bündchen

Zu Häkelnadel Nr. 4 und Fb B wechseln.
1. Reihe: 1 Lm, fM häkeln bis R-Ende; 1 Lm, wenden.
2. Reihe: fM häkeln bis R-Ende; 1 Lm, wenden. Die 2. R noch 4 x wdh.; anschließend zur Nadel Nr. 4,5 wechseln. Die 2. R noch 6 x wdh.; Faden nicht abschneiden.

Knopflochschlaufe

1. Reihe: 5 fM in die mit der Nadel Nr. 4,5 gearbeiteten R (= 6 M mit der Wende-Lm); 1 Lm, wenden.
2. Reihe: 5 fM; 1 Lm, wenden.
3. Reihe: 3 fM, 2 fM zus. abm.; 1 Lm, wenden.
4. Reihe: 1 fM, 1 Lm, 1 M üb-spr., 2 fM; 1 Lm, wenden.
5. Reihe: 3 fM. Faden abschneiden und sichern.

Daumen

4 Lm mit Häkelnadel Nr. 4,5 in Fb A anschl.
1. Reihe: 2 Stb in die 4. Lm nach der Nadel; 2 Lm, wenden.
2. Reihe: 1 dfM in die unterste Wende-Lm, 2 dfM in die nächste M, 1 dfM; 2 Lm, wenden.
3. Reihe: 1 dfM in die unterste Wende-Lm, 1 dfM, 2 dfM in die nächste M, 2 dfM; 2 Lm, wenden.
4. Reihe: 1 dfM in die unterste Wende-Lm, 2 dfM, 2 dfM in die nächste M, 3 dfM; 2 Lm, wenden.
5. Reihe: 1 dfM in die unterste Wende-Lm, 3 dfM, 2 dfM in die nächste M, 4 dfM; 2 Lm, wenden.
6. Reihe: 1 dfM in die unterste Wende-Lm, 4 dfM, 2 dfM in die nächste M, 5 dfM; 2 Lm, wenden.
7. Reihe: dfM häkeln bis R-Ende; 2 Lm, wenden. Die 7. R noch 4 x wdh.
12. Reihe: 2 fM zus. abm., 2 dfM, 2 x 2 fM zus. abm., 2 dfM, 2 fM zus. abm.; 1 Lm, wenden.
13. Reihe: *2 fM zus. abm.; ab * fortlfd. wdh. bis R-Ende. Faden abschneiden und sichern.
Beide Fausthandschuhe gleich häkeln.

Fertigstellung

Die Spitze des Handschuhs und die Seitennaht 16 R weit nach unten (= Ansatz Daumen) schließen. Den Daumen von der Spitze bis zur 1. R in dfM ohne Zunahme schließen. Die Kante mit den Zunahmen in die Naht der Hand einsetzen; dabei die Kante des Daumens leicht dehnen. Von der Unterkante des Daumens auf einer Seite nach unten arb. Diesen Vorgang auf der anderen Seite des Daumens und des Fausthandschuhs wdh. Restliche Seitennaht ebenfalls schließen. Beim Zusammennähen des Bündchens die Garn-Fb wechseln. Den Umschlag des Bündchens ohne Knopflochschlaufe in die Seitennaht einbeziehen. Knopf annähen.
Den zweiten Handschuh entsprechend fertig stellen, dabei alle Nähte gegengleich arb., damit ein rechter und ein linker Handschuh entsteht.

Kinderfäustlinge

Material

Je 50 g *Rowan Felted Tweed* (LL 175 m/50 g) in Willow (Fb A) und Crush (Fb B); Häkelnadeln Nr. 3,5, 4 und 4,5

Größe

Passend für Kinder von 3 bis 5 Jahren

Maschenprobe

9 M/11 R = 5 x 5 cm

Anleitung

Hand
14 Lm mit Häkelnadel Nr. 4 in Fb A anschl.
Die 1. – 7. R arb., wie bei den Fausthandschuhen für Erwachsene beschrieben, dabei jedoch statt der dfM stets fM häkeln. Die 7. R noch 17 x wdh.

Bündchen
7 Lm mit Häkelnadel Nr. 3,5 in Fb B anschl.
1. Reihe: 1 fM in die 3. Lm nach der Nadel, 4 fM, Km bis zur nächsten M der Hand, 1 Km in die nächste M der Hand; wenden.
2. Reihe: Je 1 fM ins hintere M-Glied der Bündchen-M bis R-Ende; 1 Lm, wenden.
3. Reihe: Je 1 fM ins hintere M-Glied der Bündchen-M bis R-Ende; Km bis zur nächsten M der Hand, 1 Km in die nächste M der Hand; wenden.
Die 2. und 3. R fortlfd. wdh., bis alle M der Hand aufgebraucht sind.

Daumen
3 Lm mit Häkelnadel Nr. 4 in Fb A anschl.
1. Reihe: 2 fM in die 3. Lm; 1 Lm, wenden.
2. Reihe: 1 fM in die unterste Wende-Lm, 1 fM in die nächste M, 2 fM in die letzte M; 1 Lm, wenden.
3. Reihe: 1 fM in die unterste Wende-Lm, 5 fM, 2 fM in die letzte M; 1 Lm, wenden.
4. Reihe: 1 fM in die unterste Wende-Lm, 7 fM, 2 fM in die letzte M; 1 Lm, wenden.
5. Reihe: fM häkeln bis R-Ende; 1 Lm, wenden.
Die 5. R noch 7 x wdh.
13. Reihe: ★2 fM zus. abm.; ab ★ fortlfd. wdh. bis R-Ende. Faden abschneiden und sichern.
Beide Fäustlinge gleich häkeln.

Fertigstellung

Die Seitennaht des Daumen von der Spitze bis zur 1. R ohne Zunahme schließen. Der Anfang der Daumen-Zunahmen trifft auf den Punkt, an dem das Bündchen beginnt. Messen Sie aus, wo die Zunahmen enden, und markieren Sie diese Stelle auf der Seitennaht des Handschuhs. Schließen Sie die obere und die seitliche Naht des Handschuhs bis zu der Stelle, an der die Daumen-Zunahmen eingesetzt werden. Nähen Sie den formgehäkelten Teil des Daumens in die Seitennaht der Hand ein, und dehnen Sie die Kante des Daumens während des Nähens leicht. Zum Zusammennähen des Bündchens die Garn-Fb wechseln. Beide Fäustlinge gleich fertig stellen.

> ### EINFACHE VARIANTEN
> • *Das Bündchen der Erwachsenenhandschuhe lässt sich auch in Reliefstäbchen häkeln (siehe S. 69).*
> • *Babyfäustlinge entstehen nach der Anleitung für Kinderfäustlinge: Hören Sie bei der 4. R (= 24 M) mit den Zunahmen auf, arbeiten Sie weniger Reihen und lassen Sie den Daumen weg.*

7. Projekt: Träger-Top

Dieses schicke Träger-Top ist ein hervorragendes Projekt zum Trainieren von Zu- und Abnahmen. Es wird von oben nach unten gearbeitet: Sie beginnen also mit den Dreiecken, an denen die Träger angebracht werden. Beachten Sie die Pikots, die den Trägern die reizvolle Wirkung von Zöpfen verleihen!

Material

150/200/200/200/250 g *Coats Eldorado* (LL 265 m/50 g) in Lila (Fb 7314); Häkelnadel Nr. 2

Größe

Passend für 76/81/86-91/96 cm Oberweite. Länge vom hinteren Halsausschnitt bis zur Unterkante 38 cm.
Die Angaben für die 4 Größen sind durch Schrägstriche voneinander getrennt. Steht nur eine Angabe, so gilt sie für alle Größen.

Maschenprobe

15 M/10 R = 5 x 5 cm

Anleitung

Dreiecke (4 x arbeiten)
1. Reihe (Hin-R): 4 Lm, 2 Stb in die 1. Lm; 1 Lm, wenden (= 3 M).
2. Reihe: 1 fM in dieselbe Einstichstelle wie die Wende-Lm, 1 fM, 2 fM in die letzte M; 3 Lm, wenden (= 5 M).
3. Reihe: 2 Stb in dieselbe Einstichstelle wie die Wende-Lm, 1 Stb, 1 Lm, 1 M üb-spr., 1 Stb, 3 Stb in die letzte M; 2 Lm, wenden (= 9 M).
4. Reihe: 2 fM in dieselbe Einstichstelle wie die Wende-Lm, 7 fM, (2 fM, 1 hStb) in die letzte M; 4 Lm, wenden (= 13 M).

5. Reihe: (1 DStb, 1 Stb) in dieselbe Einstichstelle wie die Wende-Lm, 1 Lm, 1 M üb-spr., 9 Stb, 1 Lm, 1 M üb-spr., (1 Stb, 2 DStb) in die letzte M; 2 Lm, wenden (= 17 M).
6. Reihe: 1 fM in dieselbe Einstichstelle wie die Wende-

Formgebung

Lm, 15 fM, (1 fM, 1 hStb) in die letzte M; 4 Lm, wenden (= 19 M).

7. Reihe: (1 DStb, 1 Stb) in dieselbe Einstichstelle wie die Wende-Lm; *8 Stb, 1 Lm, 1 M üb-spr.; ab * wdh. und Stb bis zur letzten M häkeln, (1 Stb, 2 DStb) in die letzte M; 2 Lm, wenden (= 23 M).

8. Reihe: 1 fM in dieselbe Einstichstelle wie die Wende-Lm, 21 fM, (1 fM, 1 hStb) in die letzte M; 4 Lm, wenden (= 25 M).

9. Reihe: (1 DStb, 1 Stb) in dieselbe Einstichstelle wie die Wende-Lm, 6 Stb, *1 Lm, 1 M üb-spr., 9 Stb; ab * 1 x wdh.; 1 M üb-spr., 6 Stb, (1 Stb, 2 DStb) in die letzte M, 2 Lm, wenden (= 29 M).

Vorder- und Rückenteil
(2 x arbeiten)

Bitte achten Sie darauf, dass die linke Seite jedes Dreiecks zu Ihnen zeigt, wenn Sie es ans Vorder- bzw. Rückenteil des Tops anhäkeln.

1. Reihe (Hin-R): 18/18/28/28 Lm, 29 fM über das 1. Dreieck (alle M verwendet), 21/21/21/31 Lm, 29 fM über das 2. Dreieck, 20/20/30/30 Lm; wenden.

2. Reihe (Rück-R): 1 Stb in die 4. Lm nach der Nadel; *1 Lm, 1 M üb-spr., 9 Stb; ab * fortlfd. wdh. bis zu den letzten 3 M; 1 Lm, 1 M üb-spr., 2 Stb; 1 Lm, wenden.

3. Reihe: fM häkeln bis R-Ende; 3 Lm, wenden.

4. Reihe: 6 Stb; *1 Lm, 1 M üb-spr., 9 Stb; ab * fortlfd. wdh. bis zu den letzten 8 M; 1 Lm, 1 M üb-spr., 7 Stb; 1 Lm, wenden (= 95/105/125/135 M).

5. Reihe: Wie die 3. R häkeln.

6. Reihe: 1 Stb; *1 Lm, 1 M üb-spr., 9 Stb; ab * fortlfd. wdh. bis zu den letzten 3 M; 1 Lm, 1 M üb-spr., 2 Stb; 1 Lm, wenden.

Die 3. – 6. R fortlfd. wdh., bis die Arbeit, von der Mitte des Halsausschnitts gemessen, 23 cm hoch ist. Anschließend 20 R im Lochmuster weiterhäkeln, dabei jedoch am Beginn und am Ende jeder 2. Stb-R (d. h. jeder 4. R) 1 M zunehmen; mit einer fM-R enden (= 115/125/145/155 M).

Unterkante von Vorder- und Rückenteil

1. Reihe: Km über 5 M, 1 fM, 1 hStb, im Stb-Muster weiter bis zu den letzten 7 M, 1 hStb, 1 fM, 1 Km, wenden.

2. Reihe: (Keine Wende-Lm!) Km bis zum 1. Stb, 1 fM in jedes Stb, 1 Km in das hStb, wenden.

Diese beiden R noch 4 x wdh.; Faden abschneiden und sichern. Die Unterkante des anderen Teils genauso arb. Beide Seitennähte schließen.

Träger
(2 x arbeiten)

Faden an der Spitze eines Dreiecks am Vorderteil anschlingen, 78 Lm arb. und den Faden am gegenüberliegenden Dreieck des Rückenteils befestigen. 1 fM in jede Lm bis R-Ende, dabei jeweils 2 M-Glieder aufnehmen, Km bis zum Dreieck und auf der anderen Seite entlang des Trägers zurück häkeln, dabei in die fM über der Lm einstechen. Faden abschneiden und sichern.

Einfassung des Armausschnitts
(2 x arbeiten)

Faden unter dem Arm anschlingen und häkeln wie folgt: *3 fM, (2 Lm, 1 Km) in die letzte der 3 fM; ab * fortlfd. wdh. bis Rd-Ende, dabei die ganze Träger-Außenseite einschließen. Die Rd mit 1 Km in die Anfangs-M beschließen. Den anderen Armausschnitt genauso einfassen.

Einfassung des Halsausschnitts

Faden in der Mitte des hinteren Halsausschnitts anschlingen und über die M des vorderen und hinteren Halsausschnitts sowie über die M der Träger wie beim Armausschnitt beschrieben häkeln.

Einfassung der Unterkante

Faden an der Seitennaht anschlingen und die Randeinfassung rund um die Unterkante von Vorder- und Rückenteil häkeln. Die Rd mit einer Km in die Anfangs-M beschließen. Faden abschneiden und sichern.

5. Kapitel

Struktur-maschen

Der Textilkünstler Jan Messent meint: „Struktur sollte auch ein Blinder erfühlen können, ein Stoffmuster hingegen muss nicht unbedingt fühlbar sein." Das ist die grundsätzliche Definition des Begriffs „Struktur" für Design im Allgemeinen. Dieses Wort kann sich jedoch auch auf Stoffe oder Garne beziehen, die aus ungleichmäßig versponnenen Fasern bestehen oder eine raue Oberfläche haben. Unter „Strukturgarnen" versteht man gewöhnlich Modegarne mit Verdickungen, Knötchen, Mohairfasern, Bouclèschlingen und Ähnlichen, während man mit „Strukturstoffen" normalerweise knubbelige, unebene Textilien bezeichnet, die durch die Maschenbildung entstehen.

In diesem Kapitel erfahren Sie, wie Sie durch Reliefmaschen oder durch das Zusammenziehen mehrerer Maschen Struktur schaffen können. Sie können einem Häkelteil eine deutliche Berg-und-Tal-Struktur verleihen, indem Sie die Häkelnadel rund um die Masche einstechen und die Masche nach vorn oder hinten verlagern. Mit dieser Technik und höheren Maschen, die einander kreuzen, lässt sich der Effekt dicker Zöpfe oder gedrehter Kordeln erzielen. Wenn Sie dann noch einige Noppen zwischen den Zopfrippen verteilen, sieht das Ganze fast wie ein gestricktes Aranmuster aus.

STRUKTURMASCHEN

Reliefmaschen

Reliefmaschen sind eine Möglichkeit, Struktur zu erzeugen. Dabei wird eine Masche entweder nach vorn oder nach hinten gedrückt, sodass der Eindruck eines geprägten Musters entsteht. Stechen Sie die Nadel einfach rechts von der Masche ein und auf der linken Seite derselben Masche wieder aus. Reliefmaschen können – wie andere Maschen auch – beliebig hoch sein.

Reliefstäbchen

Stäbchen eignen sich besonders gut dazu, einer Häkelarbeit Struktur zu verleihen. Indem man die Nadel rund um die Masche führt, wird die Masche entweder nach vorne geholt oder nach hinten gedrückt. Durch Noppen in verschiedenen Variationen (siehe S. 70/71) erhält eine Häkelarbeit Struktur, plastische Wirkung und angenehmen Griff. All diese Maschen entstehen dadurch, dass mehrere Maschen in dieselbe Einstichstelle gearbeitet und dann auch nur als eine Masche gezählt werden.

In einfachen oder hohen Reliefstäbchen gehäkelte Arbeiten ähneln durchaus gestrickten Aranpullovern. Solche „Strukturstäbchen" werden beim Häkeln direkt eingearbeitet und nicht nachträglich hinzugefügt. Eine ähnliche Wirkung lässt sich auch erzielen, indem man auf das fertige Teil Luftmaschen aufhäkelt. Ich bin jedoch der Meinung, dass das die Möglichkeiten unnötig einschränkt, und bevorzuge daher die Reliefmaschen.

Insgesamt sollte man für Häkelarbeiten nicht mehr Garn verbrauchen als beim Stricken. Dies gilt auch für die „Aranhäkelei". Strickpullover mit Aranmustern sind sehr viel schwerer als glatt rechts gestrickte, und auch nach Aran-Art gehäkelte Modelle wiegen mehr als Häkelmuster – das liegt einfach an der Art der Musterung. Denken Sie beim Garnkauf daran, dass Muster mit Reliefstäbchen etwas mehr Material erfordern als andere Häkelmuster.

Reliefstäbchen vorne (RStbv)
(2 Wende-Lm)

Da es sich hier um Stäbchen handelt, möchte man annehmen, dass drei Luftmaschen zum Wenden nötig seien. Doch weil die Häkelnadel rund um die Masche eingestochen wird statt in die oberen Maschenglieder, reichen zwei Wende-Luftmaschen.

Reliefstäbchen vorne ziehen die Häkelarbeit zu Ihnen hin: Es entsteht eine Erhebung auf der Seite, auf der Sie gerade arbeiten. Das muss nicht zwangsläufig die rechte Seite sein. So häkeln Sie ein Relief-

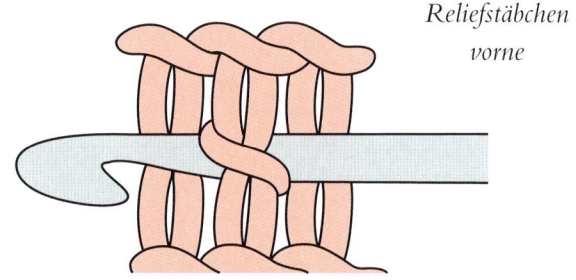

Reliefstäbchen vorne

stäbchen vorne: 1 U, Häkelnadel von rechts nach links rund um die M der Vor-R einstechen, 1 U, Häkelnadel hinter der Masche wieder nach vorne ziehen (= 3 Schlingen auf der Nadel), ★1 U, Faden durch 2 Schlingen ziehen; ab ★ noch 1 x wdh.

Reliefstäbchen hinten (RStbh)
(2 Wende-Lm)

Dieses Reliefstäbchen drückt die Häkelarbeit von Ihnen weg, sodass eine Einbuchtung entsteht.

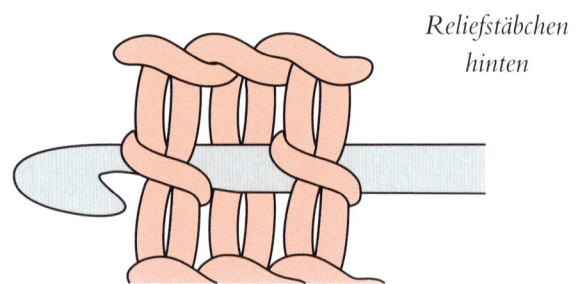

Reliefstäbchen hinten

Häkeln Sie das Reliefstäbchen hinten genauso wie das oben beschriebene Gegenstück, doch stechen Sie die Häkelnadel von hinten nach vorne rund um die Masche der Vorreihe ein.

STRUKTURMASCHEN

Reliefstäbchen-Rippen

Mit Hilfe von Reliefstäbchen lassen sich elastische Bündchen oder Blenden häkeln. Die Luftmaschenkette mit der ersten Stäbchenreihe ist nicht elastisch, daher müssen alle Rippen von der eigentlichen Häkelarbeit weg gearbeitet werden. Die Dehnbarkeit zeigt sich deutlicher, wenn die Reihen zu Ende

Beispiel für ein gehäkeltes Rippenmuster aus Reliefstäbchen

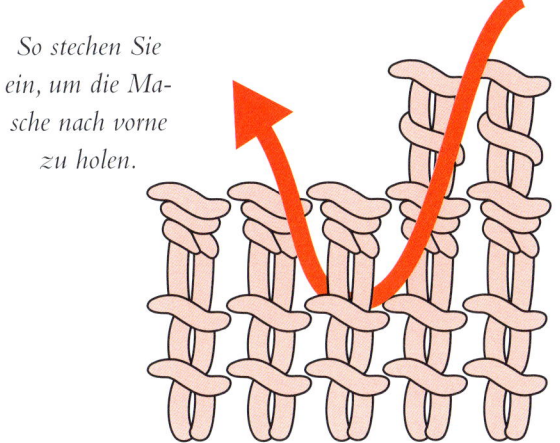

So stechen Sie ein, um die Masche nach vorne zu holen.

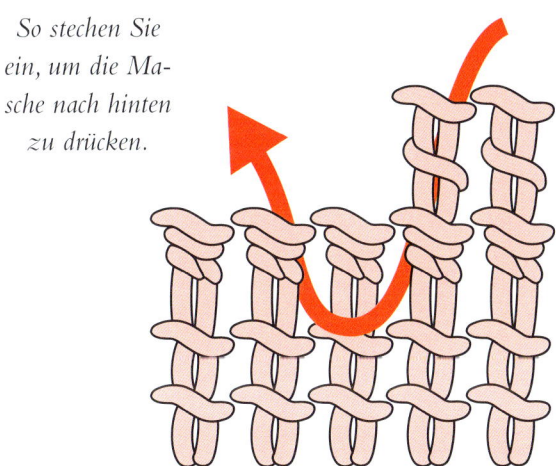

So stechen Sie ein, um die Masche nach hinten zu drücken.

gehäkelt sind. Schlagen Sie eine gerade Zahl von Luftmaschen plus zwei zusätzliche Luftmaschen an.
1. Reihe: 1 Stb in die 4. Lm nach der Nadel, 1 Stb in jede M bis R-Ende; 2 Lm, wenden.
2. Reihe: ★1 RStbv, 1 RStbh; ab ★ fortlfd. wdh. bis zur letzten M, mustergemäß 1 RStb um die letzte M arb.; 2 Lm, wenden.
3. Reihe: Achten Sie nach dem Wenden auf die M der 2. R: Wenn die nächste M nach hinten tritt, beginnen Sie mit 1 RStbh, tritt sie nach vorne, beginnen Sie mit 1 RStbv. Auf diese Weise weiter RStbv und RStbh arb., bis die gewünschte Höhe erreicht ist.

Zöpfe

Die meisten Zopf-Effekte werden auf einem Grund von Stäbchen oder bisweilen halben Stäbchen gearbeitet. Einfache, schmale „Zöpfe" über zwei Maschen lassen sich leicht nach Häkelschrift arbeiten. Leider entstehen Löcher zwischen den normalen und den Zopfmaschen, wenn zwei oder mehr Maschen miteinander verkreuzt werden. Das kann man vermeiden, indem man Hilfsmaschen einfügt (siehe unten). Häkelschriften und -anleitungen geben leider nur selten solche Hilfsmaschen an. Wenn Sie jedoch die Technik erst einmal beherrschen, können Sie sie bei jedem Muster anwenden, bei dem Sie sich über störende Lücken ärgern.

Hilfsmaschen

In einer Grundreihe aus Stäbchen häkeln Sie eine Hilfsmasche, indem Sie ein unvollständiges Stäbchen in die nächste Masche arbeiten (diese Masche wird nicht gezählt). Häkeln Sie die erste Reliefmasche, wie in der Anleitung für einen Zopf aus Dreifachstäbchen (S. 74) beschrieben, und lassen Sie die letzte Schlinge der Masche auf der Häkelnadel. Faden um die Nadel legen und durch alle drei Schlingen ziehen. Fahren Sie mit dem Rest des Zopfes aus Dreifachstäbchen fort, wie angegeben, und lassen Sie die letzte Masche des Zopfes unvollendet (= 2 Schlingen auf der Nadel). Arbeiten Sie eine zweite Hilfsmasche, indem Sie ein unvollständiges Stäbchen in die oberen Glieder derjenigen Masche setzen, um die herum zuvor die Reliefmasche gehäkelt wurde (= 3 Schlingen auf der Nadel), Faden um die Nadel legen; durch alle drei Schlingen ziehen.

Büschelmaschen

Mit dem Begriff „Büschelmasche" (Bm) bezeichnet man mehrere Maschen, die zusammen abgemascht werden. In diesem Buch werden alle derartigen Maschen als Büschelmaschen bezeichnet, egal ob sie von einer einzigen oder von mehreren Einstichstellen ausgehen. Im Kapitel „Formgebung" finden Sie mehrere Muster, bei denen diese Technik vor allem für umgedrehte Muscheln angewendet wird. Büschelmaschen drücken sich beim Tragen leicht zusammen, vor allem wenn sie aus weichen Acryl- und Wollgarnen gearbeitet werden. Plastischer treten sie hervor, wenn sie von der linken Seite der Arbeit her gehäkelt werden. Eine normale Büschelmasche aus drei Stäbchen erfordert dieselbe Anzahl an Wende-Luftmaschen wie die Maschen zwischen den Büschelmaschen: Für eine Büschelmasche aus drei Stäbchen in einer Reihe aus festen Maschen ist demnach nur eine Luftmasche nötig, für dieselbe Büschelmasche in einer Stäbchenreihe müssen drei Luftmaschen gehäkelt werden.

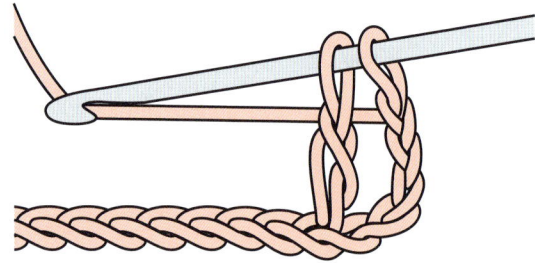

1 Für eine Bm aus 3 Stb können die M entweder in dieselbe Einstichstelle oder (siehe oben) in 3 aufeinanderfolgende M gehäkelt werden: 1 U, Häkelnadel in die 5. Lm einstechen, 1 U, Faden zur Vorderseite durchziehen, 1 U, Faden durch 2 Schlingen ziehen (= 2 Schlingen auf der Nadel).

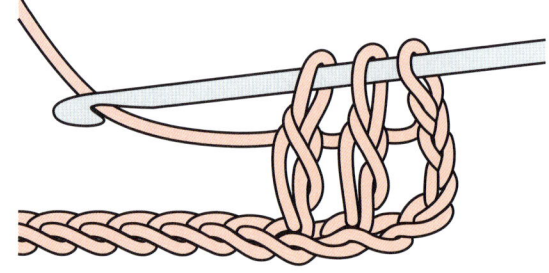

2 1 U, Häkelnadel in die M einstechen, 1 U, Faden zur Vorderseite durchziehen, 1 U, Faden durch 2 Schlingen ziehen (= 3 Schlingen auf der Nadel).

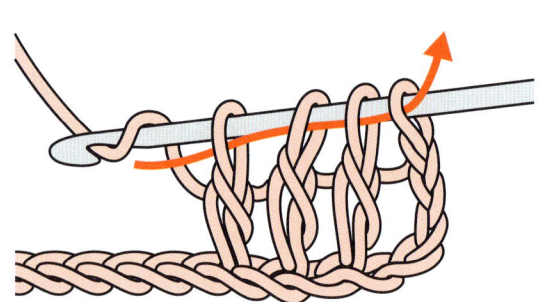

3 Schritt 2 noch 1 x wdh. Danach sind 4 Schlingen auf der Nadel.

4 1 U, Faden durch alle 4 Schlingen ziehen. Nach dieser Methode lassen sich auch M abnehmen.

Plustermaschen

Mit Plustermaschen lässt sich besonders leicht ein Noppen-Effekt erzielen. Die hier beschriebene Methode lässt die Plustermaschen auf der Vorderseite hervortreten. Sollen sie auf der Rückseite der Reihe erscheinen, an der Sie gerade arbeiten, stechen Sie die Häkelnadel von hinten nach vorne ein.

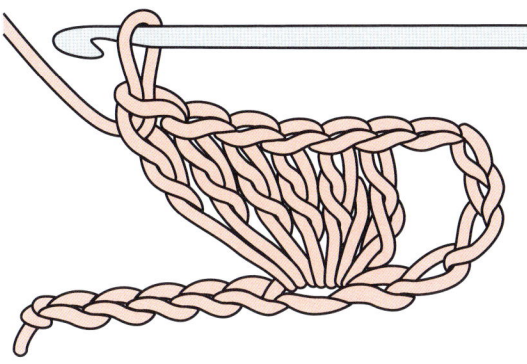

1 Die rechte Seite der Häkelarbeit weist zu Ihnen. Arbeiten Sie 4 bis 6 Stb in dieselbe Einstichstelle, je nachdem wie stark die Pm hervortreten soll.

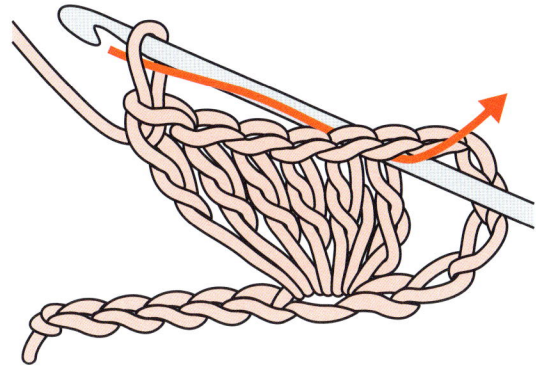

2 Ziehen Sie die Häkelnadel vorsichtig aus der M, und stechen Sie sie von vorn nach hinten in das 1. der eben gehäkelten 6 Stb ein.

3 Fassen Sie die einzelne Schlinge wieder auf, und ziehen Sie sie zur Vorderseite durch. Anschließend häkeln Sie die R wie gewohnt weiter.

Es gibt zwei Möglichkeiten, Plustermaschen zu arbeiten:

a) Arbeiten Sie 1 Lm, nachdem die Pm fertig gestellt ist, um sicher zu gehen, dass in der Rück-R keine M verloren gehen. Ich bezweifle, dass diese Methode besonders sinnvoll ist, weil dadurch möglicherweise zu viele M in der nächsten R entstehen und sich außerdem das Erscheinungsbild der ganzen Arbeit verändert, je nachdem mit welchem Garn man arbeitet und welche M folgen.

b) Arbeiten Sie die Pm in einer Reihe niedriger M wie fM oder hStb. So tritt sie deutlicher hervor als in einer Stb-R.

Noppen

Das Einzige, was Noppen mit der Familie der Stäbchen gemeinsam haben, ist die Tatsache, dass der Faden einmal um die Häkelnadel gelegt wird, bevor man in die Arbeit einsticht. Im Grunde handelt es sich um eine Gruppe unvollendeter Stäbchen in dieselbe Einstichstelle, die am Ende alle zusammen abgemascht werden.

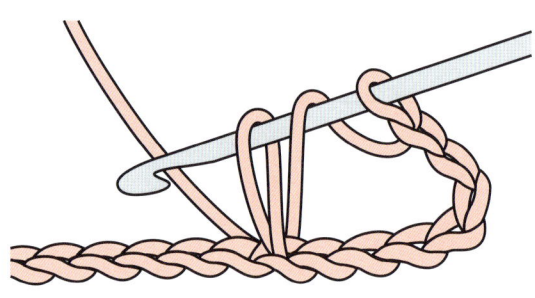

1 1 U, Häkelnadel in die M einstechen, 1 U, Schlinge durchziehen, Häkelnadel in die Horizontale bringen, sodass die Schlinge, die durch die M gezogen wurde, verlängert wird.

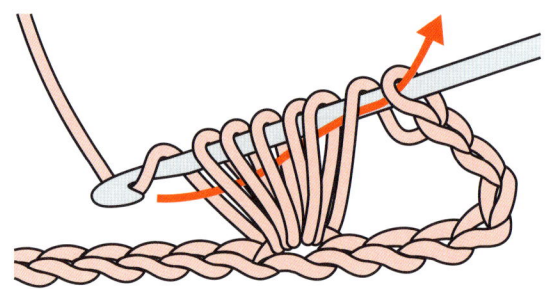

2 Nach Belieben weitere lange Schlingen holen. 1 U, Faden durch alle Schlingen auf der Nadel ziehen.

Noppen treten klarer hervor, wenn sie in Reihen niedrigerer Maschen gehäkelt werden. Wenn das nicht möglich ist, müssen Sie eventuell die Schritte 1 und 2 je nach Garnstärke 4 x, 5 x oder gar 6 x arbeiten.

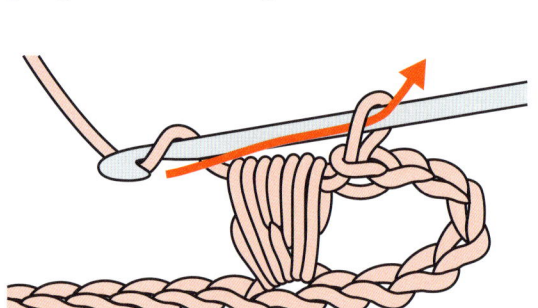

3 Wer mag, arbeitet eine zusätzliche Lm, um die Noppe zu fixieren.

Noppe ist nicht gleich Noppe

Leider gibt es keine allgemeingültigen Bezeichnungen für Häkelmaschen. Mit dem Begriff „Noppe" werden unterschiedliche Maschenkombinationen benannt, die der Häkelarbeit Struktur verleihen. Je nach Anleitung kann die hier beschriebene Noppe, eine Büschelmasche, eine Plustermasche oder auch nur ein hohes Stäbchen in einer Reihe niedrigerer Maschen gemeint sein.

Mustersammlung

Wenn Sie senkrechte Streifen der Muster aus diesem Kapitel kombinieren, können Sie gestrickte Aranmuster imitieren.

Zopf aus Doppelstäbchen

Lm-Zahl durch 4 teilbar + 2.
1. Reihe: 1 Stb in die 4. Lm, 1 Stb in jede Lm bis R-Ende; 2 Lm, wenden.
2. Reihe: 1 M üb-spr., 1 RDStbv in die nächste M, 1 RDStbv in die üb-spr. M, 2 Stb; ab * fortlfd. wdh. bis zu den letzten 3 M; 1 M üb-spr., 1 RDStbv in die nächste M, 1 RDStbv in die üb-spr. M, 1 Stb; 2 Lm, wenden.
3. Reihe: *2 RDStbh, 2 Stb, ab * fortlfd. wdh. bis zu den letzten 3 M; 2 RDStbh, 1 Stb, 2 Lm, wenden.
Die 2. und 3. R fortlfd. wdh.

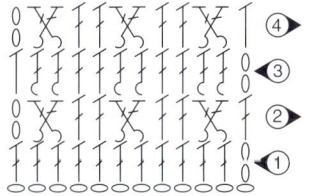

Bouclé-Muster

Bei diesem Muster werden die höheren Doppelstäbchen auf die der Häklerin abgewandte Seite gedrückt. Deshalb von der linken Seite her arbeiten. 27 Lm anschl.
1. Reihe: 1 Stb in die 4. Lm, Stb häkeln bis R-Ende; 1 Lm, wenden.
2. Reihe: *1 DStb, 1 fM; ab * fortlfd. wdh. bis R-Ende; 3 Lm, wenden.
3. Reihe: Stb häkeln bis R-Ende; 1 Lm, wenden.

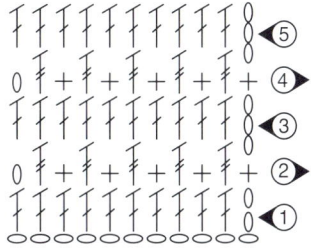

Reliefstäbchen-Rhomben

Spezielle Abkürzung
RBmv = Relief-Büschelmasche vorn: siehe 3. R. – Alle RDStb werden in die R aus fM gearbeitet. 25 Lm anschl.
1. Reihe: 1 fM in die 3. Lm, fM häkeln bis R-Ende; 3 Lm, wenden (= 24 M).
2. Reihe: Stb häkeln bis R-Ende; 1 Lm, wenden.
3. Reihe: 1 RDStbv um die 3. fM der 1. R (= 4. M); *3 fM, 1 unv. RDStbv um dieselbe M der 1. R (= 2 Schlingen auf der Nadel), 3 fM der 1. R üb-spr., 1 unv. RDStbv in die nächste fM (= 3 Schlingen auf der Nadel), 1 U, Faden durch alle 3 Schlingen ziehen (1 RBmv vollendet); ab * fortlfd. wdh. bis zu den letzten 3 M; 3 fM; 3 Lm, wenden.
4. Reihe: Stb häkeln bis R-Ende; 1 Lm wenden.
5. Reihe: 2 fM; *1RBmv, 3 fM; ab * fortlfd. wdh. bis zur letzten M; 1 fM; 3 Lm, wenden. Von der 5. R an werden alle RDStb um die Stiele der vorangegangenen RDStb gehäkelt.
Die 2. – 5. R bis zur gewünschten Höhe fortlfd. wdh.

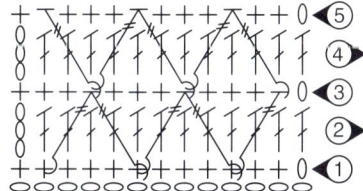

Plustermaschen-Rippen

Die Zickzack-Rippen aus Stäbchen-Plustermaschen werden durch Linien aus Reliefstäbchen voneinander getrennt. 27 Lm anschl.
1. Reihe: 1 Stb in die 4. Lm nach der Nadel, Stb häkeln bis R-Ende; 3 Lm, wenden.
2. Reihe: 1 Stb; *1 RStbv, 1 Stb, 1 Pm zur Vorderseite der Arbeit, 2 Stb; ab * fortlfd. wdh. bis zu den letzten 3 M; 1 RStbv, 2 Stb; 3 Lm, wenden.
3. Reihe: 1 Stb; *1 RStbh, 1 Stb, 1 Pm zur Rückseite der Arbeit, 2 Stb; ab * fortlfd. wdh. bis zu den

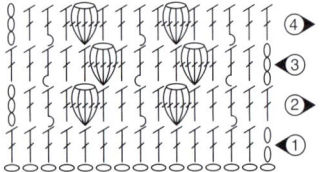

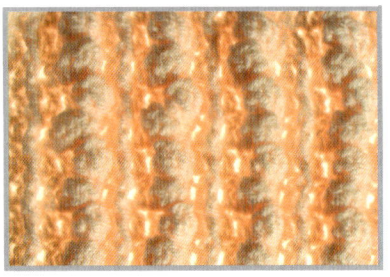

letzten 3 M; 1 RStbh, 2 Stb; 3 Lm, wenden.
Die 2. und 3. R fortlfd. wdh.

Zopf aus Dreifachstäbchen

Ein etwas breiterer Zopf, für den eine durch 6 teilbare Luftmaschenzahl plus 4 Luftmaschen angeschlagen wird. In der 2. Reihe vor und nach den Zöpfen Hilfsmaschen einfügen. 28 Lm anschl.
1. Reihe: 1 Stb in die 4. Lm der Nadel, 1 Stb in jede Lm bis R-Ende; 2 Lm, wenden.
2. Reihe: 1 Stb; *2 M üb-spr, 2 RDreifach-Stbv, 2 RDreifach-Stbv in die 2 übersprungenen M,

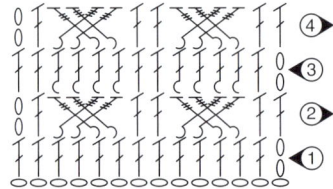

2 Stb; ab * fortlfd. wdh. bis R-Ende; 2 Lm, wenden.
3. Reihe: 1 Stb; *4 RStbh, 2 Stb; 2 Lm, wenden.
Die 2. und 3. R fortlfd. wdh.

Korbgeflecht

Dieses Muster entsteht durch Reliefstäbchenpaare, die abwechselnd nach vorne und nach hinten gearbeitet werden. Sie werden von Reihe zu Reihe versetzt und ergeben daher keine Rippen, sondern ein Muster, das an Korbgeflecht erinnert.

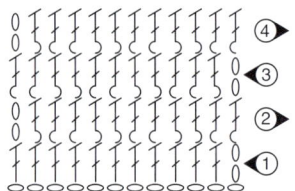

28 Lm (oder eine andere durch 4 teilbare Lm-Zahl) anschl.
1. Reihe: 2 Stb in die 4. Lm nach der Nadel, 1 Stb in jede Lm bis R-Ende; 2 Lm, wenden (= 26 M).
2. Reihe: 1 RStbv; *2 RStbh, 2 RStbv; ab * fortlfd. wdh. bis R-Ende; 2 Lm, wenden.
Die 2. R fortlfd. wdh.

Noppenmuster

Eine einfache Häkelarbeit gewinnt schon durch einige eingearbeitete Noppen (siehe S. 72). 29 Lm anschl.

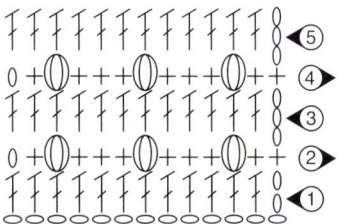

1. Reihe: 1 Stb in die 4. Lm nach der Nadel; 1 Lm, wenden.
2. Reihe: *1 Noppe, 3 fM; ab * fortlfd. wdh. bis zu den letzten 2 M; 1 Noppe, 1 M; 3 Lm, wenden.
3. Reihe: Stb häkeln bis R-Ende; 1 Lm, wenden.
4. Reihe: fM häkeln bis R-Ende; 3 Lm, wenden.
5. Reihe: Wie die 3. R häkeln.
Die 2. – 5. R fortlfd. wdh.

8. Projekt: Einfache Aran-Pullover

An diesen Kinder- und Erwachsenenpullovern in klassischen Aranmustern können Sie all die Zopftechniken ausprobieren, die Sie in diesem Kapitel kennen gelernt haben.

Pullover für Erwachsene

Material

1200/1500/1800 g *Rowan DK Cotton* (LL 85 m/50 g) in Rusty Orange; Häkelnadeln Nr. 4, 5 und 5

Größen

Passend für 76 – 81/86 – 91/96 – 102 cm Oberweite
Fertig gehäkelte Oberweite: 90/105/120 cm.
Die Angaben für die drei Größen sind durch Schrägstriche voneinander getrennt. Steht nur eine Angabe, so gilt sie für alle drei Größen.

Maschenprobe   7 M/6 R = 5 x 5 cm

Spezielle Abkürzungen

4 RDStbv vkr. = 4 RDStbv vorne kreuzen: Die nächsten 2 M üb-spr., 2 RDStbv in die nächsten 2 M, 2 RDStbv in die übersprungenen M (vor den zuvor gearbeiteten RDStbv vorbeigehen); **4 RDStbh hkr.** = 2 M üb-spr., 2 RDStbh, 2 RDStbh in die übersprungenen M (neue RDStbh liegen hinter den bereits gearbeiteten).

Anleitung

Rückenteil

65/73/81 Lm mit Häkelnadel Nr. 5 anschl.
Grundreihe: Diese R bildet die 1. R des Rückenteils und des Bündchens, das nachträglich in Reliefstäbchen-Rippen gearbeitet wird. 1 Stb in die 4. Lm nach der Nadel, Stb häkeln bis R-Ende; 1 Lm, wenden (= 63/71/79 M).
2. Reihe: fM häkeln bis R-Ende; 3 Lm, wenden.
3. Reihe: Stb häkeln bis R-Ende; 1 Lm, wenden.
Diese 2 R fortlfd. wdh., bis die Arbeit 58 cm hoch ist. Jeweils die 17./20./23. M – von R-Beginn und R-Ende aus gerechnet – markieren (dazwischen bleiben 29/31/33 M). Faden abschneiden und sichern.

Vorderteil

82/92/102 Lm mit Häkelnadel Nr. 5 anschl.
Grundreihe: Diese R bildet die 1. R des Vorderteils und des Bündchens, das nachträglich in RStb-Rippen gearbeitet wird. 1 Stb in die 4. Lm nach der Nadel, Stb häkeln bis R-Ende; 1 Lm, wenden (= 80/90/100 M).
2. Reihe: 7/12/17 hStb, ★1 RStbv, 1 RStbh, 4 RDStbv vkr., 1 RStbh★; von ★ bis ★ 8 x wdh.; 1 RStbv, 8/13/18 hStb; 2 Lm, wenden.
3. Reihe: 7/12/17 hStb, 1RStbh, 1 RStbv, 4 RDStbh hkr., 1 RStbv; von ★ bis ★ 8 x wdh.; 1 RStbh, 8/13/18 hStb; 2 Lm, wenden.
Diese 2 R fortlfd. wdh., bis die Arbeit 50 cm hoch ist; mit einer Rück-R enden.

Halsausschnitt, 1. Seite

1. Reihe: 30/35/40 M im Muster häkeln, 1 M über die nächsten 2 M abn. (= 1 hStb und 1 fM zus. abm.), wenden.
2. Reihe: 1 Km in die nächste M, 1 M über die nächsten 2 M abn. (= 1 fM und 1 hStb zus. abm.), im Muster weiterhäkeln bis R-Ende; 2 Lm, wenden.
3. Reihe: 27/29/34 M im Muster häkeln, 1 M über die nächsten 2 M abn.; wenden.
4. Reihe: Wie die 2. R häkeln.
5. Reihe: 24/29/34 M im Muster häkeln, 1 M über die nächsten 2 M abn.; wenden.
6. Reihe: Wie die 2. R häkeln.
7. Reihe: 21/26/31 M im Muster häkeln, 1 M über die nächsten 2 M abn; 2 Lm, wenden. Über diese M weiterarb., bis die Arbeit 69 cm hoch ist. Faden abschneiden und sichern.
Hinweis: 3 cm dieser letzten Reihen reichen über die Schulter und werden mit dem Rückenteil verbunden. Von der rechten Seite der Arbeit 14 M üb-spr. und den Faden in der nächsten M anschlingen.

Halsausschnitt, 2. Seite

1. Reihe: 1 M über die nächsten 2 M abn (= 1 fM und 1 hStb zus. abm., im Muster weiterhäkeln bis R-Ende; 2 Lm, wenden.

Strukturmaschen

2. Reihe: 29/34/39 M im Muster häkeln, 1 M über die nächsten 2 M abn. (= 1 hStb und 1 fM zus. abm.); wenden.
3. Reihe: 1 Km in die nächste M, 1 M über die nächsten 2 M abn., im Muster weiterhäkeln bis R-Ende; wenden.
4. Reihe: 26/31/36 M im Muster häkeln, 1 M über die nächsten 2 M abn.; wenden.
5. Reihe: Wie die 3. R häkeln.
6. Reihe: 23/28/33 M im Muster häkeln, 1 M über die nächsten 2 M abn.; wenden.
7. Reihe: Wie die 3. R häkeln. Über diese M weiterarb., bis die Arbeit 69 cm hoch ist. Faden abschneiden und sichern.

Ärmel

(2 x arbeiten)
47 Lm mit Häkelnadel Nr. 5 anschl.
Grundreihe: Diese R bildet die 1. R des Ärmels und des Bündchens, das nachträglich in Reliefstäbchen-Rippen gearbeitet wird. 1 Stb in die 4. Lm nach der Nadel, Stb häkeln bis R-Ende; 2 Lm, wenden (= 45 M).
2. Reihe: 12 hStb, 1 RStbv, 1 RStbh, 4 RStbv vkr., 1 RStbh, 1 RStbv, 3 hStb, 1 RStbv, 1 RStbh, 4 RStbv vkr., 1 RStbh, 1 RStbv, 13 hStb, 2 Lm, wenden.
3. Reihe (Rück-R): 12 hStb, 1 RStbh, 1 RStbv, 4 RDStbh hkr., 1 RStbv, 1 RStbh, 3 hStb, 1 RStbh, 1 RStbv, 4 RDStbh hkr., 1 RStbv, 1 RStbh, 13 hStb; 2 Lm, wenden.
4. Reihe: Wie die 2. R häkeln.
5. Reihe: Im Muster weiterhäkeln, jedoch am R-Beginn und R-Ende jeweils 1 M zun.
6. – 28./32./36. Reihe: Im Muster weiterhäkeln, dabei am Beginn und am Ende der ungeraden R (= Rück-R) jeweils 1 M zun. (= 75/83/91 M). Ohne Zunahmen im Muster weiterarb., bis der Ärmel 41 cm hoch ist.

Ärmelbündchen

In der 1. R gleichmäßig verteilt 4/2/0 M abn.
1. Reihe: Von der rechten Seite der Arbeit Faden an der Unterkante des Ärmels anschlingen und mit Häkelnadel Nr. 4,5 die M rund um die Stb der Grund-R arb. wie folgt: 2 Lm, 1 RStbv in dieselbe Einstichstelle wie die Wende-Lm; *1 RStbh, 1 RStbv; ab * fortlfd. wdh. bis R-Ende; 2 Lm, wenden (= 48 M).
2. Reihe: *1 RStbv, 1 RStbh; ab * fortlfd. wdh. bis R-Ende; 2 Lm, wenden. Die 2. R noch 5 x wdh., dann Faden abschneiden und sichern.

Taillenbündchen

Eine Seitennaht schließen, dabei jedoch eine ausreichend große Öffnung zum Einsetzen des Ärmels frei lassen.
1. Reihe: Von der rechten Seite der Arbeit Faden an der Unterkante des Pullovers anschlingen und mit Häkelnadel Nr. 4,5 die M rund um die Stb der Grund-R arb. wie folgt: 2 Lm; *1 RStbh, 1 RStbv; ab * fortlfd. wdh. bis R-Ende; 2 Lm, wenden (es muss sich eine gerade M-Zahl ergeben).
2. Reihe: *1 RStbv, 1 RStbh; ab * fortlfd. wdh. bis R-Ende; 2 Lm, wenden. Die 2. R noch 6 x wdh., dann Faden abschneiden und sichern.

Halsblende

Die Schulternähte schließen.
1. Reihe: Von der rechten Seite der Arbeit mit Häkelnadel Nr. 4,5 Faden in der hinteren Mitte des Halsausschnitts anschlingen und häkeln wie folgt: 2 Lm, hStb rund um den Halsausschnitt häkeln, in der hinteren Mitte 1 Km in die obere der 2 Lm; 2 Lm, wenden.
2. Reihe: M-Zahl muss gerade sein. *1 RStbv, 1 RStbh; ab * fortlfd. wdh. bis R-Ende; 2 Lm, wenden. Die 2. R noch 3 x wdh., dann Faden abschneiden und sichern.

Fertigstellung

Die Oberkante der Ärmel an den Seitenkanten der Schultern annähen (der Abstand zum Bündchen muss an Rücken- und Vorderteil gleich sein). Ärmel- und Seitennähte schließen.

Kinderpullover

Material

450/500/500/550 g *Rowan 4-ply Cotton* (LL 170 m/50 g) in Rot; ; Häkelnadeln Nr. 4,5 und 5; 4 Knöpfe

Größen

Passend für 51/56/61/66 cm Oberweite. Fertig gehäkelte Oberweite: 61/66/71/76 cm. Die Angaben für die vier Größen sind durch Schrägstriche voneinander getrennt. Steht nur eine Angabe, so gilt sie für alle vier Größen.

Maschenprobe

7 M/6 R in halben Stäbchen gehäkelt = 5 x 5 cm

Spezielle Abkürzungen   Siehe Pullover für Erwachsene.

Strukturmaschen

Anleitung

Rückenteil

46/48/50/52 Lm mit Häkelnadel Nr. 4,5 anschl.
1. Reihe: 1 fM in die 2. Lm nach der Nadel, fM häkeln bis R-Ende; 1 Lm, wenden (= 45/47/49/51 M).
2. Reihe: fM häkeln bis R-Ende; 1 Lm, wenden.
Die 2. R noch 2 x wdh. **5. Reihe:** Wie die 2. R häkeln, jedoch enden mit 2 Lm, wenden.
6. Reihe: 3/4/5/6 Stb; ★2 Stb in die nächste M, 5 Stb; ab ★ 5 x wdh.; 2 Stb in die nächste M, 4/5/6/7 Stb; 2 Lm, wenden (= 52/54/56/58 M).
Zur Häkelnadel Nr. 5 wechseln.
7. Reihe: 7/8/9/10 hStb; ★1 RStbv, 1 RStbh, 4 RDStbh hkr., 1 RStbh; von ★ bis ★ noch 4 x wdh.; 1 RStbv, 8/9/10/11 hStb; 2 Lm, wenden.
8. Reihe: 7/8/9/10 hStb; ★1 RStbh, 1 RStbv, 4 RDStbh hkr., 1 RStbv; von ★ bis ★ noch 4 x wdh.; 1 RStbh, 8/9/10/11 hStb; 2 Lm, wenden.
Die 7. und 8. R fortlfd. wdh., bis die Arbeit 35/36/38/39 cm hoch ist. ★★; Zur Häkelnadel Nr. 4,5 wechseln und 3 R fM arb.; danach Faden abschneiden und sichern.

Vorderteil

Wie das Rückenteil arb., jedoch 6 R vor ★★ enden.

Halsausschnitt, 1. Seite

Von der linken Seite der Arbeit 19/20/20/21 M im Muster häkeln, 1 M über die nächsten 2 M abn.; 2 Lm, wenden.
Hinweis: Beim Abnehmen 1 hStb statt des RStb häkeln.
In den nächsten 4/4/5/6 R auf der Seite des Halsausschnitts jeweils 1 M abn. (= 14/15/14/14 M).
Im Muster gerade weiterarb., bis das Vorderteil genauso hoch ist wie das Rückenteil.

Halsausschnitt, 2. Seite

Von der linken Seite der Arbeit 10/10/12/12 M üb-spr., dann Faden anschlingen und häkeln wie folgt: 2 Lm, 1 M abn. über die nächsten 2 M, im Muster häkeln bis R-Ende; 2 Lm, wenden.
In den nächsten 4/4/5/6 R auf der Seite des Halsausschnitts jeweils 1 M abn. (= 14/15/14/14 M). Im Muster bis zur Höhe des Rückenteils weiterarb. Faden nicht abschneiden.

Halsblende

Zur Häkelnadel Nr. 4,5 wechseln und 2 R fM über die Schulter hinweg, um den vorderen Halsausschnitt und die andere Schulter arb. (in den Ecken abnehmen).
Auf jeder Schulter die Stellen für 2 Knopflöcher markieren: jeweils 1 M vom Halsausschnitt entfernt und 4 M weiter außen.
Letzte Reihe: fM häkeln bis R-Ende, dabei an den Markierungen jeweils 1 Lm statt 1 fM arb.; Faden abschneiden und sichern.

Ärmel

(2 x arbeiten)

22/22/24/24 M mit Häkelnadel Nr. 4,5 anschl.
1. Reihe: 1 fM in die 3. Lm nach der Nadel; fM häkeln bis R-Ende; 3 Lm, wenden.
3 R in fM häkeln (= 21/21/23/23 M).
5. Reihe: 1/1/2/2 Stb; ★2 Stb in die nächste M, 3 Stb; ab ★ noch 3 x wdh.; 2 Stb in die nächste M, 2/2/3/3 Stb; 2 Lm, wenden (= 25/25/27/27 Stb).
Zur Häkelnadel Nr. 5 wechseln.
6. Reihe: 1/1/2/2/ hStb; ★1 RStbv, 1 RStbh, 4 RStbv vkr., 1 RStbh★; von ★ bis ★ noch 2 x wdh.; 1 RStbv, 2/2/3/3 hStb; 2 Lm, wenden.
7. Reihe: 1/1/2/2 hStb; ★1 RStbh, 1 RStbv, 4 RDStbh hkr., 1 RStbv★; von ★ bis ★ noch 2 x wdh.; 1 RStbh, 2/2/3/3 hStb; 2 Lm, wenden.
An Beginn und Ende der nächsten und jeder 2. folg. R jeweils 1 M zun., bis die M-Zahl 50/52/54/56 beträgt. Im Muster gerade weiterarb., bis der Ärmel 27/28/29/31 cm lang ist oder die gewünschte Länge erreicht hat. Faden abschneiden und sichern.

Fertigstellung

Alle Teile zusammennähen. Dabei überlappt die vordere Halsblende die hintere an den Schultern.

Einfache Varianten

- Arbeiten Sie weniger Zöpfe. Sie können stattdessen hStb häkeln, was zudem Garn spart.
- Wenn Sie Ärmel und Taillenbündchen weglassen, entsteht eine Weste. Lassen Sie dann die unteren 15 cm der Seitennähte offen. Arbeiten Sie 2 R fM und 1 R Krebs-M rund um Armausschnitte und Unterkante.

9. Projekt: Babydecke

Arbeiten Sie eine weiche Baumwolldecke fürs Baby mit einzelnen Feldern in unterschiedlichen Strukturmustern. Die Randborte sieht nicht nur hübsch aus, sondern hält die Decke außerdem in Form. Solche Umrandungen können einer Häkelarbeit eine dickere Struktur verleihen.

Material

350 g *Rowan Cotton Glacé* (LL 115 m/50 g) in Ecru
Häkelnadel Nr. 4

Größe

48 x 61 cm

Maschenprobe

10 M/6 R = 5 x 5 cm

Spezielle Abkürzungen

1 Pikot; hier: Häkelnadel wie für 1 fM einstechen, 1 U, Faden zur Vorderseite durchziehen (= 2 Schlingen auf der

Nadel), 3 Lm durch die 1. Schlinge, fertig stellen wie fM.
2 RDStb zus. abm.: Beachten Sie, dass in diesem Fall 3 M zwischen den RDStb liegen, bevor die RDStb zusammen abgemascht werden.

Mittelstreifen

20 Lm anschl.
1. Reihe: 1 fM in die 3. Lm nach der Nadel, 1 Pikot, ★1 Pikot, 3 fM; ab ★ fortlfd. wdh. bis R-Ende; 3 Lm, wenden (= 19 M).
2. Reihe: Stb häkeln bis R-Ende; 1 Lm, wenden.
3. Reihe: 1 Pikot, 1 fM, 2 RDStb zus. abm. (dabei das 1. RDStb um die 2. fM der vorhergehenden fM-R arb., 3 M dieser fM-R üb-spr., das 2. RDStb um die folg. M arb.), 1 fM in die nächste M, 1 Pikot, 1 fM; ★2 RDStb zus. abm (dabei das 1. RDStb um dieselbe fM arb. wie die vorhergehenden zus. abgemaschten RDStb, 3 M der vorangegangenen fM-R üb-spr. und das 2. RDStb um die nächste fM arb.), 1 fM in die nächste M, 1 Pikot, 1 fM; ab ★ fortlfd. wdh. bis R-Ende; 3 Lm, wenden.
4. Reihe: Wie die 2. R häkeln.
5. Reihe: 1 RDStb um die 4. fM der vorhergehenden fM-R; ★1 fM in die nächste M, 1 Pikot, 1 fM, 2 RDStb zus. abm.; ab ★ bis zu den letzten 5 M fortlfd. wdh.; 1 fM in die nächste M, 1 Pikot, 1 fM, 1RDStb um die fM, in die die vorhergehenden zus. abgemaschten RDStb gearbeitet wurden, 1 fM; 3 Lm, wenden.
Die 2. – 5. R fortlfd. wdh., bis die Arbeit 57 cm hoch ist; enden mit 1 R fM. Faden abschneiden und sichern.

Mittelfeld der seitlichen Streifen

(2 x arbeiten)
Wie den Mittelstreifen arb., bis die Arbeit 19 cm hoch ist; enden mit 1 R fM. Faden abschneiden und sichern.

Randbordüre der Mittelfelder

(an beiden Mittelfeldern arbeiten)
1. Reihe: 1 Lm, 28 fM; 4 Lm, wenden.
2. Reihe: 1 DStb in dieselbe Einstichstelle wie die Wende-Lm, 1 Stb, 1 hStb, 1 fM; ★3 Lm, 1 DStb in dieselbe Einstichstelle wie die fM, 1 Stb, 1 hStb, 1 fM; ab ★ fortlfd. wdh. bis R-Ende. Faden abschneiden und sichern.
Die andere Seite ebenso arb.

Eckfelder

(4 x arbeiten)
38 Lm anschl.
1. Reihe: 1 hStb in die 4. Lm nach der Nadel, Stb häkeln bis R-Ende; 2 Lm, wenden (= 36 M).
2. Reihe: 1 RStbv; ★2 RStbh, 2 RStbv; ab ★ fortlfd. wdh. bis R-Ende; 2 Lm, wenden.
Die 2. R fortlfd. wdh., bis die Arbeit 21 cm hoch ist. Faden abschneiden und sichern.
Hinweis: Durch den Wechsel von Hin- und Rückreihen wechselt auch die Richtung der Reliefstäbchen von Reihe zu Reihe, sodass sich ein Web-Effekt ergibt.

Fertigstellung

Verbinden Sie die Eckfelder der seitlichen Streifen so mit den Mittelfeldern, dass die Randbordüren frei abstehen.
Nähen Sie die drei Streifen zusammen.
Zum Schluss arbeiten Sie rund um die ganze Decke eine Randbordüre nach der Anleitung für die Bordüre an den Mittelfeldern der Seitenstreifen.

VARIANTEN
- *Häkeln Sie die Decke in zwei Farben.*
- *Fügen Sie einen Zopf entlang der Mittelfelder und an den Kanten der Decke hinzu.*
- *Arbeiten Sie die ganze Decke in einem einzigen Muster.*

Wenn Sie dieses Modell größer arbeiten, können Sie es als Decke für den Kinderwagen oder für ein Babybettchen verwenden.

6. Kapitel

Tunesische Häkelei

Der Begriff „tunesische Häkelei" soll auf eine aus Tunis stammende Webart mit ähnlichem Erscheinungsbild zurückgehen. Die Technik wird auch als Strick- oder Trikothäkelei bezeichnet, weil wie beim Stricken alle Schlingen einer Reihe auf der Nadel bleiben, bis sie am Reihenende auf einmal abgemascht werden. Außerdem wirken bestimmte Stiche der tunesischen Häkelei wie Strickmaschen.

Für die tunesische Häkelei verwendet man eine lange Häkelnadel, die an eine Stricknadel erinnert. Bequemes Arbeiten ermöglichen spezielle Häkelnadeln mit angeschweißtem Kunststoffkabel, auf dem ein verschiebbarer Stopperknopf sitzt, sodass die Schlingen nicht verrutschen und die Arbeit aus der Form bringen können.

Tunesische Häkelarbeiten ähneln gewebten Stoffen. Die Technik ist eine Kreuzung aus Stricken und Weben, und die erforderlichen Arbeitsschritte kennen wir vom Häkeln und Stricken: Die Häkelschlingen werden in einer Richtung aufgenommen wie Strickmaschen und auf dem Rückweg wie beim Häkeln abgemascht.

Tunesische Häkelei

Die tunesische Häkelei widerlegt keineswegs den Grundsatz, dass alle Häkelarbeiten mit einer Schlinge auf der Nadel beginnen und enden. Auch hier beginnt und endet man mit einer Luftmaschenkette.

Beim tunesischen Häkeln werden die Häkelschlingen in einer Richtung aufgenommen und in der anderen Richtung abgemascht (= abgehäkelt), sodass nur noch eine Schlinge auf der Nadel bleibt. Achtung: Wenn Sie Anleitungen für tunesische Häkelarbeiten lesen, müssen Sie sehr genau aufpassen. Manchmal wird das Aufnehmen und Abmaschen der Schlingen als eine Reihe im einfachen tunesischen Stich bezeichnet, manchmal aber auch als zwei Reihen. In diesem Buch gilt das Aufnehmen und Abmaschen der Schlingen als eine Reihe.

Die rechte Seite tunesischer Häkelarbeiten

Normalerweise erscheinen die beiden Seiten einer Häkelarbeit gleich, wenn man nicht durch das Muster eine rechte und eine linke Seite bestimmt. Bei der tunesischen Häkelei ist das anders: Sie hat eine rechte und eine linke Seite und wird grundsätzlich von der rechten Seite her gearbeitet. Bei den meisten tunesischen Stichen ist das die Seite mit den kurzen senkrechten Maschengliedern. Die Rückseite sieht wie die linke Seite einer gewöhnlichen Strickarbeit aus. Das gilt auch beim Häkeln plastischer Stiche, außer wenn mit der tunesischen Häkelnadel eine Arbeit nach Art eines glatt linken Gestricks gearbeitet wird.

Nähte vermeiden

Manche Modelle lassen sich leicht verbessern. Sie können beispielsweise mehrere Teile in einem Stück arbeiten, um Nähte zu vermeiden.
Addieren Sie die Zahl der Luftmaschen für alle Teile. Weil die tunesische Häkelei keine zusätzlichen Wende-Luftmaschen erfordert, entspricht die Summe der Luftmaschen der Maschenzahl für Ihre erste Reihe.

So lösen Sie häufig auftretende Probleme

Problem: *Die Arbeit fällt schräg nach rechts ab.*
• Achten Sie darauf, unter dem zweiten senkrechten Maschenglied einzustechen und nicht das erste zu verwenden.
Nehmen Sie nur das senkrechte Maschenglied an der Vorderseite der Arbeit auf, und stechen Sie nicht von vorn nach hinten durch.

Problem: *Die Maschenzahl nimmt von Reihe zu Reihe ab.*
• Achten Sie darauf, auch das letzte senkrechte Maschenglied aufzunehmen (s. Schritt 7 auf S. 86). Nehmen Sie auf jeden Fall die senkrechten, nicht die waagerechten Fäden auf.

Problem: *Die Arbeit „wächst" nicht. Obwohl die Maschenprobe in der Breite stimmt, erreichen die angegebenen Reihen nicht die erforderliche Höhe.*
• Die Häkelnadel muss sich beim Aufnehmen der Schlingen immer auf der Oberkante der Arbeit befinden. Oft wird fälschlicherweise vor der letzten Reihe gearbeitet, doch dadurch geraten die Schlingen auf der Nadel kürzer, was sich wiederum auf die ganze Arbeit auswirkt: Sie wird dicker und erfordert mehr Garn.

Tipp
Weil stets mit der rechten Seite der Arbeit vor Augen gehäkelt wird, eignet sich die tunesische Häkelei besonders für Menschen, die nur eine Hand gebrauchen können: Die Häkelnadel kann im Rock- oder Hosenbund, in einem Gürtel oder einer Zwinge fixiert werden.

TUNESISCHE HÄKELEI

Einfacher tunesischer Stich (tS)

Arbeiten Sie die Luftmaschenkette mit einer Häkelnadel, die eine Nummer dünner ist als die tunesische Häkelnadel. Dann wechseln Sie zur tunesichen Nadel.

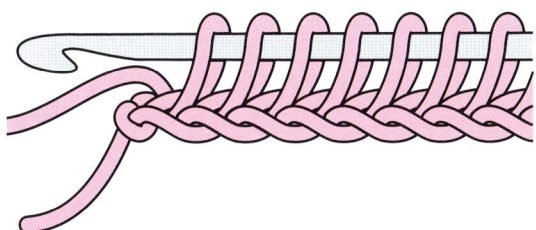

1 Nadel in die 2. Lm einstechen, dabei nur das oberste M-Glied auffassen, 1 U, ★Faden durchziehen, Nadel in die nächste Lm einstechen, 1 U, Faden durchziehen; ab ★ fortlfd. wdh. bis R-Ende. Sie haben nun für jede Lm eine Schlinge auf der Nadel. Es ist einfacher, die M jetzt zu zählen als nach Abschluss aller Arbeitsschritte.

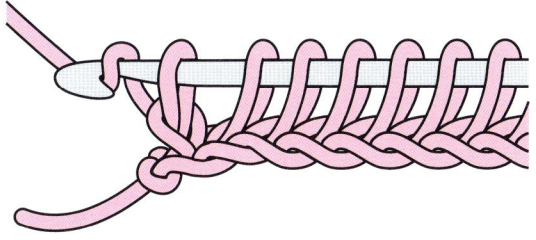

2 1 U, Faden durch 1 Schlinge ziehen: Dies entspricht 1 Wende-Lm, mit der die Nadel in die richtige Position gebracht wird.

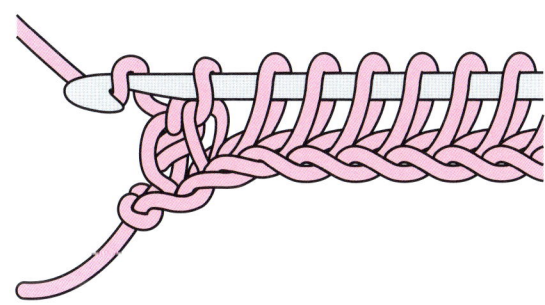

3 ★1 U, Faden durch 2 Schlingen ziehen.

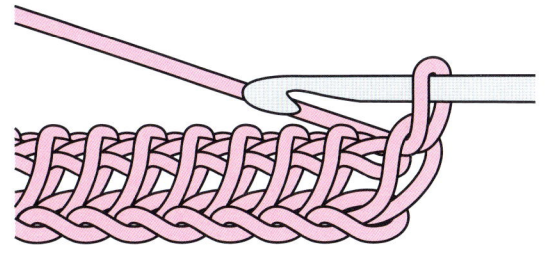

4 Ab ★ bis R-Ende fortlfd. wdh.

Mit dieser Grundreihe beginnt eine Arbeit im einfachen tunesischen Stich. In manchen Anleitungen wird die Reihe, die in die Luftmaschenkette gearbeitet wird, als Grundreihe bezeichnet. Lesen Sie die jeweilige Anleitung daher sehr aufmerksam durch, damit Ihre Reihenzählung auch wirklich stimmt.
Durch den Vorgang des Auffassens der Schlingen in einer Reihe und des Abhäkelns in der nächsten zeigen sich senkrechte Maschenglieder auf der Vorderseite der Arbeit, sobald die erste Reihe vollendet ist. Fassen Sie diese senkrechten Maschenglieder für die nächste Schlingenreihe auf – so ähnlich, wie Sie Maschen für eine Strickreihe bilden. Wenn Sie selbst Strickerin sind, werden Sie feststellen, dass sich manches, was Sie vom Stricken kennen, auf die Schlingenbildung bei der tunesischen Häkelei übertragen lässt.

Tunesische Häkelei

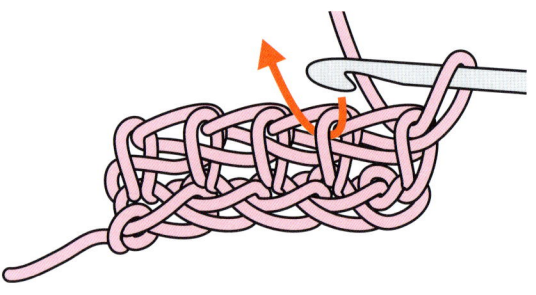

5 Am Beginn des Schlingen-Auffassens wird keine Wende-Lm gearbeitet. Die Schlinge auf der Nadel ist die 1. M der R. ★ Stechen Sie unter dem nächsten senkrechten Faden ein.

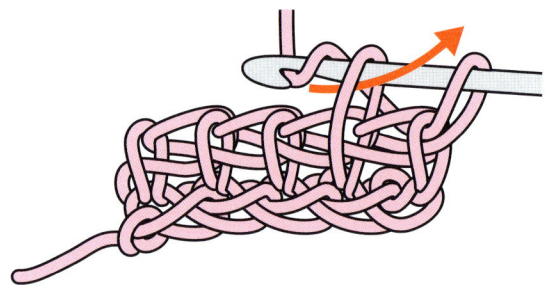

6 Faden um die Nadel legen (= 1 U).

7 Faden zur Vorderseite durchziehen. Ab ★ (Schritt 5) fortlaufend wiederholen, bis alle senkrechten M-Glieder einschließlich des letzten am R-Ende aufgebraucht sind. Am Ende der R 1 Lm arb. und die Schlingen wie bei der 1. R abhäkeln.

Arbeitsprobe des einfachen tunesischen Stichs

Maschen zunehmen

In der tunesischen Häkelei nehmen Sie Maschen nach der folgenden Methode zu.

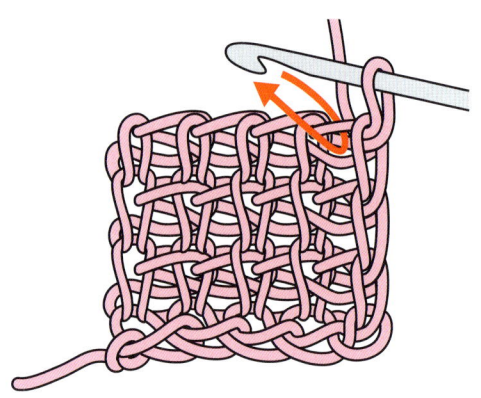

1 Nadel unter dem waagerechten M-Glied zwischen der Schlinge auf der Nadel und der nächsten M einstechen.

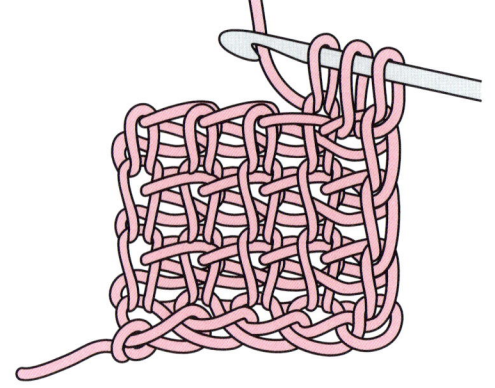

2 Vor dem Auffassen des nächsten vertikalen M-Gliedes den Arbeitsfaden um die Nadel legen (= 1 U) und wie gewohnt durchziehen. Im einfachen tunesischen Stich weiterarbeiten.

TUNESISCHE HÄKELEI

Maschen abnehmen

Es gibt verschiedene Methoden, Maschen abzunehmen. Die folgende erscheint mir am einfachsten.

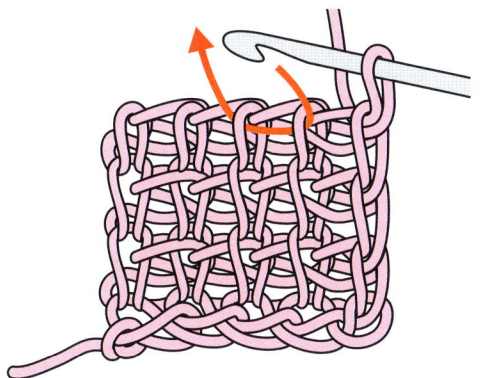 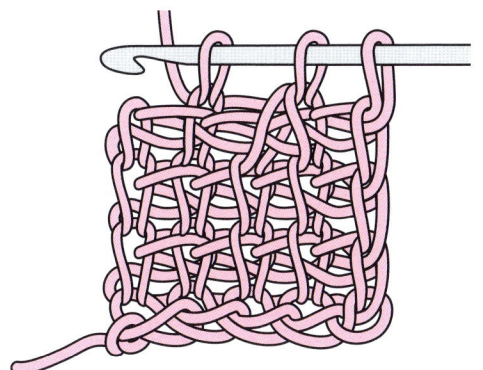

1 Beim Auffassen der Schlingen 1 M abnehmen, indem die Nadel unter 2 senkrechten Gliedern statt unter einem einzigen durchgeführt wird.

2 Arbeitsfaden um die Nadel legen (= 1 U) und unter beiden M-Gliedern gleichzeitig durchziehen, sodass aus 2 M nur 1 Schlinge entsteht. Damit die Abnahmen symmetrisch erscheinen, arbeitet man sie jeweils 2 bis 3 M von R-Beginn und R-Ende entfernt.

Faden ansetzen und Farbwechsel

Schlingen Sie einen Faden in einer neuen Farbe an, bevor Sie die letzte Masche vollenden. Wenn Sie die Masche zuerst fertig stellen und dann das andersfarbige Garn anfügen, ziehen Sie die alte Farbe in die neue mit.

Neuen Faden anschlingen

Wenn eine neue Farbe am Ende des Abmasch-Vorgangs angeschlungen wird, sobald nur noch 2 Schlingen auf der Nadel sind, entstehen gerade Streifen ohne Stufen.

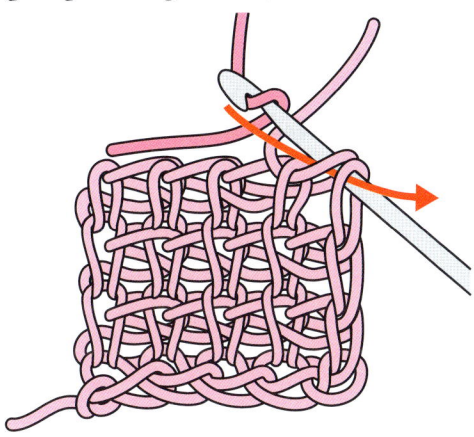 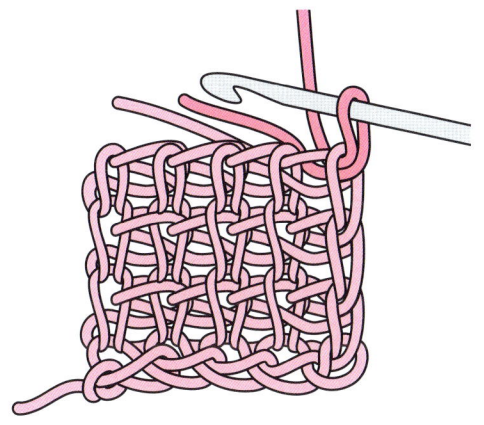

1 Wenn noch 2 Schlingen auf der Nadel sind, Faden in der neuen Farbe um die Nadel legen.

2 Faden in der neuen Farbe durch beide Schlingen ziehen.

Tunesische Häkelei

Tweed-Effekt

Der Tweed-Effekt entsteht, wenn eine neue Farbe bei halb gearbeiteter Reihe angesetzt wird. Wenn alle Schlingen in einer Richtung aufgenommen sind, wird die neue Farbe angeschlungen: Faden um die Nadel legen und durch eine Schlinge ziehen, ★ Faden um die Nadel legen und durch zwei Schlingen ziehen; ab ★ fortlaufend wiederholen bis zum Reihenende. Danach in der neuen Farbe Schlingen aufnehmen und auf dem Rückweg in der alten Farbe abmaschen. In dieser Farbe werden dann wieder die nächsten Schlingen aufgenommen. Die Farbe wird immer nach dem Aufnehmen der Schlingen gewechselt, die dann in der Kontrastfarbe abgehäkelt werden. So entstehen saubere Übergänge.

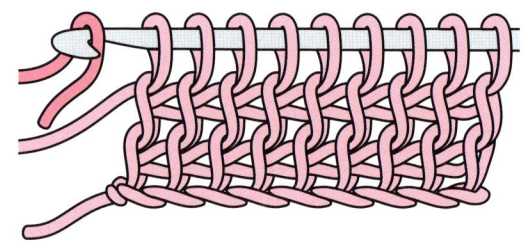

Zum Abhäkeln wird eine neue Farbe angeschlagen.

Abketten

Weil der einfache tunesische Stich eine dichte Häkelarbeit ergibt, sollten sich auch beim Fertigstellen der Arbeit keine Löcher bilden. Im folgenden Abschnitt lernen Sie eine entsprechende Methode kennen. Stechen Sie die dünne Häkelnadel ebenso ein wie zuvor die tunesische Nadel.

Die letzte Reihe

Für die letzte Reihe verwenden Sie eine normale Häkelnadel, die zwei Nummern dünner ist als die tunesische Häkelnadel. Nehmen Sie die senkrechten Maschenglieder an der Vorderseite der Arbeit auf, und häkeln Sie in jedes eine feste Masche. Achtung: Nehmen Sie die Schlingen wie für den einfachen tunesischen Stich auf, doch arbeiten Sie dann jeweils eine ganze feste Masche, sodass keine zusätzlichen Schlingen auf der Nadel bleiben. Stechen Sie nicht durch die ganze Arbeit durch.

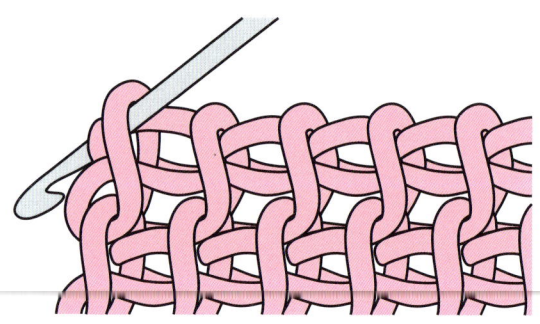

So stechen Sie am Rand ein.

> MODELLVORSCHLÄGE FÜR DEN EINFACHEN TUNESISCHEN STICH
> *1 Häkeln Sie eine Kissenhülle mit Streifen und Tweed-Effekt im einfachen tunesischen Stich.*
> *2 Gestalten Sie eine Kissenhülle in tunesischen Stäbchen.*
> *3 Arbeiten Sie einen röhrenförmigen Schal in verschiedenen Mustern aus der Mustersammlung. Legen Sie Ihre Häkelarbeit dazu der Länge nach rechts auf rechts zusammen, und nähen Sie die Längsseiten zusammen. Wenden Sie den Schlauch, schließen Sie die Nähte an den Enden, und knüpfen Sie nach Belieben Fransen ein.*
> *4 Häkeln Sie zwei gleich große Rechtecke aus Effektgarn, und nähen Sie daraus ein ärmelloses Top. Nähen Sie die Teile an einer Schmalseite zusammen, und lassen Sie in der Mitte eine ausreichend große Öffnung für den Kopf. Dann ziehen Sie das Top über den Kopf, um festzustellen, an welcher Stelle Sie unterhalb der Armausschnitte mit den Seitennähten beginnen können.*

Seitliche Blenden

Beim Anhäkeln einer Blende in festen Maschen an die Seitenkanten einer tunesischen Häkelarbeit muss man besonders aufpassen, damit nicht auf einer Seite Löcher entstehen. Das passiert leicht, weil die rechte Seite wie der Rand einer normalen Häkelarbeit erscheint, während die andere Seite nur jeweils ein Maschenglied aufweist. Deshalb müssen dort das waagerechte und das einzelne lose Maschenglied gemeinsam aufgefasst und umhäkelt werden.

> **TIPP**
> *Tunesische Häkelarbeiten rollen sich im Verlauf des Häkelns ein, weil die Arbeit nicht gewendet wird. Keine Sorge! Die meisten Modelle werden anschließend mit einer Blende versehen, die dafür sorgt, dass die Arbeit flach liegt.*

Andere tunesische Techniken

Obwohl es den Anschein hat, als würde das Auffassen so vieler Schlingen die Möglichkeiten stärker einschränken als beim üblichen Häkeln, lässt die tunesische Häkelei großen Spielraum für Experimente.

Tunesische Stäbchen (tStb)

Am Beginn der Reihe ist eine Luftmasche erforderlich, um auf die richtige Höhe zu kommen und zu verhindern, dass die Ränder sich werfen, denn dieser Stich ist höher. Legen Sie den Faden einmal um die Nadel (= 1 U), bevor Sie unter dem senkrechten M-Glied einstechen, 1 U, Faden unter dem M-Glied durchziehen, 1 U, Faden durch 2 Schlingen ziehen (diesen Vorgang nicht wie beim gewöhnlichen Häkeln wiederholen, ansonsten bleiben keine Schlingen für den nächsten Arbeitsschritt auf der Nadel). Auf diese Weise bis zum R-Ende fortfahren. Die Schlingen wie beim einfachen tunesischen Stich abhäkeln.

Tunesische Doppelstäbchen (tDStb)

Am R-Beginn 2 Lm arb. und häkeln wie folgt: 2 U, Nadel wie für den tS einstechen, 2 x (1 U, Faden durch 2 Schlingen ziehen); die letzte Schlinge bleibt auf der Nadel. Schlingen abhäkeln wie beim tS.

Unsichtbare Verbindungen

Um Häkelteile beispielsweise an den Schultern unsichtbar zu verbinden, legen Sie beide tunesisch gehäkelten Teile rechts auf rechts aufeinander, bevor eine Umrandung in fM gearbeitet wird, also auch vor dem Abketten.

Die M des einen Teils müssen exakt mit denen des anderen Teils übereinstimmen. Mit einer Nadel, die dünner ist als die tunesische Häkelnadel, arbeiten Sie nun fM durch die senkrechten M-Glieder beider Teile.

Knopflöcher

Für ein Knopfloch übergehen Sie beim Auffassen der Schlingen 3 bis 5 M der Vor-R und arbeiten entsprechend viele Umschläge, die Sie auf dem Rückweg wie gewöhnliche Schlingen abhäkeln.

> **TIPP**
> *Arbeiten Sie immer gleich: Wenn Sie damit anfangen, die Ihnen am nächsten liegende Schlinge als erste aufzunehmen, müssen Sie darauf achten, das auch weiterhin zu tun.*

Mustersammlung

Sowohl spitzenartige als auch sehr dichte Stoffe lassen sich mit der tunesischen Häkelnadel herstellen. Experimentieren Sie selbst, oder probieren Sie einige der hier vorgestellten Muster aus. Wie die gewöhnliche lässt sich auch die tunesische Häkelei mit Garnen aller Art arbeiten.

Tunesischer Strickstich

Diese Arbeitsprobe wurde mit dickem Garn und einer Häkelnadel Nr. 9 gehäkelt. Für den Strickstich muss die Nadel stärker sein als für den einfachen tunesischen Stich. 18 Lm anschl.
1. Reihe: tS häkeln bis R-Ende.
2. Reihe: ★Nadel unter den Maschengliedern durch die Arbeit stechen (siehe Abb.), 1 U, Faden durchziehen; ab ★ fortlfd. wdh., bis 18 Schlingen auf der Nadel sind. Abhäkeln wie tS. Die 2. R fortlfd. wdh.

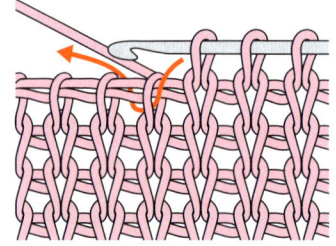

So stechen Sie für den tunesischen Strickstich ein.

Kieselsteine

24 Lm oder eine andere gerade Lm-Zahl anschl.
1. Reihe: tS häkeln bis R-Ende.
2. Reihe: Die bereits auf der Nadel liegende Schlinge gilt als 1. M. Schlingen auffassen wie für tS. Auf dem Rückweg abhäkeln wie folgt: 1 Lm, 1 U, Faden durch 2 Schlingen ziehen; ★3 Lm, 2 x (1 U, Faden durch 2 Schlingen ziehen), ab ★ fortlfd. wdh. bis R-Ende.
3. Reihe: Schlingen auffassen wie für tS und abhäkeln wie folgt: 1 Lm; ★ 2 x (1U, Faden durch 2 Schlingen ziehen), 3 Lm; ab ★ bis zu den letzten 3 Schlingen fortlfd. wdh.; 3 x (1 U, Faden durch 2 Schlingen ziehen). Die 2. und 3. R fortlfd. wdh. Die „Kiesel" liegen nicht genau übereinander.

Lochmuster

23 Lm oder eine gerade Zahl + 1 anschl.
1. Reihe: 23 Schlingen auffassen; 2 Lm, 1 U, Faden durch 3 Schlingen ziehen; ★1 Lm, 1 U, Faden durch 3 Schlingen ziehen; ab ★ fortlfd. wdh. bis R-Ende.
2. Reihe: (1 Schlinge liegt bereits auf der Nadel) ★1 Schlinge aus dem 1. Lm-ZR auffassen, 1 Schlinge aus der Lm auffassen; ab ★ fortlfd. wdh. bis R-Ende (= 23 M); 2 Lm, 1 U, Faden durch 3 Schlingen ziehen; ★★1 Lm, 1 U, Faden durch 3 Schlingen ziehen; ab ★★ fortlfd. wdh. bis R-Ende. Die 2. R fortlfd. wdh.

Tunesische Büschelmaschen

24 Lm oder eine durch 4 teilbare Lm-Zahl anschl.

Spezielle Abkürzungen
1 tBm = 1 tunesische Büschelmasche: 1 U, Nadel unter dem senkrechten M-Glied einstechen, 1 U, Nadel unter demselben senkrechten M-Glied einstechen, 1 U, Faden durch 5 Schlingen ziehen.
1. Reihe: tS häkeln bis R-Ende.
2. Reihe: Schlingen auffassen (die bereits auf der Nadel befindliche

Schlinge zählt als Masche); 2 tS; *1 tBm, 3 tS; ab * bis zur letzten Schlinge fortlfd. wdh.; 1 tS; Schlingen wie bei tS abhäkeln.
3. Reihe: Schlingen auffassen; *1 tBm, 3 tS; ab * bis zu den letzten 3 Schlingen fortlfd. wdh.; 1 tBm, 2 tS; Schlingen wie bei tS abhäkeln. Die 2. und 3. R fortlfd. wdh.

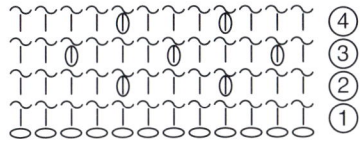

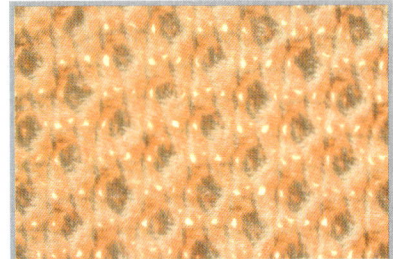

Tatzenstich

25 Lm oder ein Vielfaches von 6 + 1 Lm in Fb A anschl.
Spezielle Abkürzung
1 Tatze: 1 tDStb in das senkrechte M-Glied 3 R darunter und 1 M zurück, 1 tDStb in das senkrechte M-Glied 4 R darunter, 1 tDStb in das senkrechte M-Glied 3 R darunter und 1 M weiter vorn.
1. – 4. Reihe: tS häkeln bis R-Ende. Bei den letzten 2 Schlingen der 4. R zu Fb B wechseln.
5. Reihe: In Fb B 2 Schlingen wie für tS auffassen (1. Schlinge auf der Nadel zählt nicht mit); *1 Tatze, 1 U, Faden durch 3 Schlingen ziehen, 5 tS; ab * bis zu den letzten 4 M fortlfd. wdh; 1 Tatze, 3 tS Abhäkeln wie bei tS und bei den letzten 2 Schlingen zu Fb A wechseln.

6. – 9. Reihe: tS häkeln. Bei den letzten 2 Schlingen der 9. R zu Fb B wechseln.
10. Reihe: In Fb B *5 Schlingen wie für tS auffassen (die 1. Schlinge auf der Nadel nicht mitgezählt), 1 Tatze, 1 U, Faden durch 3 Schlingen ziehen; ab * bis zu den letzten 6 M fortlfd. wdh.; 6 tS. Abhäkeln wie bei tS und bei den letzten 2 Schlingen zu Fb A wechseln.
Die 1. – 10. R fortlfd. wdh.

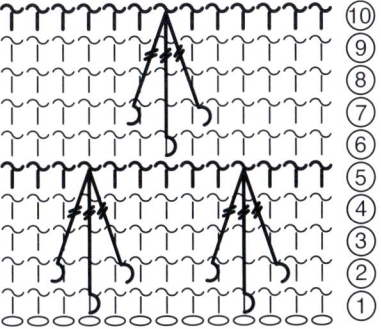

Römische Säulen

23 Lm oder ein Vielfaches von 8 + 7 Lm in Fb B anschl.
1. Reihe: 1 tS in jede Lm arb.; zu Fb A wechseln.
2. und 3. Reihe: tS häkeln und am Ende der 3. R zu Fb B wechseln.
4. Reihe: 2 tS; *1 tDStb in die vorhergehende R in Fb B, dabei 2 M üb-spr. (5. M vom Rand aus), 1 tS (1 M der Vor-R wird nicht verwendet), 1 TDStb in die 1. der 2 übersprungenen M der

vorhergehenden R in Fb B, 5 tS; ab * fortlfd. wdh. bis R-Ende; enden mit 2 tS anstelle von 5 tS. Abhäkeln wie gewohnt und bei der letzten M zu Fb A wechseln. Die 2. – 4. R fortlfd. wdh.

Querrippen

Um eine leicht durchbrochene Wirkung zu erzielen, die den Rippeneffekt hervorhebt, verwenden Sie eine um zwei Nummern stärkere Häkelnadel als für den einfachen tunesischen Stich. Sie können aber auch mit einer tunesischen Häkelnadel normaler Stärke arbeiten, dann ähnelt das Ergebnis dem tunesischen Strickstich.
1. Reihe: tS häkeln bis R-Ende.
2. Reihe: 1 Lm zum Anheben der Nadel; *einstechen wie für den tunesischen Strickstich, 1 U, Faden zur Vorderseite durchziehen, 1 U, Faden durch 1 Schlinge ziehen; ab * fortlfd. wdh., bis alle Schlingen auf der Nadel sind; Schlingen abhäkeln wie bei tS.
Die 2. R bis zur gewünschten Höhe fortlfd. wdh.

10. Projekt: Rundes Kissen

Dieses runde Kissen ist ausschließlich im einfachen tunesischen Stich gehäkelt (siehe S. 85/86), wobei vom Rand zur Mitte hin gearbeitet wird.

Material

Je 50 g *Coats Lyric 8/8* (LL 70 m/50 g) in Fb A (Blütenblätter), Fb C (Umrandung der Blütenblätter) und Fb D (Zentrum); 250 g *Coats Lyric 8/8* in Fb B (Hintergrund) Tunesische Häkelnadel Nr. 5; Häkelnadel Nr. 4; Kissenfüllung, 40 cm Durchmesser.

Größe

46 cm Durchmesser

Maschenprobe

8 M/8 R = 5 x 5 cm

Anleitung

Arbeiten Sie zuerst die eine Seite der Kissenhülle nach der folgenden Anleitung, und häkeln Sie die zweite Seite genauso. Wenn Sie als Rückseite des Kissens einen einfarbigen Kreis häkeln wollen, folgen Sie den Anweisungen im Kasten (S. 94). Achtung! Beim Arbeiten in Runden kommen verkürzte Reihen vor, sodass manchmal Schlingen unbearbeitet auf der Nadel liegen bleiben, die später abgehäkelt werden.

Hintergrund

In Fb D einen Laufknoten arbeiten, der vom kurzen Ende her zugezogen wird. 38 Lm anschl.
1. Reihe: 38 Schlingen auffassen. Abhäkeln wie gewohnt, bis 2 Schlingen übrig bleiben. (Denken Sie daran, dass die 1. Schlinge nur durch 1 M am Beginn jeder R geht und als eine der Abhäkel-Schlingen gezählt wird.) Die 2 Schlingen in Fb C abmaschen. Fb D abschneiden, dabei 10 cm Faden zum Vernähen hängen lassen.
2. Reihe: 18 tS auffassen (= 19 Schlingen auf der Nadel); der Rest der 1. R bleibt unbearbeitet. Abhäkeln, bis noch 2 Schlingen übrig bleiben. Diese 2 Schlingen in Fb B abmaschen. Fb C abschneiden (10 cm hängen lassen).
3. Reihe: 5 tS auffassen (= 6 Schlingen auf der Nadel) und abhäkeln.
4. Reihe: In Fb B alle M in Fb B sowie 1 M der 2. R als tS auffassen und auch in Fb B abhäkeln.
Die 4. R noch 9 x wdh. (Nach Abschluss der 13. R bleiben noch 3 unbearbeitete M der 2. R übrig.)
14. Reihe: In Fb B 14 tS auffassen (= 15 Schlingen auf der Nadel) und abhäkeln.
15. Reihe: Schlingen auffassen, dabei aber die letzte M der Vor-R unbearbeitet lassen; abhäkeln.
Die 15. R noch 9 x wdh. Fb B nicht abschneiden: Sie bleibt hängen, bis die Kissenhülle fertig ist. 1 Schlinge in Fb B auf der Nadel lassen.
24. Reihe: In Fb C 5 M der Vor-R auffassen, anschließend je 1 M der unbearbeiteten R-Enden der vorangegangenen 10 R auffassen plus 1 M der 2. R (= 17 Schlingen auf der Nadel). 15 tS abhäkeln (3 Schlingen bleiben auf der Nadel: 1 in Fb B, 2 in Fb C).
25. Reihe: In Fb D 14 tS aus der 24. R, 2 tS aus der 2. R und 2 tS aus der 1. R auffassen. 17 tS abhäkeln (auf der Nadel bleiben 1 Schlinge in Fb B, 2 in Fb C und 2 in Fb D).
26. Reihe: In Fb C 16 tS aus der 25. R plus 16 M aus der 1. R auffassen (1 M bleibt unbearbeitet). 31 tS abhäkeln (7 Schlingen bleiben auf der Nadel: 1 in Fb B, 2 in Fb C, 2 in Fb D, 2 in Fb C).

Blütenblatt

1. Reihe: in Fb A 14 tS auffassen. 3 tS abhäkeln (= 12 Schlingen in Fb A auf der Nadel).
2. Reihe: 2 tS plus 2 tS aus der 26. R auffassen. 7 tS abhäkeln.
3. Reihe: 8 tS auffassen. 11 tS abhäkeln.
4. Reihe: 12 tS auffassen. 15 tS abhäkeln.
5. Reihe: 16 tS auffassen. 19 tS abhäkeln.
6. Reihe: 20 tS auffassen. 23 tS abhäkeln (Schlingen auf der Nadel: 1 in Fb B, 2 in Fb C, 2 in Fb D, 2 in Fb C, 2 in Fb A).
7. Reihe: 24 tS auffassen. 23 tS abhäkeln.
8. Reihe: 20 tS auffassen. 19 tS abhäkeln.
9. Reihe: 16 tS auffassen. 15 tS abhäkeln.
10. Reihe: 12 tS auffassen. 11 tS abhäkeln.
11. Reihe: 8 tS auffassen. 7 tS abhäkeln.
12. Reihe: 4 tS auffassen. 16 tS abhäkeln und bei den

letzten 2 Schlingen in Fb A den Faden in Fb C anschlingen. (Nun sind 8 Schlingen auf der Nadel: 1 in Fb B, 2 in Fb C, 2 in Fb D, 3 in Fb C.). Das Blütenblatt ist fertig. Fb A abschneiden (10 cm zum Vernähen hängen lassen).

27. Reihe: In Fb C 27 tS auffassen (= 35 Schlingen auf der Nadel). 29 tS abhäkeln (Schlingen auf der Nadel: 1 in Fb B, 2 in Fb C, 2 in Fb D und 1 in Fb C plus Arbeitsschlinge). Zu Fb D wechseln, 1 tS durch die 2 Schlingen in Fb C (Schlingen auf der Nadel: 1 in Fb B, 2 in Fb C, 3 in Fb D).
★★ Mit der 27. R endet der 8. Blütenblatt-Rapport.

28. Reihe: 32 tS auffassen. 34 tS abhäkeln. Zu Fb C wechseln, 1 tS durch die 2 Schlingen in Fb D (Schlingen auf der Nadel: 1 in Fb B, 3 in Fb C). Fb D abschneiden (10 cm hängen lassen).

29. Reihe: 25 tS auffassen (= 19 Schlingen auf der Nadel). Alle Schlingen abhäkeln und bei den letzten 2 Schlingen zu Fb B wechseln. Fb C abschneiden (10 cm hängen lassen). Ab der 3. R des Hintergrunds noch 7 x wdh.; der letzte Rapport endet bei ★★.

Beenden des letzten Rapports
Die verbleibenden Schlingen in der jeweils passenden Fb abhäkeln. Fäden abschneiden und sichern.
Die beiden Kanten durch Auffassen des senkrechten M-Gliedes in der jeweils passenden Fb verbinden.

Fertigstellung

Vorder- und Rückseite links auf links aufeinander legen, sodass die Spitzen der Blütenblätter aufeinander treffen. Beide Teile mit einer Randbordüre nach Wahl umhäkeln (siehe unten) und dabei miteinander verbinden. Bevor beide Teile ganz umhäkelt sind, Kissenfüllung einschieben und die Runde zu Ende häkeln. (Wenn Sie eine waschbare Kissenfüllung verwenden, können Sie bei Bedarf das ganze Kissen vorsichtig von Hand waschen. Ein mit Federn gefülltes Kissen sollten Sie vor dem Waschen aus der Hülle nehmen. Dann empfiehlt es sich, am Rand der Hülle eine Öffnung vorzusehen, die mit Knöpfen und Luftmaschenschlingen geschlossen wird. In diesem Fall arbeiten Sie auf Länge der Öffnung die Randborte nur an der Vorderseite des Kissens.)

Randborten
Wählen Sie aus den unten angegebenen Vorschlägen die Randborte für Ihr Kissen aus. Für Randborte 3 benötigen Sie allerdings einen zusätzlichen Knäuel Garn.

Randborte 1: Mit Häkelnadel Nr. 4 in der Hintergrundfarbe 1 Rd fM um die Kissenhülle arb. und mit 1 Km schließen. Anschließend 1 Rd Krebs-M arb., jedoch die letzte M auslassen. Faden abschneiden und sichern; das dabei entstandene Knötchen über der ausgelassenen M platzieren.

Randborte 2: Mit Häkelnadel Nr. 4 in der Hintergrundfarbe 1 Rd fM um die Kissenhülle arb. (M-Zahl teilbar durch 6). Rd mit 1 Km schließen. Ohne zu wenden wie folgt weiterhäkeln: ★2 fM üb-spr., (2 Stb, 2 Lm, 2 Stb) in die nächste fM, 2 fM üb-spr., 1 Km in die nächste fM; ab ★ fortlfd. wdh. bis R-Ende. Faden abschneiden und sichern.

Randborte 3: Mit Häkelnadel Nr. 4 in der Hintergrundfarbe 1 Rd fM um die Kissenhülle arb. (M-Zahl teilbar durch 8). Rd mit 1 Km schließen; Arbeit nicht wenden.
2. Runde: ★1 Lm, 1 fM üb-spr., (1 fM, 1 Lm, 1 hStb) in die nächste fM, 1 fM üb-spr., (1 Stb, 1 Lm, 1 Stb) in die nächste fM, 1 fM üb-spr., (1 hStb, 1 Lm, 1 fM) in die nächste fM, 1 Lm, 1 fM üb-spr., 1 Km in die nächste fM; ab ★ fortlfd. wdh. bis R-Ende, dabei die letzte Km in den Rd-Beginn arb.
3. Runde: ★(1 fM, 1 hStb) in den nächsten Lm-ZR, 3 Stb in den nächsten Lm-ZR, (3 DStb, 1 Lm, 3 DStb) in den nächsten Lm-ZR, 3 Stb in den nächsten Lm-ZR, (1 hStb, 1 fM) in den nächsten Lm-ZR, 1 Km auf die Km der Vor-Rd; ab ★ fortlfd. wdh. bis Rd-Ende. Faden abschneiden und sichern.

EINFARBIGE KISSEN-RÜCKSEITE
Wenn Ihnen das gemusterte Kissen in tunesischer Häkelei noch recht schwierig erscheint, arbeiten Sie zunächst eine einfarbige Rückseite, bevor Sie sich an das Muster wagen.
Damit das Ergebnis sauber aussieht, sollten Sie den einfarbigen Kreis in der Hintergrundfarbe B arbeiten. 38 Lm anschl.

1. Reihe: 38 Schlingen auffassen und wie gewohnt abhäkeln. ★★★

2. Reihe: tS auffassen, dabei die letzte Schlinge unbearbeitet lassen. Abhäkeln wie gewohnt.
Die 2. R noch 35 x wdh.

38. Reihe: 38 Schlingen auffassen und wie gewohnt abhäkeln.

Ab ★★★ noch 5 x wdh.; beim letzten Rapport die 38. R weglassen.

11. Projekt: Kuscheldecke

Dieser hübschen Decke in tunesischer Häkelei verleihen Noppen eine reizvolle Struktur. Für zusätzlichen Pfiff sorgen eingeknüpfte Fransen.

Material

450 g *Rowan DK Soft* (LL 175 m/50 g) in Altrosa
Tunesische Häkelnadel Nr. 5,5
Häkelnadel Nr. 4,5

Größe

81 x 112 cm (ohne Fransen)

Maschenprobe

9 M = 5 cm Breite; 18 R = 12 cm Höhe

Spezielle Abkürzungen

1 tN = 1 tunesische Noppe: 1 U, in die nächste M einstechen, 1 U, Faden durch die Schlinge auf der Nadel ziehen, 2 x (1 U, in dieselbe M einstechen, 1 U, Faden durch die Schlinge auf der Nadel ziehen), 1 U, Faden durch 7 Schlingen ziehen (1 Schlinge dieser M bleibt auf der Nadel).

1 hStbN = 1 Noppe aus halben Stäbchen: Diese Noppe wird in den Zwischenraum zwischen dem eben gearbeiteten und dem davor liegenden hStb gearbeitet. Das heißt, sie wird rund um den Stiel des letzten hStb gehäkelt – weder in die tunesische Arbeit noch in eine der M der R unter der hStb-R.

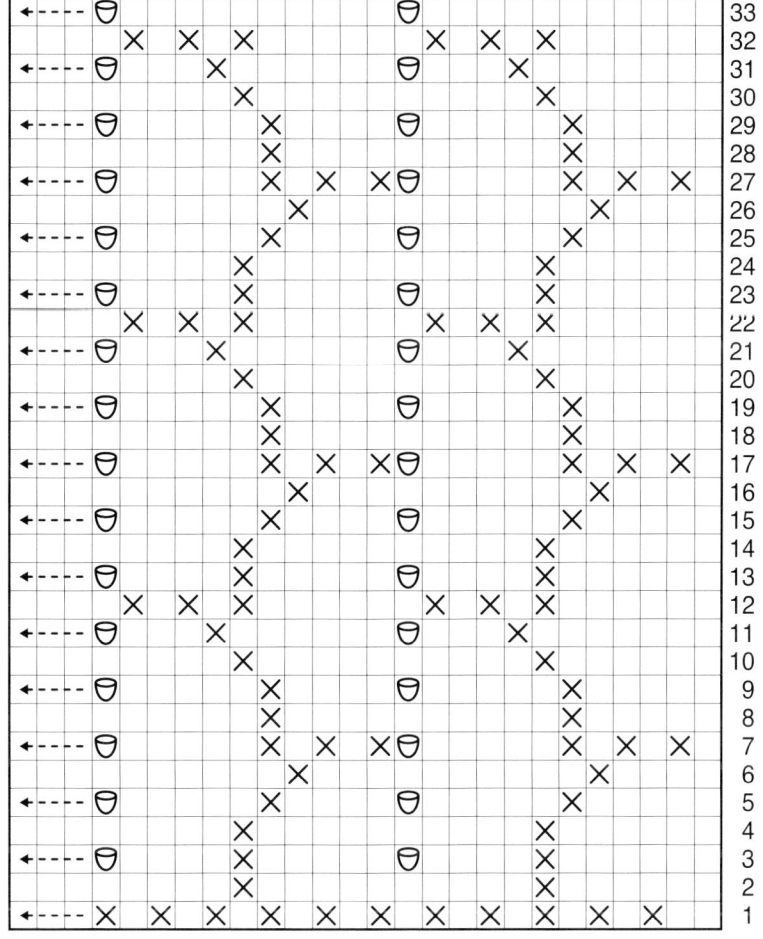

Zeichenerklärung:

☐ = 1 tS

✕ = 1 tS durch 2 Schlingen (siehe Anleitung; auf dem Rückweg die Abnahmen durch 1 Lm ausgleichen)

⊖ = 1 tN

Häkelschrift für die Kuscheldecke

Anleitung

143 Lm mit der tunesischen Häkelnadel Nr. 5,5 anschl.
1. Reihe: 143 Schlingen auffassen. 1 Lm, dann abhäkeln wie folgt: 1 tS, ★1 Lm, 1 U, Faden durch 3 Schlingen ziehen (durch die Arbeitsschlinge und 2 M-Schlingen); ab ★ bis zu den letzten 2 Schlingen fortlfd. wdh.; 2 tS (= 72 Löcher).
2. Reihe: 1 tS auffassen; ★1 tS durch die 2 Schlingen, die in der 1. R zusammengezogen wurden, 1 tS unter 1 Lm der 1. R; ab ★ bis zu den letzten 2 M fortlfd. wdh; 2 tS (= 143 Schlingen). Zum Abhäkeln 1 Lm, 4 tS, ★2 Lm, 1 U, Faden durch 3 Schlingen ziehen, 9 tS; ab ★ bis zu den letzten 7 M fortlfd. wdh.; 2 Lm, 1 U, Faden durch 3 Schlingen ziehen, 5 tS.
3. Reihe: Schlingen auffassen wie folgt: ★4 tS, 1 tS durch die 2 in der Vor-R zusammengezogenen Schlingen, 1 tS in den Lm-ZR, 4 tS, 1 tN; ab ★ 11 x wdh.; 4 tS, 1 tS durch die 2 in der Vor-R zusammengezogenen Schlingen, 1 tS in den Lm-ZR, 5 tS. Zum Abhäkeln 1 Lm, 4 tS; ★2 Lm, 1 U, Faden durch 3 Schlingen ziehen, 9 tS; ab ★ bis zu den letzten 7 M fortlfd. wdh.; 2 Lm, 1 U, Faden durch 3 Schlingen ziehen, 5 tS.
Mit diesen 3 R beginnt das Lochmuster, das durch die tunesischen Noppen unterteilt wird. Arbeiten Sie nach der Häkelschrift, und häkeln Sie die tunesischen Noppen in jeder 2. R. Zwölf senkrechte Noppenreihen trennen die Lochmusterfelder voneinander.
Die Löchlein entstehen durch die Luftmaschen beim Abhäkel-Vorgang unter den markierten Stellen. Das liegt daran, dass die Löchlein sich erst bilden, wenn alle Schlingen der nächsten Reihe auf der tunesischen Nadel liegen. Arbeiten Sie im Muster weiter, bis die Arbeit, glatt ausgebreitet, 81 x 112 cm misst.
Letzte Reihe: 143 Schlingen auffassen. Zum Abhäkeln 1 Lm, 1 tS; ★1 Lm, 1 U, Faden durch 3 Schlingen ziehen (durch die Arbeitsschlinge und 2 M-Schlingen); ab ★ fortlfd. wdh. bis zu den letzten 2 M; 2 tS.
Mit der Häkelnadel Nr. 4,5 Km bis R-Ende arb., dabei die Nadel unter den senkrechten M-Gliedern jeder M oder in die Lm-ZR einstechen.

Seitliche Einfassung
1. Reihe: 2 Lm, fM häkeln bis zu den letzten 2 M, 1 Lm, 1 M üb-spr., 1 fM; 3 Lm, wenden.
2. Reihe: 1 M üb-spr., ★1 hStbN, 1 M üb-spr., 1 hStb (keine M üb-spr.); ab ★ fortlfd. wdh. bis R-Ende, dabei die letzte Lm auslassen. Faden abschneiden und sichern. Die andere Seite genauso arb.

Fertigstellung

450 Fadenstücke à 25 cm Länge zuschneiden. Jeweils 3 Fäden zusammenlegen und in eines der 71 Löcher sowie in den Rand der fM- und über der hStb-R einknüpfen (insgesamt 75 Löchlein).

EINFACHE VARIANTE
Arbeiten Sie eine Babydecke ohne Fransen aus dickem Garn mit einer tunesischen Häkelnadel Nr. 7 sowie einer Häkelnadel Nr. 5,5. Beginnen Sie mit 54 Luftmaschen und arbeiten Sie im Muster über 5 senkrechte Lochreihen und 4 Noppenreihen. Häkeln Sie die seitliche Einfassung, wie oben beschrieben. Ober- und Unterkante können Sie mit Krebs-M oder einer beliebigen Randborte behäkeln.

7. Kapitel

Kreise und Motive

Die traditionelle Häkelei hat viele der Medaillonmuster aus Nadel- und Klöppelspitze erst kopiert und dann zu Gebrauchs- und Dekorationsartikeln kombiniert. Im Laufe der vergangenen 150 Jahre hat sich immer wieder auch die Mode der Motivhäkelei erinnert.

Dieses Kapitel ist dem Häkeln von Motiven und Kreisen aus feinen Garnen und mit dünnen Häkelnadeln gewidmet. Denn gerade die Vielseitigkeit macht schließlich den besonderen Reiz der Häkelei aus: Wenn Sie also lieber mit Woll- statt mit Baumwoll- oder Leinengarnen arbeiten, können Sie jedes Modell auch daraus und mit einer Häkelnadel anfertigen, die eine Nummer dünner ist als für das jeweilige Wollgarn üblich. Wenn Sie hingegen feststellen, dass Ihnen Baumwollgarn ganz besonders liegt, blättern Sie zu den Mustervorschlägen in den vorderen Kapiteln zurück, und arbeiten Sie die dort vorgestellten Beispiele aus Baumwollgarn mit passender Nadel. Alle Muster werden ganz unterschiedlich wirken, je nachdem ob Sie Woll- oder Baumwollgarn verwenden, und gerade das inspiriert Sie bestimmt zu allerlei Experimenten.

Kreise und Motive

Häkeln mit Baumwoll- oder Leinengarn

Die meisten Motive werden aus Baumwoll- oder Leinengarn statt aus Wollgarn gehäkelt, weil Häkelarbeiten ursprünglich kostbare Spitzen imitieren sollten. Dennoch werden für viele Decken und Überwürfe aus Wollgarn gehäkelte Motive miteinander kombiniert. In diesem und im nächsten Kapitel liegt der Schwerpunkt auf dem Häkeln mit Garnhäkelnadeln, feinen Baumwoll- und Leinengarnen.

Wichtige Hinweise

1 Beim Häkeln mit Baumwoll- oder Leinengarn hält man die Häkelnadel normalerweise anders als beim Häkeln mit Wollgarnen, denn Garnhäkelnadeln sind nicht zylindrisch, sondern verjüngen sich zum Haken hin. Bei der Arbeit mit einer solchen oder einer den Tambouriernadeln ähnlichen Häkelnadel muss man den Zeigefinger als Stopper einsetzen, weil die Maschen andernfalls unterschiedlich groß werden.

2 Baumwoll- und Leinengarn dehnt sich nicht, daher fallen alle Abweichungen von der Maschenprobe ins Auge. Denken Sie daran, dass es beim Häkeln buchstäblich in Ihrer eigenen Hand liegt, wie gleichmäßig das Ergebnis gerät. Je entspannter Sie sind, desto lockerer häkeln Sie – und umgekehrt.

3 Anfänger tun sich schwer damit, die richtige Häkelnadel für die jeweilige Garnstärke auszuwählen, doch nach einiger Zeit bekommen Sie das Gefühl für Häkelnadel und Faden und wissen genau, wie die Arbeit mit einer bestimmten Häkelnadel- und Garnstärke ausfallen wird. Auf Seite 101 finden Sie eine Tabelle dazu, doch bedenken Sie, dass es sich dabei nur um Richtwerte handelt.

4 In manchen Anleitungen – vor allem aus den USA – kommen ungewöhnliche Nadelstärken wie 2,25 oder 4,75 vor (gemeint sind jeweils Millimeter). Das rührt daher, dass in Amerika die Nadelstärken anders angegeben und dann bisweilen ins metrische System umgerechnet werden. Leider gibt es jedoch keine Häkelnadeln in diesen exotischen Stärken. Wenn Sie nach solchen Anleitungen häkeln wollen, sollten Sie für Ihre Maschenprobe zunächst eine Nadel der nächsthöheren oder -niedrigeren europäischen

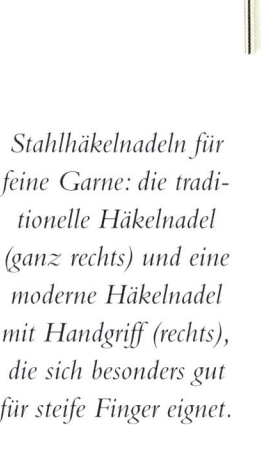

Stahlhäkelnadeln für feine Garne: die traditionelle Häkelnadel (ganz rechts) und eine moderne Häkelnadel mit Handgriff (rechts), die sich besonders gut für steife Finger eignet.

Stärke verwenden und nach dem Auszählen der Maschen gegebenenfalls zu einer anderen Stärke wechseln.

5 Die Garnstärke kann je nach Art der Herstellung und Veredelung ganz unterschiedlich ausfallen. Wenn das Garn lockerer ist, kommt das daher, dass es mit weniger Drehungen pro Zentimeter versponnen wurde. Ein traditionelles Häkelgarn ist dicht gezwirnt und oft merzerisiert. Die Nummerierung der feineren Garne ist weltweit standardisiert, doch sollten Sie sich darauf nicht blind verlassen.

Baumwollgarne sind in vielen Stärken erhältlich.

Die verschiedenen Stärken der Baumwollgarne

Baumwollgarn für Spitzenhäkelei gibt es von Stärke 80 bis zu Stärke 100 und höher. Garne der Stärke 80 und 100 werden mit Häkelnadeln Nr. 0,60 verarbeitet, der geringsten Nadelstärke auf dem Markt (wenngleich einige Spezialanbieter auch noch Nadeln der Stärke 0,50 führen).

Traditionelle Garnstärken für besonders feine Häkelarbeiten

Garnstärke	empfohlene Nadelstärke
100	0,60
80	0,60
70	0,70
60	0,75
50	1,00/0,75
40	1,25/1,00
30	1,25
20	1,50/1,25

Garnstärken für Wohnaccessoires

Garnstärke	empfohlene Nadelstärke
20	1,75/1,50
10	1,75

Garnstärken für Kleidung

Garnstärke	empfohlene Nadelstärke
20	2,00/1,75 (aber auch 2,50)
10	2,50/2,00

Dickere Garne für Wohnaccessoires, Spezialeffekte und Kleidung

Garnstärke	empfohlene Nadelstärke
8	1,75 (Wohnaccessoires); 2,5 (Kleidung)
5	1,75/2,00 (Wohnaccessoires); 3,0 (Kleidung)
3	2,00/2,50 (Wohnaccessoires); 3,5/3,0 (Kleidung)

KREISE UND MOTIVE

Beginn in der Mitte

Viele Formen können im Zentrum begonnen werden – das wohl bekannteste ist das gute alte Häkelquadrat aus Wollresten, das dann mit vielen anderen seiner Art zu Decken und Kissen zusammengesetzt wird (Anleitung siehe S. 108). Wenn Sie von einem zentralen Punkt aus zu häkeln anfangen, müssen Sie darauf achten, dass das Motiv flach bleibt. Deshalb sollten Sie einige Hinweise befolgen:

- Der untere Teil einer Masche kann im Gegensatz zum oberen, Kettenglied-artigen Teil zusammengedrückt werden. Der Versuch, eine Masche oben zu verkleinern, ohne die ganze Masche zu verkleinern, ist sinnlos und führt zu einer Becherform.
- Die Oberkante, nicht der untere Teil der Masche bestimmt den Kreisumfang. Wenn Sie also überprüfen wollen, ob ein von der Mitte nach außen gehäkeltes Motiv flach liegt, müssen Sie die Außenkante betrachten.
- Die Zahl der Zunahmen pro Runde hängt von der Maschenhöhe ab. Eine Runde ist eine Reihe, die so lange gehäkelt wird, bis sie auf ihren eigenen Anfang trifft. Feste Maschen beispielsweise erfordern nur sechs Zunahmen pro Runde, Doppelstäbchen hingegen 24.
- Um einen perfekten Kreis zu erhalten, sollten Sie nicht in jeder Runde an derselben Stelle zunehmen. Wenn die Zunahmen direkt übereinander platziert werden, entstehen an den betreffenden Stellen Winkel, zwischen denen gerade Reihen liegen. Um das zu vermeiden, ordnen Sie die Zunahmen versetzt zu denen der jeweiligen Vorrunde an.
- Ein Kreis kann in ein Dreieck, Quadrat, Sechs- oder Achteck verwandelt werden, indem man die Zunahmepunkte in jeder Runde variiert.
- Wenn man aufgrund eines Musters die Maschenhöhe verändert, muss man auch die Zahl der Zunahmen anpassen (siehe Tabelle auf S. 103).
- Um den Rundenbeginn genau erkennen zu können, bringen Sie einen Faden in Kontrastfarbe, einen Markierungsring oder eine Sicherheitsnadel an der Verbindungsstelle der Vorrunde an.
- Falls Ihnen die Verbindungsstelle nicht gefällt, arbeiten Sie keine Kettmasche, sondern ziehen versuchsweise die Häkelnadel aus der Schlinge und stechen in die Masche ein. Die Nadel kann von vorn nach hinten oder von hinten nach vorn eingestochen werden. Holen Sie den Faden, und schließen Sie die Runde, indem Sie die Schlinge durchziehen. Wählen Sie die Verbindungsmethode, die bei Ihrem jeweiligen Modell am saubersten aussieht.
- Am besten arbeiten Sie eine Runde, schließen sie mit einer Kettmasche, häkeln die erforderliche Anzahl von Wende-Luftmaschen und wenden die Arbeit. Wenn Sie auf diese Weise hin-und-her-gehend arbeiten wie beim Häkeln in Reihen, bilden die Verbindungsstellen eine gerade Linie und wandern nicht nach links, wie das beim Häkeln in Runden leicht passiert. Übrigens besteht diese Gefahr auch bei schlauchförmigen Häkelarbeiten, die ohne Zunahmen von einer Luftmaschenkette aus in Runden gearbeitet werden.

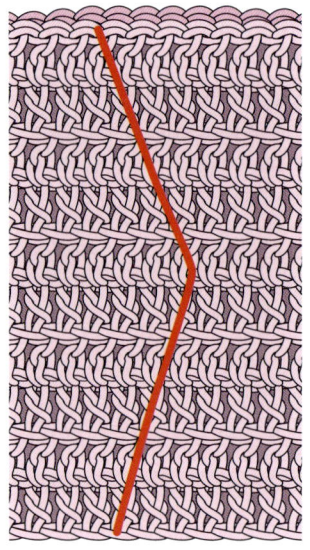 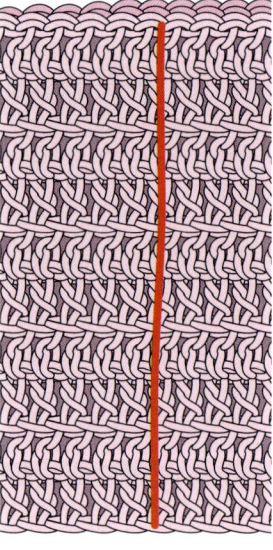

Wenn schlauchförmige Teile in Runden gehäkelt werden, „wandert" die Verbindungsstelle (links). Wird am Rundenende gewendet, passiert das nicht (rechts).

Kreise und Motive

So entstehen flache Kreise

Der folgenden Tabelle können Sie entnehmen, wie viele Zunahmen bei bestimmten Maschenarten notwendig sind, damit ein gehäkelter Kreis flach liegt. Egal wie groß der Kreis werden soll, die Zahl der Zunahmen pro Runde bleibt immer die gleiche: Man nimmt also in der 50. Runde ebenso oft zu wie in der ersten.

Vorgang	fM	hStb	Stb	DStb
Beginn mit	4 Lm	4 Lm	4 Lm	5 Lm
Lm-Ring schließen mit	1 Km	1 Km	1 Km	1 Km
Beginn der 1. Rd.	1 Lm	2 Lm	3 Lm	4 Lm
In den Lm-Ring häkeln	5 fM	7 hStb	11 Stb	23 DStb
1. Rd schließen mit	1 Km	1 Km	1 Km	1 Km
Wende-Lm	1 Lm	2 Lm	3 Lm	4 Lm
Wenden, 1 M in die Einstichstelle am Fuß der Wende-Lm arb., dann in jede M …	2 fM	2 hStb	2 Stb	2 DStb
= Zunahmen pro Runde	6 fM	8 hStb	12 Stb	24 DStb
Weiter pro Runde zunehmen	6 fM	8 hStb	12 Stb	24 DStb

So entsteht ein flaches Dreieck

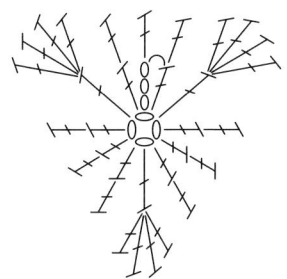

Teilen Sie die Zahl der Zunahmen pro Rd durch 3, und nehmen Sie nur an 3 Stellen zu. Bei fM bedeutet das 2 zusätzliche Maschen, sodass 3 fM in 1 M gehäkelt werden. Bei DStb müssen 8 zusätzliche M pro Zunahmestelle gehäkelt werden, also 9 DStb in 1 Einstichstelle.

So entsteht ein flaches Quadrat

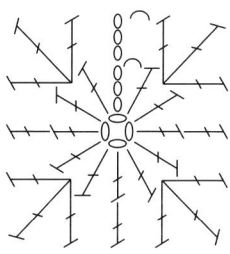

Für ein Quadrat müssen die notwendigen Zunahmen durch 4 geteilt werden. Beim Arbeiten in fM bedeutet das, dass nur in jeder 2. Rd zugenommen wird.

Kreise und Motive

Häufige Probleme und ihre Lösung

Beim Häkeln von Kreisen und Halbkreisen sollten Sie Folgendes beachten:

Problem: *Der Kreis ist schalenförmig geworden.*
• Achten Sie darauf, …
… die Maschen beim Einstechen nicht versehentlich in die Länge zu ziehen.
… die Maschen nicht zu fest anzuziehen, sodass der Kreis zusammengezogen wird.
… genügend Zunahmen pro Runde zu arbeiten.

Problem: *Halbkreise sind extrem schwierig zu arbeiten, denn meistens gelingt die Kante entlang des Durchmessers nicht gerade. Das beruht auf der Lage der Maschen: Ohne gegenüberliegenden Halbkreis entsteht kein Gegenzug, der die Maschen ausgleicht.*
• Die einzige Lösung besteht darin, ein Kreissegment zu häkeln, das geringfügig kleiner ist als ein Halbkreis.

Problem: *Wenn sich der Kreis kräuselt, statt flach zu liegen, umfasst er zu viele Maschen für den jeweiligen Umfang. (Denken Sie daran, dass für den Umfang von Kreisen die Oberkante der Maschen entscheidend ist.)*
• Es gibt 4 Möglichkeiten, das Problem zu lösen:
– weniger Zunahmen pro Runde,
– eine stärkere Häkelnadel für das Muster,
– Maschen verlängern, sodass der äußere Umfang weiter vom Zentrum entfernt ist,
– prüfen, ob nicht in einer Runde unabsichtlich weitere Zunahmen gearbeitet wurden.

Problem: *Die Mitte eines Kreises erscheint oft ausgebeult, wenn eine dichtere Arbeit in ein durchbrocheneres Muster übergeht.*
• Achten Sie darauf, dass die Luftmaschen im durchbrochenen Bereich weder zu fest (Arbeit beult aus) noch zu locker (Arbeit kräuselt sich) gehäkelt sind. Wenn nötig, wechseln Sie für diesen Teil des Musters die Häkelnadel.

Motive verbinden

Viele Menschen verzichten von vorneherein auf das Häkeln von Motiven, weil es ihnen vor dem Zusammennähen graust. Doch man kann sie auch einfach zusammenhäkeln.

Wenn man kleinere Kreismotive kombiniert, kann man jeden Kreis in der letzten Runde mit dem Nachbarmotiv verbinden. Diese Methode funktioniert jedoch nur, wenn die Kreise jeweils in den Lücken zwischen den Kreisen der Vorreihe liegen (siehe Abb. unten links). Wenn man Motive direkt über- und nebeneinander platzieren will, muss man normalerweise Füllmotive einfügen (siehe Abb. unten rechts). Das einfachste derartige Motiv ist ein Ring aus sechs Luftmaschen und einer Runde festen Maschen darum herum. Die Zahl der festen Maschen, die in den Ring gehäkelt werden, entspricht der Zahl der Verbindungsstellen. Von jeder festen Masche aus arbeiten Sie genügend Luftmaschen, um bei leichter Dehnung das nächste Motiv zu erreichen. Verbinden Sie Motiv und Luftmaschenkette mit einer Kettmasche, und häkeln Sie ebenso viele Luftmaschen zum Ring zurück. Arbeiten Sie eine Kettmasche, und wiederholen Sie den Vorgang, bis alle Verbindungsluftmaschen vollendet sind. Die Zahl dieser Luftmaschen hängt vom Raum zwischen den senkrechten und waagerechten Reihen und den Motiven ab.

Motive mit geraden Kanten, etwa Dreiecke und Quadrate, können in der letzten Runde oder Reihe (rechte Seite) mit Krebsmaschen verbunden werden.

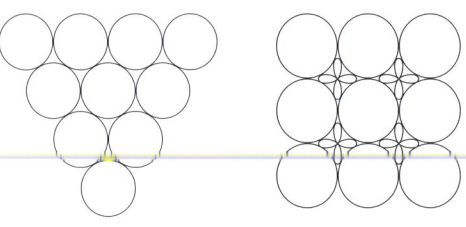

Zwei Möglichkeiten, Motive zusammenzufügen

Mustersammlung

Viele der Motive aus diesem Teil der Mustersammlung können zur Zierde auf Gebrauchsgegenstände oder Kleidungsstücke appliziert werden.

Spitzendreieck

5 Lm anschl. und mit 1 Km zum Ring schließen.
1. Runde: 1 Lm, 11 hStb in den Lm-Ring, 1 Km in die Anfangs-Lm.
2. Runde: 10 Lm, 1 hStb üb-spr.; ★1 Stb, 3 Lm, 1 hStb üb-spr., 1 Stb, 7 Lm, 1 hStb üb-spr.; ab ★ 1 x wdh.; 1 Stb, 3 Lm, das letzte hStb üb-spr., 1 Km in die 3. der 10 Lm.
3. Runde: 3 Lm, (3 Stb, 7 Lm, 4 Stb) in den nächsten 7-Lm-ZR; ★ 3 Stb in den nächsten 3-Lm-ZR, (4 Stb, 7 Lm, 4 Stb) in den nächsten 7-Lm-ZR; ab ★ 1 x wdh.; 3 Stb in den letzten 3-Lm-ZR, 1 Km in die oberste der 3 Lm.
4. Runde: Nach Häkelschrift weiterarb. Faden abschneiden und sichern.

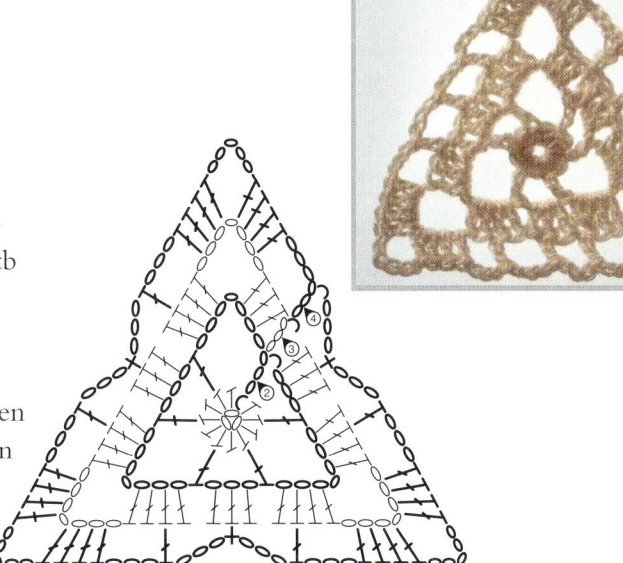

Wirbelrad

Dies ist ein traditionelles Kreismotiv in Häkelspitze.
8 Lm anschl. und mit 1 Km zum Ring schließen.
1. Runde: 8 Lm, 1 Km in die 6. Lm nach der Nadel; ★4 Stb in den Lm-Ring, 1 Pikot aus 5 Lm, die mit dem letzten Stb verbunden werden; ab ★ noch 6 x wdh., 3 Stb in den Ring, 1 Km in die 3. der 8 Lm am Rd-Beginn (= 8 Pikots).
2. Runde: Je 1 Km in die nächsten 2 Lm, 3 Lm, (1 Stb, 2 Lm, 2 Stb) in dasselbe Pikot; ★4 Lm, (2 Stb, 2 Lm, 2 Stb) ins nächste Pikot; ab ★ noch 6 x wdh.; 4 Lm, 1 Km in die oberste der 3 Lm.
3. Runde: Je 1 Km ins nächste Stb und in den nächsten Lm-ZR, 3 Lm, (1 Stb, 2 Lm, 2 Stb) in denselben ZR, ★6 Lm, 4 Lm üb-spr., (2 Stb, 2 Lm, 2 Stb) in den nächsten ZR; ab ★ noch 6 x wdh; 6 Lm, 4 Lm üb-spr., 1 Km in die oberste der 3 Lm. Nach Häkelschrift weiterarb. Nach Beendigung der 5. Rd Faden abschneiden und sichern.

KREISE UND MOTIVE

Kleines Juwel (dreifarbig)

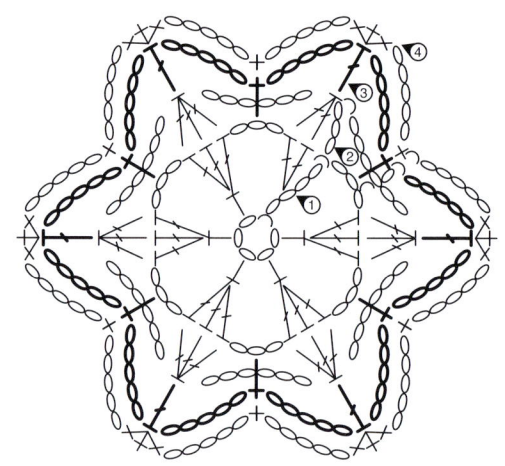

5 Lm in Fb A anschl. und mit 1 Km zum Ring schließen.

1. Runde: 4 Lm, 2 Stb in die 4. Lm nach der Nadel; *3 Lm, 1 DStb in den Ring, 2 Stb in den Fuß des eben gehäkelten DStb; ab * noch 4 x wdh.; 3 Lm, 1 Km in die oberste der 4 Lm.

2. Runde: 3 Lm, 2 Stb zus. abm. über den nächsten 2 Stb; *6 Lm, 3 Lm üb-spr., 3 Stb zus. abm. über den nächsten 3 M; ab * noch 5 x wdh., dabei beim letzten Mal statt der 3 zus. abgem. Stb enden mit 1 Km in die 1. Stb-Gruppe. Faden abschneiden und sichern.

3. Runde: Fb B in der Mitte des 3-Lm-ZR der 1. Rd anschlingen und in dieser Rd jeweils die 6 Lm der 2. Rd mit umhäkeln; 1 Lm, 1 fM in dieselbe Einstichstelle wie die Lm; *5 Lm, 1 Stb in die Spitze der nächsten Stb-Gruppe, 5 Lm, 1 fM in den 3-Lm-Bogen der 1. Rd; ab * noch 5 x wdh., dabei die letzte fM ersetzen durch 1 Km in die 1. fM. Faden abschneiden und sichern.

4. Runde: Nach Häkelschrift in Fb C arb., dann Faden abschneiden und sichern.

Wasserrad

4 Lm anschl. und mit 1 Km zum Ring schließen.

1. Runde: 3 Lm, 1 Stb in den Ring; *2 Lm, 2 Stb in den Ring; ab * noch 5 x wdh; 2 Lm, 1 Km in die oberste Lm des Rd-Beginns.

2. Runde: 3 Lm, 2 Stb in dieselbe Einstichstelle, 1 Stb; *3 Lm, 2 Lm üb-spr., 3 Stb ins nächste Stb, 1 Stb; ab * noch 4 x wdh.; 3 Lm, 2 Lm üb-spr., 1 Km in die oberste der 3 Lm (= 6 Lm-Bogen).

3. Runde: 3 Lm, 2 Stb in dieselbe Einstichstelle,

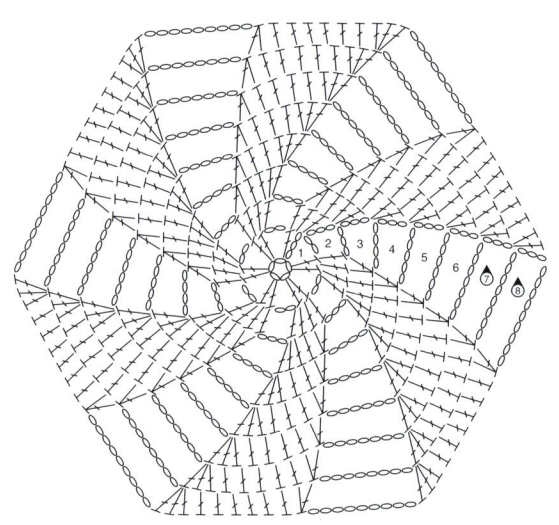

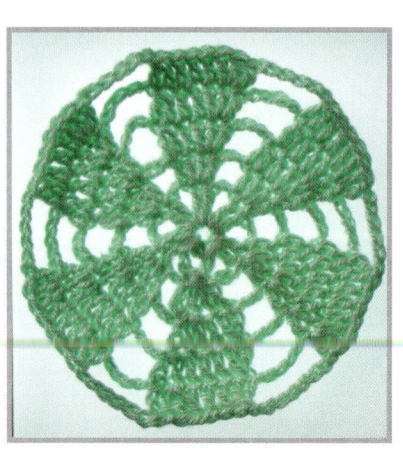

1 Stb, 2 Stb zus. abm. über den nächsten 2 M; *4 Lm, 3 Lm üb-spr., 3 Stb ins nächste Stb, 1 Stb, 2 Stb zus. abm.; ab * noch 4 x wdh.; 4 Lm, 3 Lm üb-spr., 1 Km in die oberste Lm am Rd-Beginn.

4. – 8. Runde: Nach Häkelschrift weiterarb.

Nach Beendigung der 8. Rd Faden abschneiden und sichern.

KREISE UND MOTIVE

Mehrfarbiges Sechseck

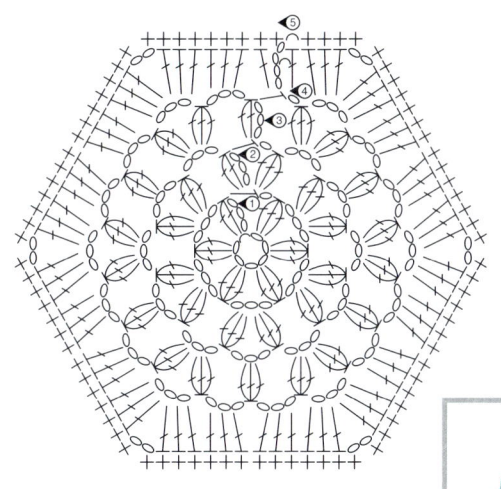

5 Lm anschl. und mit 1 Km zum Ring schließen.
1. Runde: 3 Lm, 2 Stb in den Ring, 1 Lm; ★3 Stb, 1 Lm; ab ★ noch 4 x wdh.; 1 Km in die oberste der 3 Lm. Faden abschneiden und sichern.
2. Runde: Neue Fb in einem 1-Lm-ZR anschlingen, 3 Lm, 2 Stb in denselben ZR, 3 Lm; ★3 Stb in den nächsten ZR, 3 Lm; ab ★ fortlfd. wdh. bis Rd-Ende; 1 Km in die oberste der 3 Lm. Faden abschneiden und sichern.
3. Runde: Neue Fb (oder 1. Fb) in einem 3-Lm-ZR anschlingen, 3 Lm, (2 Stb, 1 Lm, 3 Stb) in denselben ZR, 1 Lm; ★(3 Stb, 1 Lm, 3 Stb) in den nächsten ZR, 1 Lm; ab ★ fortlfd. wdh. bis Rd-Ende; 1 Km in die oberste der 3 Lm. Faden abschneiden und sichern. Nach Häkelschrift weiterarb. und nach Beendigung der 4. Rd Faden abschneiden und sichern.

Blütenquadrat

Spezielle Abkürzung
2 DStb zus. abm. = 2 Doppelstäbchen zusammen abmaschen: 1. DStb arb., bis 2 Schlingen übrig bleiben, 2 U, Nadel in die M einstechen, 1 U, Faden durchziehen (= 4 Schlingen auf der Nadel), 2 x (1 U, Faden durch 2 Schlingen ziehen), 2 U, in die M einstechen, 1 U, Faden durchziehen (= 5 Schlingen auf der Nadel), 2 x (1 U, Faden durch 2 Schlingen ziehen) (= 3 Schlingen auf der Nadel), 1 U, Faden durch alle 3 Schlingen ziehen.

12 Lm anschl. und mit 1 Km zum Ring schließen.
1. Runde: 1 Lm, 31 fM in den Ring, Rd mit 1 Km schließen.
2. Runde: 4 Lm, 3 Stb üb-spr.; ★(1 Stb, 4 Lm, 1 Stb) in die nächste M, 3 Lm, 3 fM üb-spr., 1 hStb, 3 Lm, 3 fM üb-spr.; ab ★ noch

3 x wdh., dabei das letzte hStb weglassen; 3 Stb, 3 fM, 1 Km in die 3. der 4 Lm am Rd-Beginn.
3. Runde: 4 Lm; ★(4 Stb, 3 Lm, 4 Stb) in den 4-Lm-ZR, 2 Lm, 1 fM in das hStb, 2 Lm; ab ★ noch 3 x wdh., dabei die letzten 2 Lm weglassen; 1 fM, 2 Lm, 1 Km in die 2. der 4 Lm am Rd-Beginn.
Nach Häkelschrift weiterarb. und nach Beendigung der 5. Rd Faden abschneiden und sichern.

Kreise und Motive

Flämisches Motiv

Spezielle Abkürzung
2 fM zus. abm. = 2 feste M zusammen abmaschen: Nadel unter dem Lm-Bogen einstechen, 1 U, Faden zur Vorderseite durchziehen, Nadel unter dem nächsten Lm-Bogen einstechen, 1 U, Faden zur Vorderseite durchziehen, 1 U, Faden durch alle 3 Schlingen auf der Nadel ziehen.
8 Lm anschl. und mit 1 Km zum Ring schließen.
1. Runde: 1 Lm, 16 fM in den Ring, 1 Km in die 1. fM (= 16 M). Nach der Häkelschrift weiterarb. und nach Beendigung der 3. Rd Faden abschneiden und sichern.

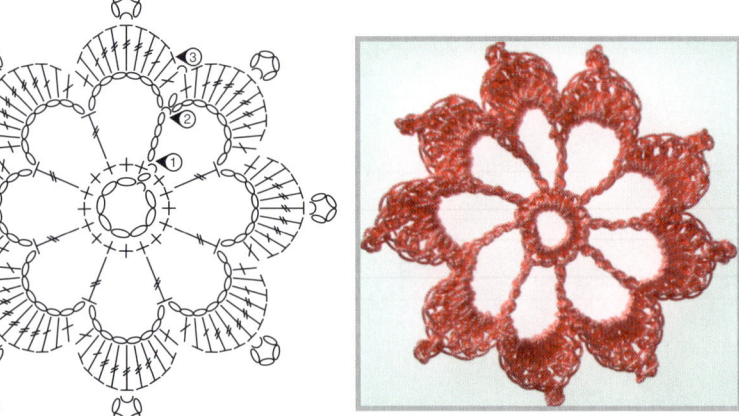

Kleine Blüte

8 Lm anschl. und mit 1 Km zum Ring schließen.
1. Runde: 4 Lm, 2 DStb zus. abm. in den Ring; ★6 Lm, 3 DStb zus. abm. in den Ring; ab ★ noch 6 x wdh.; 6 Lm, durch 1 Km mit der Spitze der 1. DStb-Gruppe verbinden.
2. Runde: Nach Häkelschrift arb., anschließend Faden abschneiden und sichern.

Omas Quadrat

4 Lm in Fb A anschl. und mit 1 Km zum Ring schließen.
1. Runde: 3 Lm, 2 Stb in den Ring; ★1 Lm, 3 Stb; ab ★ noch 2 x wdh; 1 Lm, Rd mit 1 Km in die 3. der 4 Lm am Rd-Beginn schließen. Fb A abschneiden und sichern.
2. Runde: Fb B in einem Lm-ZR anschlingen; 3 Lm, (2 Stb, 1 Lm, 3 Stb) in diesen ZR, 1 Lm; ★(3 Stb, 1 Lm, 3 Stb) in den nächsten ZR, 1 Lm; ab ★ noch 2 x wdh.; Rd schließen mit 1 Km in die 3. der 3 Lm. Fb B abschneiden.
Nach Häkelschrift weiterarb. und abschließend Faden abschneiden und sichern.

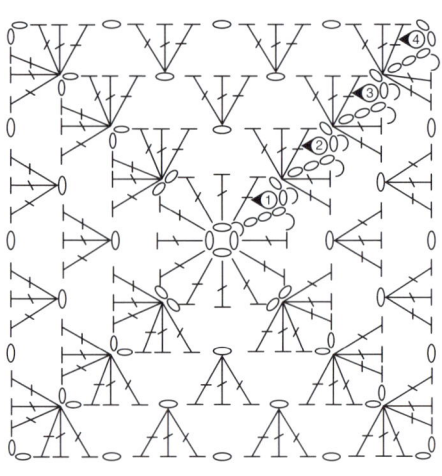

12. Projekt: Hüte und Taschen

Die leichten Hüte und Taschen sind genau das Richtige für den Sommer – und Sie können dabei zeigen, was Sie in diesem Kapitel so alles gelernt haben.

Hüte

Material

Je Hut 100 g *Coats Eldorado* (LL 265 m/50 g) in Blassrosa (Fb 4201) oder Grau (Fb 4212)
Häkelnadel Nr. 2,5

Größe

Einheitsgröße, passend für durchschnittlichen Kopfumfang

Maschenprobe   12 M/6 R = 5 x 5 cm

Anleitung

Stets mit zwei Fäden zugleich häkeln. Es ist nicht schwierig, die Fäden zweier Knäuel gemeinsam zu verarbeiten, sodass sie nicht zuvor verzwirnt werden müssen. Die Arbeit wird nach jeder Runde gewendet.

Damenhut

3 Lm anschl. (der Laufknoten muss sich am kurzen Ende festziehen lassen).
1. Runde: 11 Stb in die oberste Schlinge der 1. Lm (= Laufknoten), Laufknoten festziehen und nach 1 oder 2 Rd sichern; 1 Km in die 3. Lm zum Schließen der Rd; 3 Lm, wenden.
2. Runde: 1 Stb in dieselbe Einstichstelle wie die Wende-Lm; *2 Stb in die nächste M; ab * fortlfd. wdh. bis Rd-Ende; 1 Km in die oberste Wende-Lm, 3 Lm, wenden (= 24 M).
3. Runde: *2 Stb in die nächste M, 1 Stb; ab * fortlfd. wdh. bis zur letzten M; 2 Stb in die letzte M, Rd mit 1 Km in die oberste Wende-Lm schließen; 3 Lm, wenden (= 36 M).
4. Runde: 1 Stb in dieselbe Einstichstelle wie die Wende-Lm, 2 Stb; *2 Stb in die nächste M, 2 Stb; ab * fortlfd. wdh. bis Rd-Ende; Rd mit 1 Km in die oberste Wende-Lm schließen; 5 Lm, wenden (= 48 M).
5. Runde: *2 Dreifach-Stb in die nächste M, 1 Dreifach-Stb; ab * fortlfd. wdh. bis Rd-Ende; Rd schließen mit 1 Km in die oberste Wende-Lm; 3 Lm, wenden (= 96 M).
6. Runde: 3 Stb; *2 Stb in die nächste M, 6 Stb; ab * fortlfd. wdh. bis zu den letzten 2 M; 2 Stb, Rd schließen mit 1 Km in die oberste Wende-Lm; 3 Lm, wenden (= 108 M).
Weitere 4 Rd arb., dabei jeweils 12 M gleichmäßig verteilt zun., damit ein Kreis entsteht (= 156 M).
11. Runde: 2 Lm (= mit den Wende-Lm 5 Lm), 1 Dreifach-Stb in jede M bis Rd-Ende; 3 Lm, wenden (= 156 M).
12. Runde: 1 Stb in dieselbe Einstichstelle wie die Wende-Lm; *35 Stb, 2 Stb in die nächste M; ab * 2 x wdh.; 35 Stb, Rd schließen mit 1 Km in die oberste Wende-Lm; 3 Lm, wenden. (= 160 M).
Weitere 3 Stb-Rd arb., dann 1 Rd Dreifach-Stb und 2 Rd Stb ohne Zunahmen arb.
19. Runde: 1 Stb in dieselbe Einstichstelle wie die Wende-Lm; *36 Stb, 2 Stb in die nächste M; ab * noch 2 x wdh.; 36 Stb, Rd schließen mit 1 Km in die oberste Wende-Lm; 3 Lm, wenden (= 164 M).
20. Runde: 1 Stb in dieselbe Einstichstelle wie die Wende-Lm; *37 Stb, 2 Stb in die nächste M; ab * noch 2 x wdh; 37 Stb, Rd schließen mit 1 Km in die oberste Wende-Lm; 3 Lm, wenden (= 168 M).
21. Runde: 1 Stb in dieselbe Einstichstelle wie die Wende-Lm; *38 Stb, 2 Stb in die nächste M; ab * noch 2 x wdh., 38 Stb, Rd schließen mit 1 Km in die oberste Wende-Lm; 3 Lm, wenden (= 172 M).
22. Runde: 1 Stb in dieselbe Einstichstelle wie die Wende-Lm; 39 Stb, 2 Stb in die nächste M; ab * noch 2 x wdh.; 39 Stb, Rd mit 1 Km in die oberste Wende-Lm schließen; 3 Lm, wenden (= 176 M).
Weitere 5 Stb-Rd ohne Zunahmen arb. Faden abschneiden, sichern und die Enden sauber vernähen.

Kinderhut

Wie den Damenhut arb. bis einschließlich 6. Rd. Anschließend noch 1 Rd arb., dabei 12 M gleichmäßig verteilt zunehmen, damit ein Kreis entsteht (= 120 M).
8. Runde: Stb bis Rd-Ende ohne Zunahmen häkeln; 3 Lm, wenden.

9. Runde: 2 Lm (also insgesamt 5 Lm), 1 Dreifach-Stb in jede M bis Rd-Ende; 3 Lm, wenden (= 120 M).
10. Runde: Stb bis Rd-Ende ohne Zunahmen häkeln; 3 Lm, wenden.
11. Runde: 1 Stb in dieselbe Einstichstelle wie die Wende-Lm; ★29 Stb, 2 Stb in die nächste M; ab ★ noch 2 x wdh.; 29 Stb, Rd schließen mit 1 Km in die oberste Wende-Lm; 3 Lm, wenden (= 124 M).
12. Runde: 1 Stb in dieselbe Einstichstelle wie die Wende-Lm; ★30 Stb, 2 Stb in die nächste M; ab ★ noch 2 x wdh.; 30 Stb, Rd mit 1 Km in die oberste Wende-Lm schließen; 3 Lm, wenden (= 128 M).
13. Runde: 1 Stb in dieselbe Einstichstelle wie die Wende-Lm, 31 Stb, 2 Stb in die nächste M; ab ★ noch 2 x wdh; 31 Stb, Rd schließen mit 1 Km in die oberste Wende-Lm, 3 Lm, wenden (= 132 M).
14. Runde: 1 Stb in dieselbe Einstichstelle wie die Wende-Lm; ★32 Stb, 2 Stb in die nächste M; ab ★ noch 2 x wdh.; 32 Stb, Rd schließen mit 1 Km in die oberste Wende-Lm; 3 Lm, wenden (= 136 M). Weitere 8 Stb-Rd ohne Zunahmen arb. Faden abschneiden, sichern und sauber vernähen.

Taschen

Material

Für die große Tasche 300 g *Coats Eldorado* (LL 265 m/ 50 g) in Burgunderrot (Fb 4321).
Für die Kindertasche 200 g *Coats Eldorado* in Pink (Fb 4202); 2,5 m Seil oder Wäscheleine für die große Tasche, 1 m Seil oder Wäscheleine für die Kindertasche; Häkelnadel Nr. 2,5

Größe

Große Tasche: 25 cm Durchmesser; 30 cm Höhe
Kindertasche: 12,5 cm Durchmesser; 16,5 cm Höhe

Maschenprobe 12 M/6 R = 5 x 5 cm

Anleitung

Wie bei den Hüten mit zwei Knäueln gleichzeitig arbeiten. Das Häkeln mit zwei Fäden zugleich ist einfach; die beiden Fäden müssen nicht zuvor verzwirnt werden. Die Arbeit wird nicht nach jeder Runde gewendet!

Große Tasche

3 Lm anschl. (der Laufknoten muss sich am kurzen Ende festziehen lassen).
1. Runde: 11 Stb in die oberste Schlinge der 1. Lm (= Laufknoten), Laufknoten festziehen und nach 1 oder 2 Rd sichern; 1 Km in die 3. Lm zum Schließen der Rd; 2 Lm (= 11 M). Arbeit nicht wenden.
2. Runde: ★2 Stb in den ZR zwischen den Stb; ab ★ fortlfd. wdh. bis Rd-Ende, 1 Km in die oberste Wende-Lm (= 21 M). Auf diese Weise bis einschließlich 17. Rd 10 M pro Rd zun. (= 171 M).
Nächste Runde: fM häkeln bis Rd-Ende, 1 Lm, wenden. ★★9 Rd Stb (auf Lücke, also jedes Stb zwischen 2 Stb der Vor-Rd) ohne Zunahmen arb., die letzte Rd mit 1 Lm beenden. 2 Rd. fM arb. Ab ★★ noch 2 x wdh. 1 Rd Stb (auf Lücke) arb., dann weitere 4 Rd arb., in denen jeweils 4 M pro Rd gleichmäßig verteilt abgenommen werden. Weitere 2 Rd ohne Zu- und Abnahmen arb., dann Faden abschneiden und sichern.
Für jeden **Henkel** 8 Lm anschl.
1. Reihe: 1 fM in die 3. Lm nach der Nadel, 1 fM in jede Lm bis R-Ende; 1 Lm, wenden (= 6 M).
2. Reihe: fM häkeln bis R-Ende; 1 Lm, wenden.
Die 2. R noch 130 x wdh. Seil oder Wäscheleine halbieren und doppelt legen. Das doppelt gelegte Seil zwischen das längs gefaltete Häkelteil legen (4 – 6 R frei lassen), und die Längskanten zusammennähen oder mit fM zusammenhäkeln. Die flachen Enden fest an der Tasche annähen. Den zweiten Henkel genauso arb.

Kindertasche

Bis einschließlich 9. Rd arb. wie die große Tasche (= 91 M). ★★5 Rd Stb (auf Lücke) ohne Zunahmen arb., die letzte Rd mit 1 Lm beenden.
Nächste Runde: 1 fM in jede M bis Rd-Ende; 1 Lm, wenden. Noch 1 Rd fM arb., enden mit 2 Lm, wenden. Ab ★★ noch 2 x wdh. 1 Rd Stb (auf Lücke) arb. und in den nächsten 4 Stb-Rd jeweils 4 M pro Rd gleichmäßig verteilt abn. (= 71 M). 2 Rd fM arb., dann Faden abschneiden und sichern.
Für jeden **Henkel** 13 Lm anschl.
1. Reihe: 1 fM in die 3. Lm nach der Nadel, 1 fM in jede Lm bis R-Ende; 1 Lm, wenden (= 12 M).
2. Reihe: fM bis R-Ende; 1 Lm, wenden.
Die 2. R noch 60 x wdh.
Henkel fertig stellen, wie bei der großen Tasche beschrieben. Beide Henkel gleich arb. und an die Tasche nähen.

KREISE UND MOTIVE

13. Projekt: Motivkissen

Dieses dekorative Kissen besteht aus 16 dreifarbigen Motiven, die während des Häkelns zu Reihen verbunden werden. Wählen Sie die Farben passend zu Ihrer Einrichtung aus.

Material

150 g *Coats Lyric* 8/8 (LL 70 m/50 g) für die Kissen-Rückseite
Je 50 g *Coats Lyric* 8/8 in Weiß, Flieder, Zartrosa, Rosa, Mittelgrün, Dunkelgrün, Türkis, Hellblau, Dunkelblau, Orange und Rot
Häkelnadeln Nr. 4 und 4,5
Kissenfüllung, 45 x 45 cm

Größe

40 x 40 cm

Maschenprobe

Jedes Motiv ist 10 x 10 cm groß.

Spezielle Abkürzungen

A = Farbe im Zentrum des Motivs
B = Farbe rund um das Zentrum
C = Farbe am Rand des Motivs

Anleitung

Damit beide Seiten wirklich gleich groß werden, sollten Sie die Vorderseite zuerst arbeiten. Halten Sie sich genau an die Anleitung, um die verschiedenen Motive in der richtigen Reihenfolge zu häkeln.

1. Motiv (Eckmotiv)

5 Lm in Fb A mit Häkelnadel Nr. 4,5 anschl. und mit 1 Km zum Ring schließen.
1. Runde: 4 Lm, 7 x (1 hStb, 2 Lm), 1 Km in die 2. der 4 Lm. Faden abschneiden und sichern.
2. Runde: Fb B in einem 2-Lm-ZR anschlingen, 3 Lm, 3 Stb zus. abm. in 1 ZR; *4 Lm, 4 Stb zus. abm. im nächsten ZR; ab * fortlfd. wdh. bis Rd-Ende; 4 Lm, 1 Km in die oberste der 3 Lm. Faden abschneiden und sichern.
3. Runde: Fb C in einer der Bm anschlingen, 1 Lm, 1 fM in den ZR; *2 Lm, 1 Stb in das hStb der 1. Rd (dabei den 4-Lm-Bogen der 2. Rd umfassen), 2 Lm, 1 fM in die nächste Bm; ab * fortlfd. wdh. bis Rd-Ende, statt der letzten fM 1 Km in die 1. fM.
4. Runde: 1 Km in den nächsten Lm-ZR, 1 Lm, 1 fM in denselben ZR, 3 Lm; *1 fM in den nächsten ZR, 3 Lm; ab * fortlfd. wdh. bis Rd-Ende; 1 Km in die 1. fM.
5. Runde: 1 Km in den nächsten Lm-ZR, (3 Lm, 1 Stb, 2 Lm, 2 Stb) in denselben ZR; *2 Lm, 2 x (1 fM in den nächsten ZR, 3 Lm), 2 Lm, (2 Stb, 2 Lm, 2 Stb) in den nächsten ZR **; ab * noch 2 x wdh.; 2 Lm, 2 x (1 fM in den nächsten ZR, 3 Lm), 2 Lm, 1 Km in die oberste der 3 Lm. Faden abschneiden und sichern.

2. Motiv
(an einer Seite mit dem Nachbarmotiv verbunden)

1. – 4. Rd arb. wie beim 1. Motiv.
5. Runde: 1 Km in den nächsten ZR, (3 Lm, 1 Stb, 1 Lm, 1 Km) in den 2-Lm-ZR in der Ecke des 1. Motivs. (Achtung! Beide Motive müssen links auf links aufeinander liegen. Arbeiten Sie von der rechten Seite weiter.) 1 Lm, 2 Stb in denselben ZR des 2. Motivs, 2 Lm, 2 x (1 fM in den nächsten ZR, 1 Lm, 1 Km in den entsprechenden ZR des 1. Motivs, 1 Lm), 2 Lm, 2 Stb, 1 Lm, 1 Km in die nächste Ecke des 1. Motivs, 1 Lm, 2 Stb in denselben ZR des 2. Motivs; weiterhäkeln wie die 5. Rd des 1. Motivs ab **.
Das 2. Motiv noch 2 x arb. (= Grundreihe des Kissens).
*** Das 2. Motiv 1 x arb. und mit dem 1. Motiv der Grundreihe verbinden (= Beginn der nächsten Viererreihe von Motiven).

3. Motiv
(an zwei Seiten mit den Nachbarmotiven verbunden)

1. – 4. Rd arb. wie beim 1. Motiv.
5. Runde: 1 Km in den nächsten ZR, (3 Lm, 1 Stb, 1 Lm,

Kreise und Motive

1 Km) in den 2-Lm-ZR in der Ecke des vorhergehenden Motivs, 1 Lm, 2 Stb in denselben ZR des aktuellen Motivs, [2 Lm, 2 x (1 fM in den nächsten ZR, 1 Lm, 1 Km in den entsprechenden ZR des vorhergehenden Motivs, 1 Lm), 2 Lm], 2 Stb, 1 Lm, 1 Km in die nächste Ecke des vorhergehenden Motivs und damit gleichzeitig in den Eck-ZR des Motivs aus der darunter liegenden Reihe, 1 Lm, 2 Stb in denselben ZR des aktuellen Motivs; von [bis] noch 1 x wdh.; 2 Stb, 1 Lm, 1 Km in die nächste Ecke des vorhergehenden Motivs, 1 Lm, 2 Stb in denselben ZR des aktuellen Motivs; weiterhäkeln wie die 5. Rd des 1. Motivs ab ★★.
Ab ★★★ noch 2 x wdh. (= 4 Reihen à 4 Motive).

Kleine Blüte

3 Lm mit Häkelnadel Nr. 4 anschl. und darauf achten, dass der Laufknoten vom kurzen Ende des Fadens (nicht vom Knäuel her) zugezogen werden kann.
1. Runde: 5 fM in die oberste Schlinge der 1. Lm.
2. Runde: ★(1 fM, 1 Lm, 1 Stb, 1 Lm, 1 fM) in die nächste M; ab ★ noch 4 x wdh., 1 Km in die 1. fM. Faden abschneiden und sichern. Das Blütenzentrum am kurzen Fadenende zusammenziehen, Fäden vernähen.
8 weitere Motive in beliebigen Farben häkeln.
Die Blüten auf der Vorderseite des Kissens an den Verbindungsstellen annähen, an denen 4 Motive aufeinandertreffen.

Kissenrückseite

Die Rückseite des Kissens sollte 1 bis 2 cm kleiner sein als die Vorderseite.

> **EINFACHE VARIANTEN**
> *Sowohl das große als auch das kleine Motiv können als Verzierung verwendet werden. Arbeiten Sie mehrere Motive, und nähen Sie sie in beliebiger Anordnung auf eine Kissenhülle. Sie können das große Motiv abändern, indem Sie es nur bis zur 3. Runde arbeiten. Häkeln Sie eine zusätzliche Runde feste Maschen mit Pikots um das große Motiv. Zwei solcher Motive können Sie zu einem Duftkissen zusammennähen. (Lavendelblüten in einem Organza-Säckchen in das Kissen stecken.)*

Hinweis: Überprüfen Sie die Maschenzahl und die daraus resultierende Breite nach drei oder vier Reihen. Wenn Sie zu viele oder zu wenige Maschen haben, rechnen Sie aus, wie viele Maschen weniger oder mehr Sie brauchen, und fangen Sie mit einer entsprechenden Luftmaschenzahl neu an.

65 Lm mit Häkelnadel Nr. 4,5 anschl.
1. Reihe: 1 fM in die 3. Lm nach der Nadel, fM häkeln bis R-Ende; 3 Lm, wenden (= 64 M).
2. Reihe: Stb häkeln bis R-Ende; 1 Lm, wenden.
3. Reihe: fM häkeln bis R-Ende; 3 Lm, wenden.
Die 2. und 3. Reihe fortlfd. wdh., bis die Kissenrückseite so hoch ist wie die Vorderseite; mit einer fM-R enden.

Fertigstellung

Alle Fadenenden vernähen. Die Vorderseite auf die Rückseite nähen, dabei vor dem Schließen der letzten Naht die Kissenfüllung in die Hülle schieben.

14. Projekt: Blütenschmuck

Was Sie in diesem Kapitel gelernt haben, können Sie nun anwenden, um viele reizende Häkelblüten als Schmuck für Kleidung und Accessoires zu häkeln. Spielen Sie mit verschiedenen Garn- und Nadelstärken, um ein möglichst breites Spektrum unterschiedlicher Blüten anzufertigen.

Veilchen

Material

Reste von Baumwoll-Häkelgarn der Stärke 10 in Blasslila, Dunkellila und Gelb; Häkelnadel Nr. 1,5

Größe   1,5 cm Durchmesser

Anleitung

5 Lm mit Häkelnadel Nr. 1,5 in Dunkellila anschl. und mit 1 Km zum Ring schließen. In den Ring häkeln: ★4 Lm, 3 Dreifach-Stb, 4 Lm, 1 fM; ab ★ noch 4 x wdh. (= 5 Blütenblätter insgesamt). Faden abschneiden und sichern.

Deko-Idee

Häkeln Sie 9 weitere Veilchen – einige davon in Blasslila sowie manche mit 2 oder 3 Blütenblättern im blasseren Ton, den Rest in Dunkellila. Umhäkeln Sie einen mit Stoff bezogenen Haarreif mit halben Stäbchen in grünem Garn: Luftmaschenkette anschlagen, die länger ist als der Haarreif, und so viele Reihen arbeiten, dass die Oberseite des Haarreifs bedeckt wird. Häkelteil an der Unterseite des Haarreifs annähen, Enden einschlagen, Veilchen aufnähen.

Sonnenblume

Material

Reste von Baumwoll-Häkelgarn der Stärke 10 in Gelb und Braun
Häkelnadel Nr. 2

Größe

Große Blüte: 8 cm Durchmesser
Mittelgroße Blüte: 7 cm Durchmesser

Anleitung

Große Blüte
Durchwegs 2 Fäden gleichzeitig verhäkeln.
2 Lm in Braun anschl.
1. Runde (rechte Seite): 6 fM in die 2. Lm nach der Nadel, Rd schließen mit 1 Km; 1 Lm, wenden (= 6 fM).
2. Runde: 1 fM in dieselbe Einstichstelle; ★2 fM in die nächste fM, ab ★ fortlfd. wdh. bis Rd-Ende, Rd schließen mit 1 Km; 1 Lm, wenden (= 12 fM).
3. Runde: fM häkeln bis Rd-Ende (= 12 fM). Faden abschneiden und sichern, dabei ein langes Ende zum Annähen hängen lassen.
Für die **Blütenblätter** Faden in Gelb von rechts an 1 fM anschlingen und häkeln wie folgt: ★10 Lm, 1 Km in die 3. Lm nach der Nadel, 1 fM, 1 hStb, 3 Stb, 1 hStb, 1 fM, 1 Km in die nächste braune M; ab ★ noch 11 x wdh., 1 Km in die 1. der 8 Lm (= 12 Blütenblätter). Faden abschneiden und sichern, dabei ein langes Ende zum Annähen hängen lassen.

Mittelgroße Blüte
Durchwegs 2 Fäden gleichzeitig verhäkeln. 5 Lm in Braun anschl. und mit 1 Km zum Ring schließen.
1. Runde (rechte Seite): 7 fM in den Ring, Rd schließen mit 1 Km. Faden abschneiden und sichern, dabei ein langes Ende zum Annähen hängen lassen.
Für die **Blütenblätter** Faden in Gelb von rechts an 1 fM anschlingen und häkeln wie folgt: ★10 Lm, 1 Km in die 3. Lm nach der Nadel, 1 fM, 1 hStb, 3 Stb, 1 hStb, 1 fM, 1 Km in die nächste braune M; ab ★ noch 7 x wdh., 1 Km in die 1. der 8 Lm (= 8 Blütenblätter). Faden abschneiden und sichern, dabei ein langes Ende zum Annähen hängen lassen. Überflüssige Fadenenden sauber vernähen.

Stiefmütterchen

Material

Reste von Baumwoll-Häkelgarn der Stärke 10 in Pink und Schwarz
Häkelnadel Nr. 1,5

Größe

3,5 cm von der Kante des großen Blütenblatts bis zur Kante des mittelgroßen Blütenblatts

Anleitung

9 Lm in Schwarz anschl. und mit 1 Km zum Ring schließen.
Hinweis: In der 2. Rd werden jeweils alle M zwischen den eckigen Klammern in 1 ZR gearbeitet!
1. Runde: 3 Lm, 2 fM in den Ring, 4 x (7 Lm, 3 fM in den Ring), 7 Lm, 1 Km in die oberste der 3 Lm am Rd-Beginn. Faden abschneiden und sichern, langes Ende zum Annähen hängen lassen.
2. Runde: 3 Lm, 2 x (1 fM üb-spr., 1 fM, 15 Stb in den nächsten ZR, 1 fM), ★1 fM üb-spr., 1 Lm; [2 x (1 Stb, 1 Lm), 3 x (1 DStb, 1 Lm), 5 x (1 Dreifach-Stb, 1 Lm), 3 x (1 DStb, 1 Lm), 2 x (1 Stb, 1 Lm)] in den nächsten ZR, 1 fM, 1 Lm; ab ★ wdh., bis ein weiteres großes Blütenblatt fertig ist; Rd schließen mit 1 Km. Faden abschneiden und sichern, langes Fadenende zum Annähen hängen lassen. Überflüssige Fadenenden sauber vernähen.

Einfache Varianten

- *Kleiner werden die Blüten, wenn Sie Garn der Stärke 20 und eine Nadel Nr. 1,25 verwenden.*
- *Größere Blüten können Sie mit dickem Baumwollgarn (z.B. Coats Lyric 8/8) und einer Häkelnadel Nr. 2,5 häkeln.*

8. Kapitel

Filethäkelei

Die Häkelei nahm ihren Anfang als Imitation der verschiedenen Arten von Klöppel- und Nadelspitzen und wurde mit feinem Baumwollgarn und einem Tambourierhaken passender Größe gearbeitet. Beim Studium alter Anleitungen stellt man fest, dass viele Begriffe, mit denen die unterschiedlichen Häkeltechniken bezeichnet werden, auf Wörter für Spitzentechniken zurückgehen. Bisweilen trifft man sogar auf „Häkel-Frivolitäten" – ein Wort, das sich auf Schiffchenspitze bezieht. „Häkel-Frivolitäten" imitieren das Erscheinungsbild dieser Arbeit mit Häkelnadel und -maschen. In der Filethäkelei entstanden jedoch die meisten Modelle, denn diese Technik kopiert auf einfache Weise die Filetspitze und erfordert keine schriftliche Anleitung.

Durchbrochene Häkelarbeiten aus feinem Garn werden oft als „Häkelspitze" oder „Spitzenhäkelei" bezeichnet. Wenngleich derlei Modelle tatsächlich eine der traditionellen Spitzentechniken nachahmen, ist der Begriff dennoch nicht genau definiert.

Filethäkelei

Der Begriff „Filethäkelei" stammt aus der Mitte des 19. Jahrhunderts, als man begann, mit Häkelarbeiten Spitzen zu kopieren. Noch heute sind viele Modelle aus den 1840er-Jahren erhalten – schauen Sie nur einmal in das Museum oder in die Bibliothek Ihrer Heimatstadt! Filetspitze ist eine sehr glatte Spitze, die mit der Nadel gearbeitet wird. Die gehäkelte Kopie von Filetmustern ergibt in jeder Reihe eine Rippe, während die echten Filetarbeiten keinerlei Licht-und-Schatten-Wirkung zeigen. Ein Grund für die Beliebtheit der Filethäkelei ist die Tatsache, dass die Muster ganz einfach auf Karopapier aufgezeichnet werden können: Ein Kreuz entspricht einem ausgefüllten, ein weißes Quadrat einem leeren Feld. Das erleichtert das Entwerfen geometrischer Muster und Texte.

Die Maschen

Für den einfachen Gittergrund der Filethäkelei werden nur zwei Maschen benötigt: Luftmasche und Stäbchen. Sie bilden entweder ein ausgefülltes Musterkästchen oder ein leeres Gitterkästchen.

1 Musterkästchen (Mk) = 3 Stb pro Quadrat
1 Gitterkästchen (Gk) = 2 Lm, 1 Stb pro Quadrat

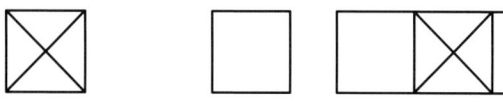

Muster- und Gitterkästchen

Dieselben Muster- und Gitterkästchen als Häkelschrift

Stäbchen über Stäbchen werden unter zwei Maschengliedern hindurch gearbeitet wie gewöhnlich. Wenn die Stäbchen jedoch über einem Gitterkästchen platziert werden, sticht man für die ersten zwei Stäbchen direkt in den Zwischenraum unter den Luftmaschen ein. Ganz selten kann es sinnvoll sein, die Stäbchen in die Luftmaschen statt in den Zwischenraum zu arbeiten; dies ist jedoch nicht der Normalfall.

Rohrstuhlgrund

Der gewöhnliche Gittergrund für Filetmuster ist ein Netz aus Quadraten, das durch die Abfolge von Gitterkästchen entsteht: immer zwei Luftmaschen, ein Stäbchen, wobei jedes Stäbchen direkt über einem Stäbchen der Vorreihe sitzt.

Jedes Element des Rohrstuhlgrundes erstreckt sich über zwei Kästchen des Karopapiers. Die Bogen erscheinen dabei wie Flügel, die waagerechten „Riegel" werden nicht eigens eingezeichnet.

1 „Riegel" = 5 Lm, 1 Stb (über 6 M, also 2 Quadrate); 1 Bogen = 3 Lm, 1 fM um den „Riegel" (= 5-Lm-ZR), 3 Lm, 1 Stb in das Stb der Vor-R.

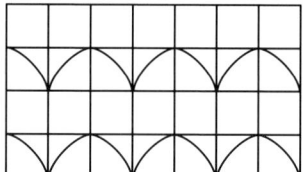

Rohrstuhlgrund als Zählmuster

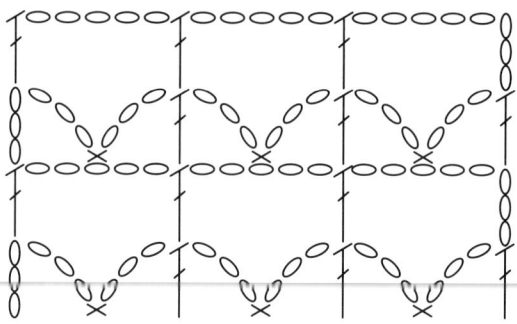

Derselbe Rohrstuhlgrund als Häkelschrift

Filethäkelei

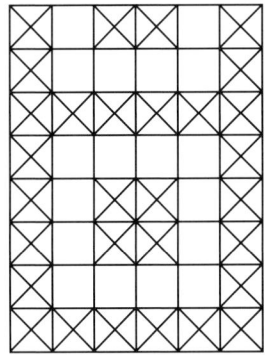
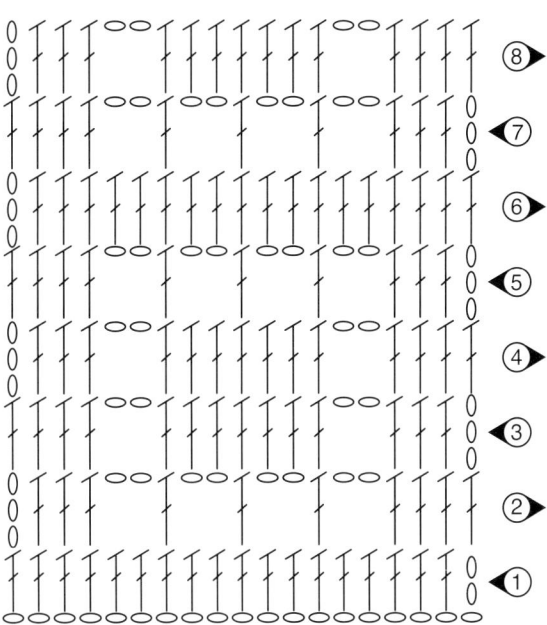

Diese beiden Abbildungen zeigen dasselbe Häkelmuster als Zählmuster (oben) und als Häkelschrift (rechts). Wie man sieht, benötigt das Zählmuster wesentlich weniger Platz und ist übersichtlicher.

Luftmaschenanschlag für Arbeiten in Filethäkelei berechnen

Beachten Sie die unten stehende Tabelle, um die notwendige Luftmaschenzahl für die Grundreihe Ihrer Häkelarbeit zu berechnen. Als Beispiel wird darin der Luftmaschenanschlag für eine Arbeit von sechs Kästchen Breite berechnet.

	Beispiel: Muster mit 6 Kästchen, 1. Kästchen = Mk	Beispiel: Muster mit 6 Kästchen, 1. Kästchen = Gk
Zahl der Quadrate mit 3 multiplizieren	18	18
Wende-Lm addieren	1	1
2 Lm addieren für Mk am R-Beginn	2	2
Weitere 2 Lm addieren für GK am R-Beginn		2
Summe der erforderlichen Lm	21	23

Wissenswertes zur Filethäkelei

Die Filethäkelei wird traditionell für Tischwäsche, Sesselschoner, Tablettdeckchen und ähnliche Accessoires für den Haushalt angewendet. Aus Baumwoll- oder glatten Mischgarnen lassen sich aber auch attraktive Kleidungsstücke arbeiten. Strukturierte Garne hingegen lenken oft vom Muster und vom beabsichtigten Effekt ab. Bevor Sie also ein ganzes Modell in Angriff nehmen, sollten Sie zuerst ein Probestück aus dem vorgesehenen Garn häkeln.

Einsätze

Einsätze sind gehäkelte Streifen, die normalerweise zwischen zwei Teile aus gewebtem Stoff genäht werden. Sie können aber auch als Blickfang in einer einfachen Häkelarbeit aus festen Maschen, Stäbchen oder ähnlichen Grundmaschen dienen. Die Seitenkanten von Einsätzen werden im Allgemeinen besonders glatt und gerade gearbeitet, um das Annähen zu erleichtern (siehe dazu S. 142).

Randspitzen

Im Unterschied zum Einsatz hat die Randspitze normalerweise nur eine gerade Kante. Randspitzen in Filethäkelei können in Zinnen-, Bogen- oder Zackenform ausgeführt werden.

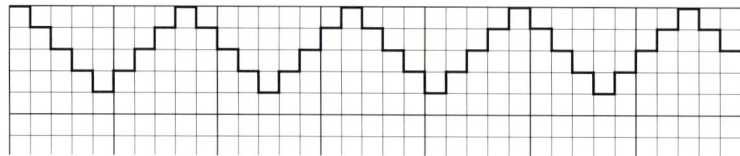

Zackenkante

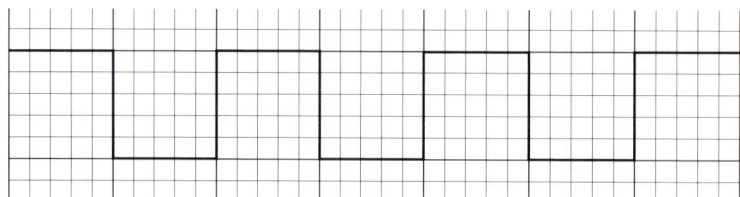

Zinnenkante

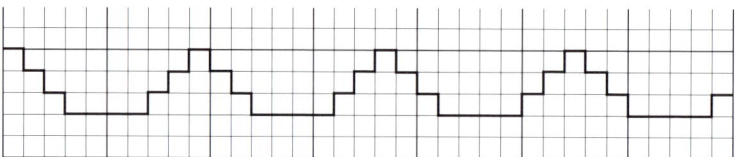

Bogenkante

Zu- und Abnahmen in der Filethäkelei

Anders als bei anderen Häkeltechniken ist es bei der Filethäkelei nicht möglich, durch Zu- und Abnahmen eine glatte Rundung zu gestalten, weil Zu- und Abnahmen Kästchen für Kästchen gearbeitet werden. Wenn eine Bogenkante also wirklich rund werden soll, muss man eine Abschlussreihe in festen Maschen mit Pikots oder eine andere dekorative Umrandung hinzufügen.

Zunahmen am Reihenbeginn

Am Reihenbeginn lassen sich in der Filethäkelei Maschen sehr einfach zunehmen: Am Ende der Vorreihe werden weitere Luftmaschen gehäkelt. Für ein Gitterkästchen häkelt man sieben Luftmaschen und arbeitet ein Stäbchen in die letzte Masche der Vorreihe. Wenn die Zunahme-Reihe mit einem Musterkästchen beginnt, werden fünf Luftmaschen benötigt; dann arbeitet man ein Stäbchen in die vierte Luftmasche nach der Nadel, ein Stäbchen in die nächste Luftmasche und häkelt anschließend über die Vorreihe weiter wie gewohnt.

Zunahmen am Reihenende

Zunahmen am Reihenende einer Filetarbeit sind hingegen etwas komplizierter, besonders dann, wenn

Dann arbeiten Sie ein Doppelstäbchen in das letzte Querglied des vorhergehenden Doppelstäbchens (siehe links unten). Häkeln Sie ein Stäbchen in das letzte Querglied des vorhergehenden Doppelstäb-

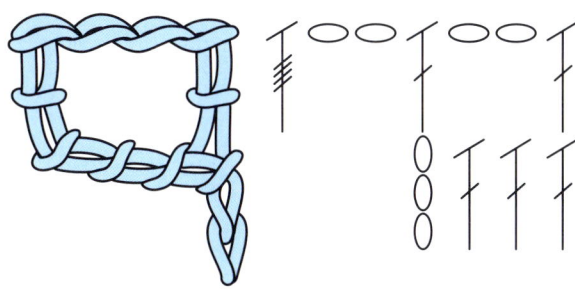

Zunahme mit einem Vierfach-Stäbchen

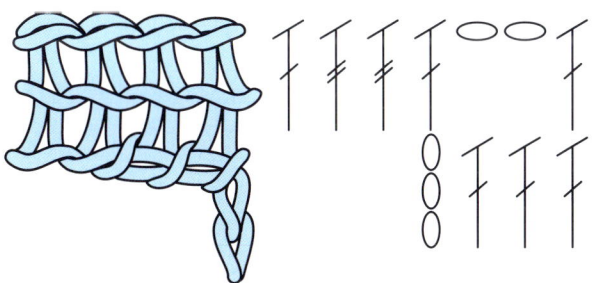

Zunahme mit einem Doppelstäbchen

beide Seiten symmetrisch ausfallen sollen. Arbeiten Sie dazu hohe Maschen.
Für ein Musterkästchen arbeiten Sie ein Doppelstäbchen in dieselbe Einstichstelle wie das letzte Stäbchen. In der letzten Masche muss ein Stäbchen platziert sein, sonst wäre das Filetmuster nicht vollständig.

chens, und Sie werden feststellen, dass das Doppelstäbchen nun ein Stäbchen und eine „Grundreihe" bildet, die den erforderlichen Luftmaschen entspricht. Die zwei Doppelstäbchen und das einfache Stäbchen ergeben drei Maschen für ein Musterkästchen. Für ein Gitterkästchen arbeiten Sie zwei Luftmaschen und ein Vierfachstäbchen in das letzte Stäbchen des letzten Kästchens. Das Vierfachstäbchen ist lang genug, um die drei Grund-Luftmaschen und ein Stäbchen zu ersetzen (siehe oben).

Abnahmen

Abnahmen am Reihenbeginn von Filetarbeiten sind nicht schwierig: Häkeln Sie einfach Kettmaschen bis zum nächsten Kästchen, und arbeiten Sie wie gewohnt weiter.

Ebenso einfach sind **Abnahmen am Reihenende**: Hören Sie einfach ein Kästchen vor dem Ende auf zu häkeln, und wenden Sie die Arbeit.

FILETHÄKELEI

Mustersammlung

*Alle Vorschläge in diesem Teil der Mustersammlung werden nach Zählmuster gehäkelt.
Um Ihnen die Arbeit zu erleichtern, sind die erforderlichen Luftmaschen für jedes Muster angegeben.
Die Muster „Versetzte Karos" und „Wellen im Hintergrund" können für größere Flächen verwendet
werden, während die übrigen Motive besser einzeln oder in Gruppen wirken.*

Kreuz des Südens

62 Lm anschl. und 1 Stb in die 8. Lm nach der Nadel arb. (= 19 Kästchen).

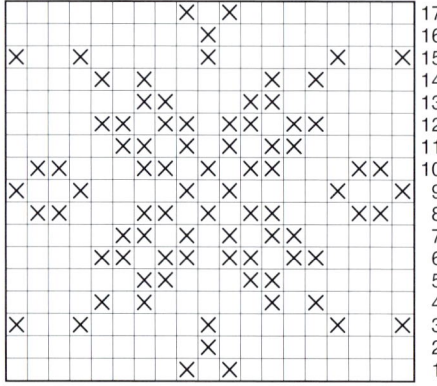
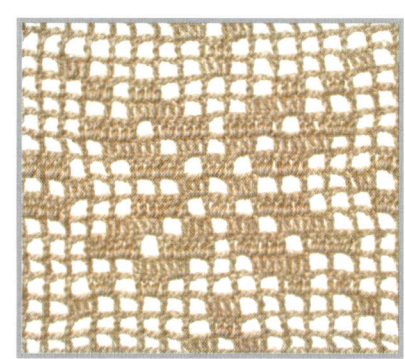

Versetzte Karos

54 Lm anschl. und 1 Stb in die 4. Lm nach der Nadel arb. (= 17 Kästchen).

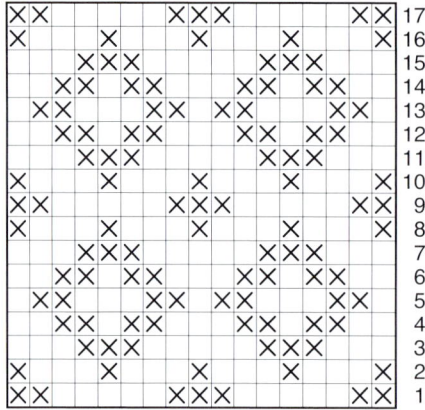
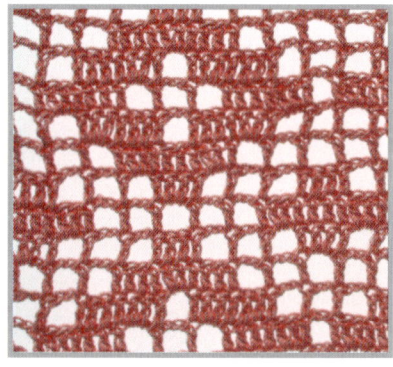

Wellen im Hintergrund

44 Lm anschl. und 1 Stb in die 8. Lm nach der Nadel arb. (= 13 Kästchen).

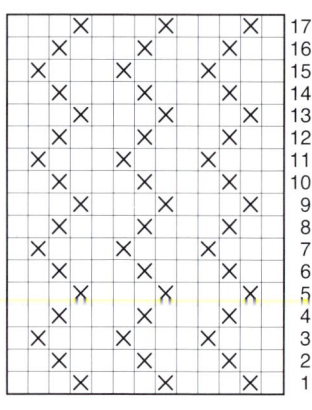
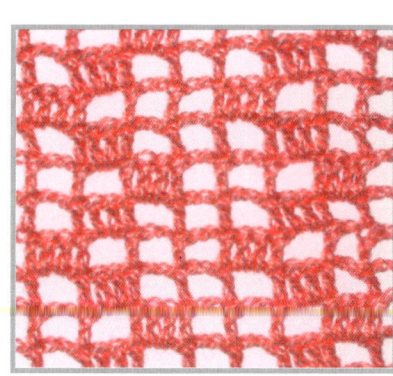

Unionsflagge

86 Lm anschl. und
1 Stb in die 8. Lm
nach der Nadel arb.
(= 21 Kästchen).

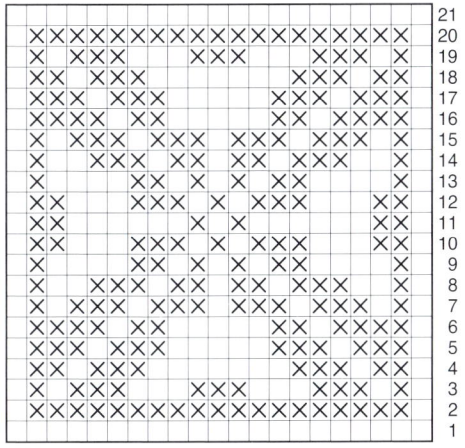
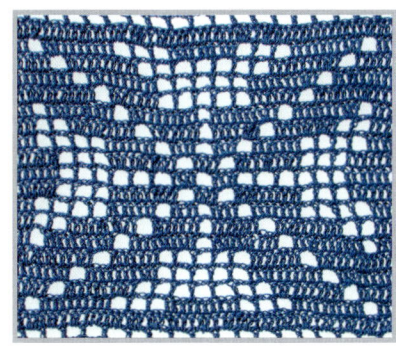

Schmetterling

98 Lm anschl. und
1 Stb in die 8. Lm
nach der Nadel
arb.
(= 31 Kästchen).

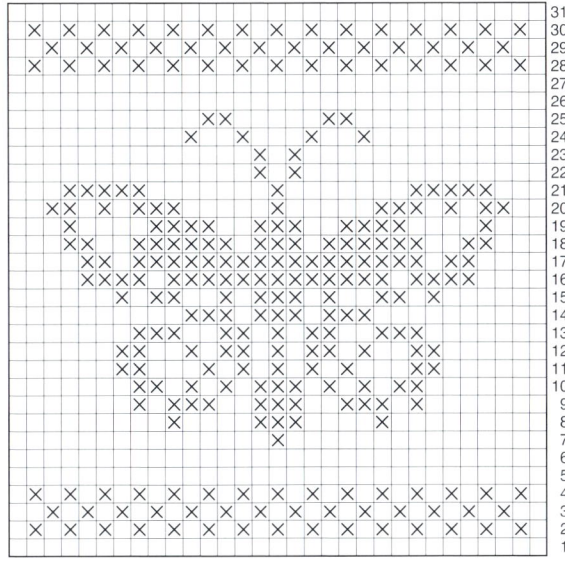
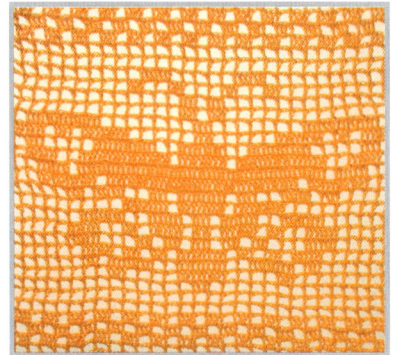

Orchideen

84 Lm anschl.
und 1 Stb in die
4. Lm nach der
Nadel arb.
(= 27 Kästchen).

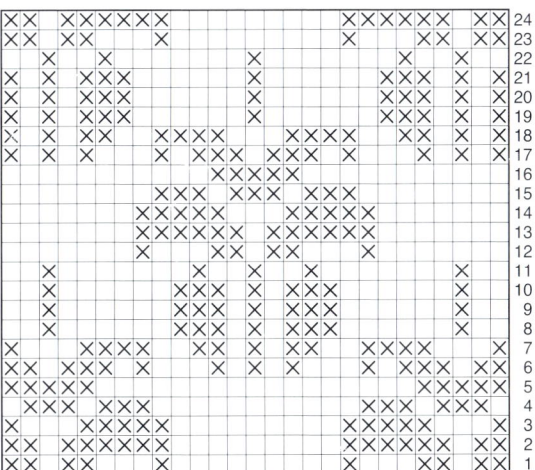
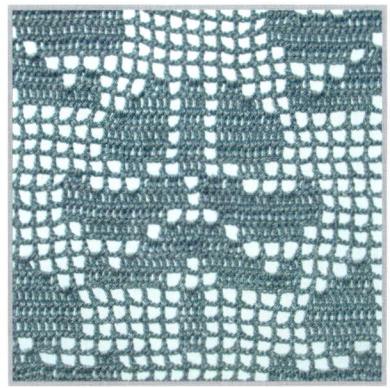

15. Projekt: Hausschuhe

Diese Spitzenhausschuhe werden aus leichter Baumwolle gearbeitet und wirken dadurch besonders filigran. Wer mag, häkelt sie aus etwas dickerem Garn und füttert sie ab.

Material

50 g *Coats Floretta 10* (LL 130 m/25 g) in Hellblau (Fb 4427); Häkelnadel Nr. 1,75; sehr schmales Gummiband (Länge: um die Knöchel reichend)

Größe
Mittlere Damengröße

Maschenprobe

7 Kästchen i. d. Breite/8 Kästchen i. d. Höhe = 5 x 5 cm

Anleitung
28 Lm anschl.

1. Reihe: 1 Stb in die 4. Lm nach der Nadel, Stb häkeln bis R-Ende; 4 Lm, wenden (= 26 M). **2. Reihe:** (1 Stb, 1 Lm) in jede M bis R-Ende; 5 Lm, wenden (= 51 M). **3. Reihe:** (1 Stb, 2 Lm) in jedes Stb bis R-Ende (= 76 M = 25 Kästchen für das Filetmuster). **4. – 22. Reihe:** Nach Zählmuster arb. **23. Reihe/Runde:** 8 Lm für 2 zusätzliche Kästchen, 1 Stb in die 4. Lm nach der Nadel, 2 Stb für das 1. zugenommene Kästchen. Weiterhäkeln nach Zählmuster; am R-Ende 2 Lm, 1 Vierfach-Stb für 1 Kästchen zunehmen. 1 Km in die Wende-Lm arb., sodass die Arbeit einen Schlauch bildet. Wichtig: Die Arbeit wird nach jeder Runde gewendet, damit das Muster genauso erscheint wie in den ersten 22 R. Weiterhäkeln nach Zählmuster und beim Symbol ∧ abnehmen. Zum Abnehmen über 2 ZR jeweils 2 Lm üb-spr. und 2 Stb zus. abm. Zum Abnehmen über 1 Musterkästchen 4 Stb zus. abm. Beide Schuhe gleich arbeiten. Ferse und Spitze der Hausschuhe überwendlich zusammennähen.

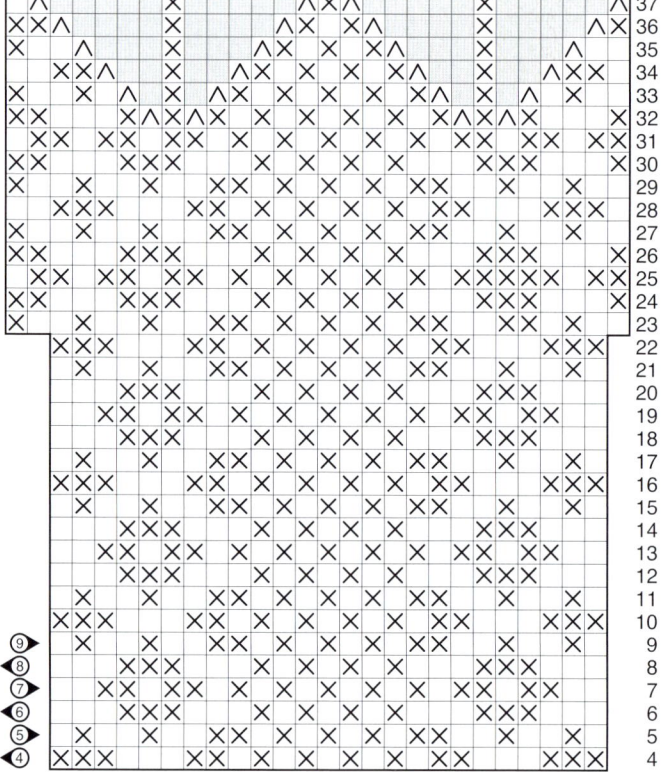

Zählmuster für die Hausschuhe

Umrandung

1. Runde: Faden an der 1. M der 4. R auf der rechten Seite der Ferse anschlingen und fM rund um die Öffnung arb. wie folgt: 1 fM in jede M bis zu dem Punkt, an dem die Ferse zusammengenäht wurde; 1 Stb in die Verbindungsstelle, 1 fM in jede M bis zur 4. R auf der linken Seite der Ferse. *Weiter 1 fM in jedes R-Ende und in den ZR arb., der durch Stb oder Wende-Lm entsteht **. 1 fM in jede Grund-M der Zunahmen. Von * bis ** 1 x wdh.

2. Runde: 1 fM in jede M über das schmale Gummiband hinweg arb., Rd mit 1 Km schließen. Faden abschneiden und sichern.

EINFACHE VARIANTEN

- *Arbeiten Sie die Schuhe mit demselben Faden, aber einer Häkelnadel Nr. 1,5 eine Größe kleiner.*
- *Größer werden die Schuhe, wenn Sie eine Häkelnadel Nr. 2 verwenden.*

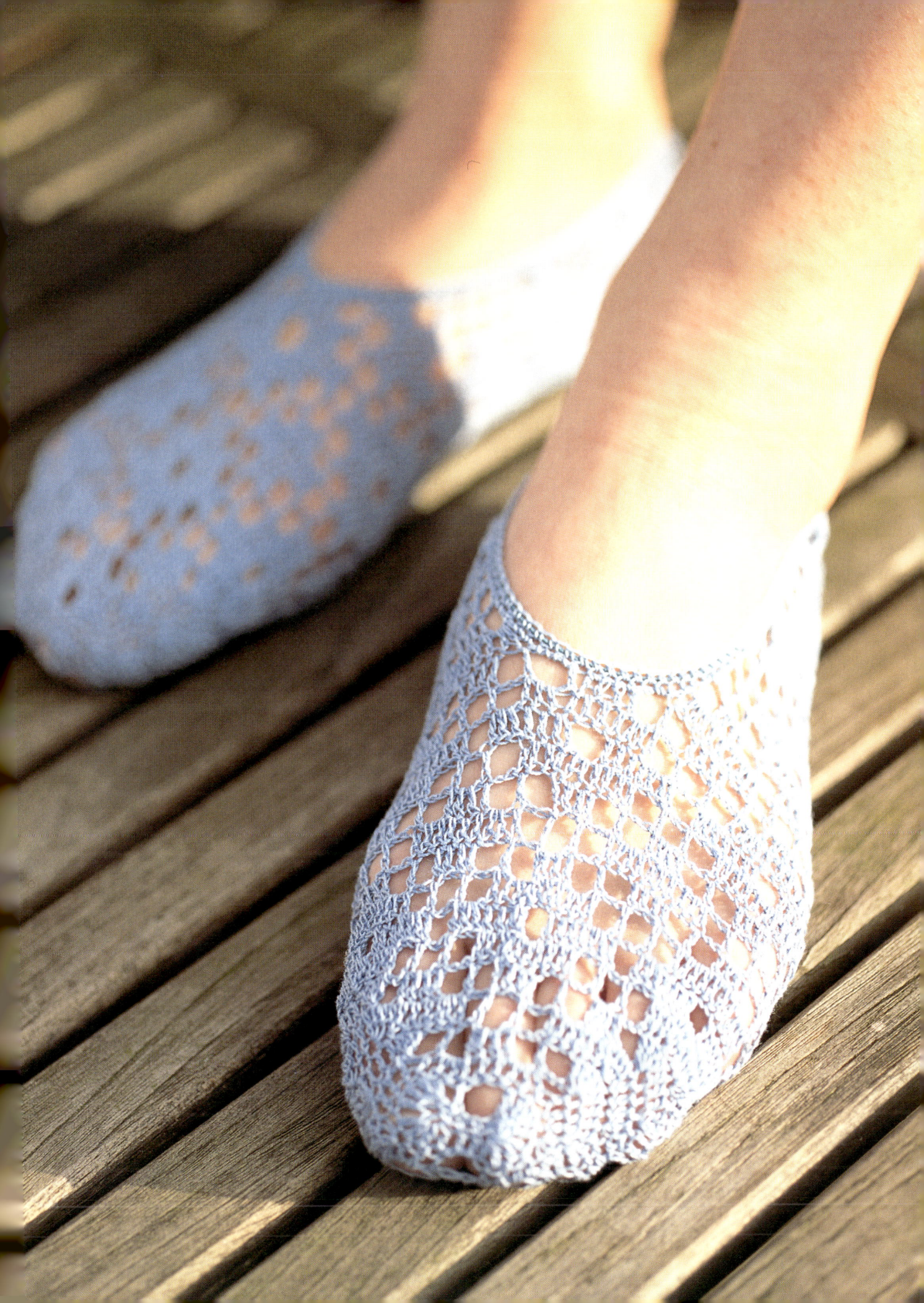

16. Projekt: Vorhangspitze

Diese hübsche Spitze besteht aus einem Rapport von 42 Reihen in Filethäkelei. Sie können dieses Muster für andere Wohn-Accessoires und sogar für Kleidung ohne weiteres anpassen.

Material

75 g *Coats Floretta 10* (LL 130 m/25 g), in Blau (Fb 4423)
Häkelnadel Nr. 1,75
Gardine zum Annähen der Spitze

Größe

Höhe: 27 cm
Jeder Musterrapport ist 19 cm lang.

Maschenprobe

10 x 10 Kästchen = 10 x 10 cm

Anleitung

Die Spitze wird von der Schmalseite her gehäkelt und kann auf diese Weise bequem jeder Gardinenbreite angepasst werden. Wie Kästchen zu- und abgenommen werden, lesen Sie auf Seite 123. 81 Lm anschl. (= 26 Kästchen des Zählmusters).

1. Reihe: 1 Stb in die 4. Lm nach der Nadel, 5 Stb, 5 x (2 Lm, 1 Stb) für 5 Gk, 57 Stb für 19 Mk; 5 Lm, wenden.
2. Reihe: 2 M üb-spr., 1 Stb in das Stb der Vor-R, 18 Stb für 6 Mk, (2 Lm, 2 Stb üb-spr., 1 Stb) für 1 Gk, 9 Stb für 3 Mk, (2 Lm, 2 Stb üb-spr., 1 Stb) für 1 Gk, 18 Stb für 6 Mk, 7 x (2 Lm, 2 Stb üb-spr., 1 Stb) für 7 Gk, 3 Stb, 9 Lm für Zunahme von 2 Kästchen und Wende-Lm; wenden.
3. Reihe: 1 Stb in die 4. Lm nach der Nadel, 6 Stb für 2 Mk, 9 Gk, 4 Mk, 3 Gk, 1 Mk, 3 Gk, 4 Mk, 2 Gk, 5 Lm, wenden.
Nach Zählmuster weiterhäkeln. Der Musterrapport umfasst 42 R und beginnt mit der 2. R. Enden mit der 1. R. Die fertige Spitze spannen, anfeuchten und trocknen lassen, dann an die Unterkante der Gardine nähen.

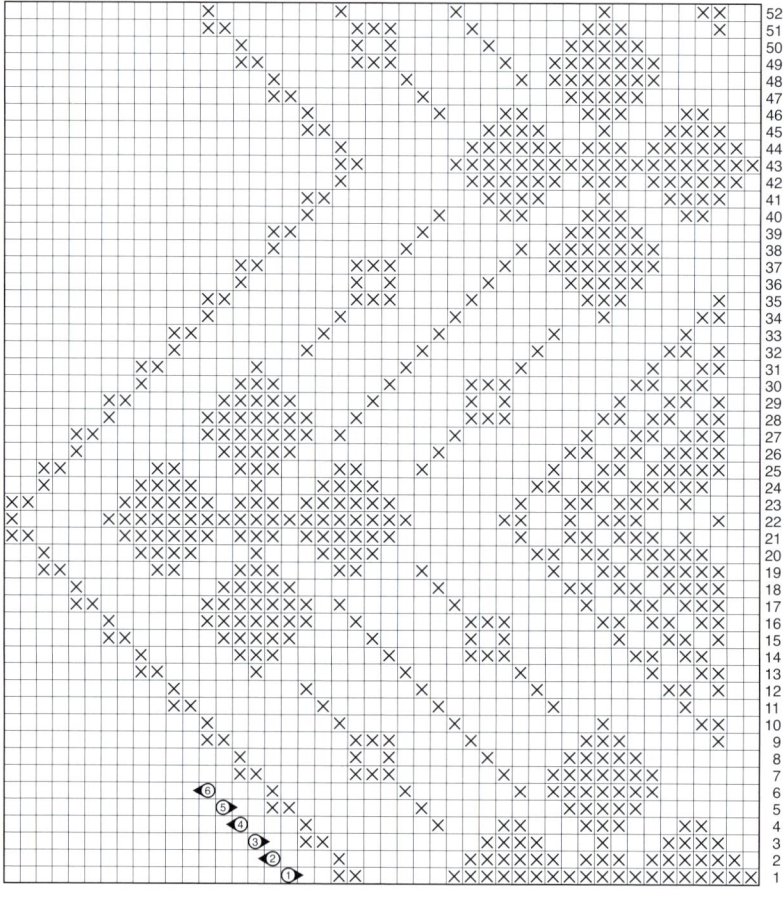

Zählmuster für die Vorhangspitze

EINFACHE VARIANTEN

• *Arbeiten Sie 1 R fM (= 5 fM über 2 Kästchen) und 1 R Krebs-M entlang der geraden Seite: So können Sie eine rechteckige Schultertasche damit verzieren.*
• *Wenn Sie die Längsseite leicht einhalten, können Sie die Spitze an eine runde oder ovale Tischdecke oder an einen Lampenschirm nähen.*
• *Häkeln Sie die Spitze zweimal, und nähen Sie eine an jede Seite einer Tagesdecke.*

9. Kapitel

Schlingen-häkelei

Die Schlingenhäkelei ist eine Durchbrucharbeit, die weniger Garn erfordert als die tunesische Häkelei. Die Stärke der Häkelnadel richtet sich nach der des Garns, nicht nach der Stärke des Stabes, um den die Schlingen gelegt werden. Das kann ein spezieller Stab – ähnlich einer besonders dicken Stricknadel – sein, aber auch ein Spatel, wie er in Arztpraxen verwendet wird. Die Stärke dieses Stabes oder Spatels bestimmt die Größe der Löcher und damit die Höhe der einzelnen Reihen.

Wie bei der tunesischen Häkelei werden alle Schlingen in einer Richtung aufgefasst und in der anderen abgehäkelt. Die Arbeit hat demnach eine rechte und eine linke Seite. Ich selbst erkläre bei Arbeiten aus glattem Garn die Seite mit den gerundeten Maschengliedern zur rechten Seite. Bei stark strukturiertem Garn – etwa bei Mohairgarn – verwende ich die andere Seite als rechte Seite.

Inzwischen haben Sie schon einige Fertigkeit im Häkeln erworben und können selbst ein wenig experimentieren. Da bietet Ihnen die Schlingenhäkelei eine weitere Möglichkeit zu „spielen": Überhäkeln Sie die gerundeten Maschenglieder doch einmal mit Krebsmaschen, oder ziehen Sie Bänder durch die Reihen, damit die Häkelarbeit dichter wirkt.

Grundtechnik der Schlingenhäkelei

Probieren Sie die Schlingenhäkelei mit einem 25 mm starken Stab, dicker Wolle und einer Häkelnadel Nr. 5,5 aus. Der Stab kann auf viele verschiedene Arten gehalten werden, doch ich empfehle, ihn fest auf dem Stuhl aufzustellen und zwischen den Beinen zu fixieren: So haben Sie beide Hände frei und müssen den Körper nicht verdrehen.

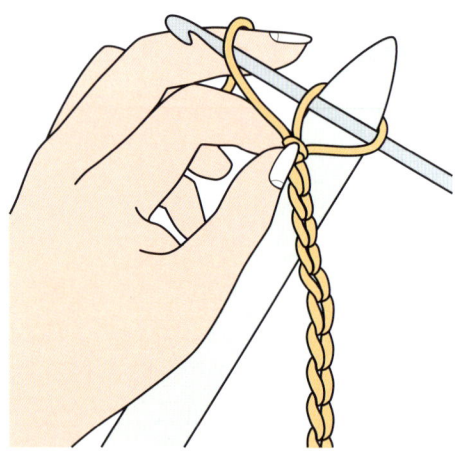

1 20 lockere Lm anschlagen. Die letzte Schlinge dehnen, über den Stab legen und fest anziehen.

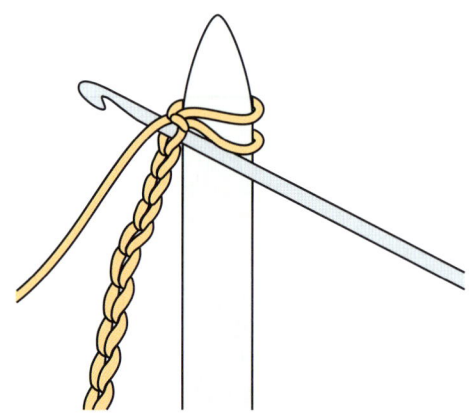

2 *Die Lm-Kette liegt auf der linken Seite des Stabes. Nadel in die nächste Lm einstechen, Faden um die Nadel legen und zur Vorderseite durchziehen, Schlinge dehnen und auf den Stab legen. Ab * fortlaufend wiederholen bis zum Ende der Lm-Kette. Nun liegen 20 Schlingen auf dem Stab.

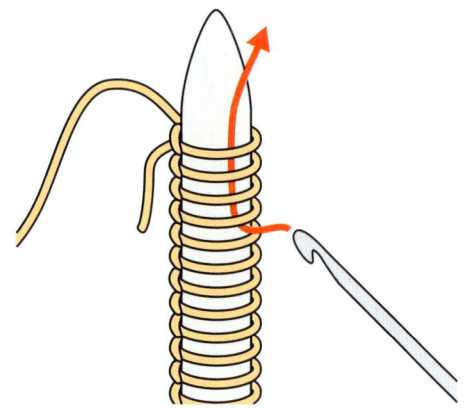

3 **Den Stab drehen, sodass der Faden hinter der Nadel liegt. Die Schlingen abhäkeln wie folgt: Nadel in die ersten 4 Schlingen einstechen (die Spitze der Häkelnadel zeigt in dieselbe Richtung wie die des Stabes).

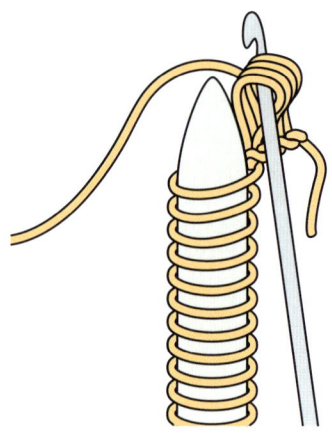

4 Faden um die Nadel legen und locker durchziehen, 1 Lm arb. Diese Lm ist in Wirklichkeit der Laufknoten und zählt nicht als M. Faden oberhalb der Schlingengruppe halten, damit die Seitenkante der Arbeit sich nicht zusammenzieht.

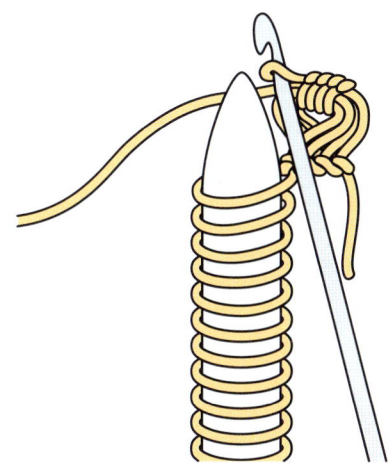

5 In die Mitte dieser Schlingengruppe 1 fM für jede abzuhäkelnde Schlinge arb. (in unserem Fall also 4 fM). ★Die nächsten 4 Schlingen abnehmen, dabei die Nadel wie zuvor einstechen, 4 fM in die Mitte der Schlingengruppe häkeln. Von ★ bis R-Ende fortlaufend wiederholen. ★★★

6 Da schon 1 Schlinge auf der Nadel liegt, wenn man die 2. und alle weiteren Schlingengruppen abhäkelt, muss nicht wie bei der 1. Gruppe 1 Lm gehäkelt werden.
Häkelnadel um 180 Grad drehen. Schlinge dehnen und auf den Stab legen; ★ Nadel in die nächste M unter 2 M-Gliedern einstechen, Faden um die Nadel legen, durchziehen und auf den Stab legen; ab ★ bis zum R-Ende fortlfd. wdh. Die übrigen Schlingen abhäkeln, wie von ★★ bis ★★★ beschrieben.
Bis zur gewünschten Höhe weiter Schlingen in der einen Richtung auffassen und in der anderen abhäkeln.

TIPP
Kontrollieren Sie die Schlingengruppe mit dem Daumen der Hand, die den Stab hält, wenn Sie die Häkelnadel einstechen. Das erleichtert die Arbeit und sorgt für gleichmäßige Spannung.

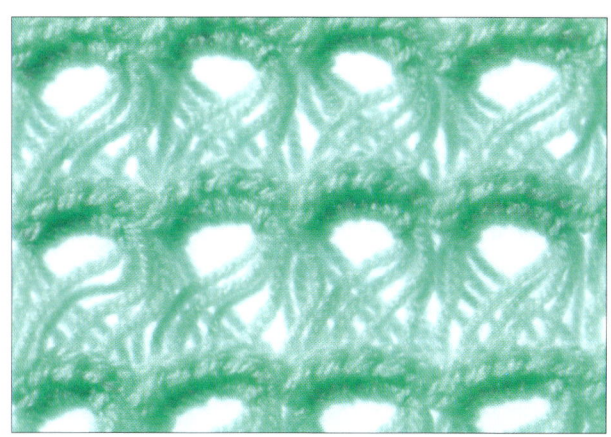

Beispiel für eine einfache Schlingenhäkelei

Zu- und Abnahmen

Das Zu- und Abnehmen von Maschen ist in der Schlingenhäkelei sehr einfach.

Eine Zu- oder Abnahme ist erst nach zwei vollständigen Musterreihen beendet (siehe Beispiel auf S. 137). In einem Muster, bei dem die Schlingen in Vierergruppen abgehäkelt werden, können für eine Abnahme beispielsweise 2 statt 4 fM in eine Gruppe gehäkelt werden. Die nächste R wird dann um 2 Schlingen kürzer. Die restlichen 2 Schlingen sollten dann der letzten Gruppe von 4 Schlingen hinzugefügt werden. Häkeln Sie 4 fM in diese Gruppe, sodass nun ein ganze Gruppe abgenommen wurde. Ungerade M-Zahlen können genauso abgenommen werden, indem man zuerst 2 fM in eine Fünfergruppe häkelt und in der nächsten R 5 fM in eine Gruppe von 7 (5 + 2) Schlingen arbeitet. Das Zunehmen einer Vierergruppe funktioniert genau umgekehrt: 6 fM in eine Vierergruppe von Schlingen arbeiten. In der nächsten R, wenn 6 Schlingen vorhanden sind, jeweils 4 fM in eine Vierer- und in eine Zweiergruppe häkeln. Genauso können auch ungerade M-Zahlen zugenommen werden, indem man zuerst 8 fM in eine Gruppe von 5 Schlingen arbeitet und in der nächsten R noch einmal 5 fM in 3 Schlingen häkelt.

SCHLINGENHÄKELEI

Ansetzen eines neuen Fadens

Sie mögen es für übertriebene Sparsamkeit halten, aber ich setze beim Schlingenhäkeln einen neuen Garnknäuel an, wann immer es nötig ist – auch in der Mitte einer Reihe. Das liegt nicht nur am Hang zum Sparen, sondern auch daran, dass es oft ziemlich schwierig ist festzustellen, wie viel Garn noch nötig ist, um eine Reihe zu vollenden. Stellen Sie sich 300 Schlingen auf dem Stab vor, bei denen das Garn vor den letzten 25 Schlingen ausgeht. Die Lösung dieses Problems: Nähen Sie die Fadenenden einfach zusammen!

So setzen Sie das Garn an

Grundsätzlich ist es einfacher, den Faden am Beginn einer Reihe anzusetzen. Wenn jedoch sehr große Maschenzahlen gearbeitet werden, ist das wegen der benötigten Garnmenge für die einzelnen Schlingen möglicherweise unwirtschaftlich.

Falls das Garn zu Ende geht, während Sie feste Maschen in die Schlingengruppen arbeiten, setzen Sie den Faden wie bei Grundmaschen üblich an. Es kann aber auch vorkommen, dass Sie einen neuen Faden brauchen, während Sie die Schlingen auf den Stab legen. Mit der nachfolgend beschriebenen Methode ist der Ansatz kaum zu erkennen.

Fädeln Sie den Faden des neuen Knäuels in eine Sticknadel ein. Spannen Sie das Ende des alten Fadens über die Finger, und nähen Sie den neuen Faden mit Vorstichen wenigstens 7 cm weit durch den alten. Entfernen Sie die Nadel, und ziehen Sie vorsichtig an beiden Enden, bis sie eng beieinander liegen und miteinander etwa die gleiche Stärke wie der Originalfaden haben. Achtung! Nicht zu fest anziehen, sonst müssen Sie von vorne anfangen! Wenn hässliche Fadenenden aus der Verbindungsstelle hängen, schneiden Sie sie mit einer scharfen Schere ab. Anschließend können Sie wie mit einem fortlaufenden Faden weiterarbeiten.

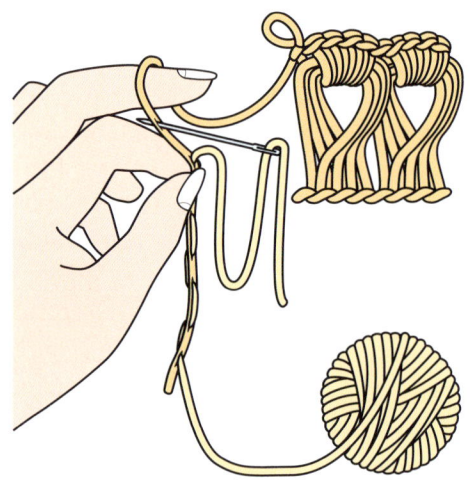

So wird der Faden eines neuen Knäuels an den alten Faden genäht.

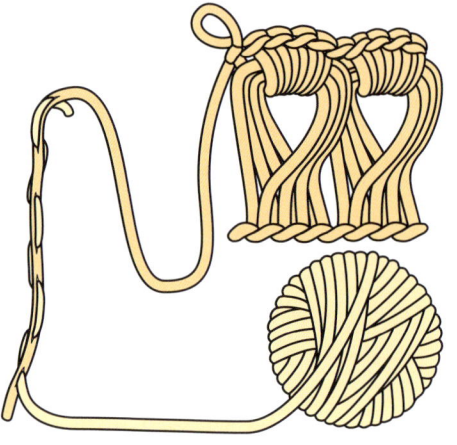

Wenn Sie beide Fadenenden vorsichtig gestrafft haben, sodass sie gleich dick sind wie das übrige Garn, können Sie die Enden abschneiden.

Nähte in der Schlingenhäkelei

Nähte an Häkelarbeiten sollten nicht ins Auge fallen. Es gibt drei verschiedene Methoden, einzelne Teile in Schlingenhäkelei miteinander zu verbinden: an den Seitenkanten, den Anschlagkanten oder den gerundeten Oberkanten. Wählen Sie unter den hier beschriebenen Methoden.

Seitenkanten der Reihen verbinden

Es gibt zwei hervorragende Methoden, die Seitenkanten von Arbeiten in Schlingenhäkelei zu verbinden.
Mit einer Stopfnadel: Fädeln Sie etwas farblich passendes Garn in eine Stopfnadel ein, und befestigen Sie den Faden am Beginn der Naht. ★Arbeiten Sie 3 oder 4 überwendliche Stiche in die fM oder die Anschlag-Lm. Führen Sie den Faden locker hinter der Durchbruchreihe bis zur nächsten R in fM. Dieser lose Faden ist nicht zu sehen, denn er passt sich dem Schlingenmuster an. Achten Sie darauf, dass der Faden lang genug ist, um ohne Spannung von einer Reihe fM zur nächsten zu reichen. Ab ★ wiederholen und so die Reihen nach und nach miteinander verbinden.
Mit einer Häkelnadel: Diese Methode eignet sich besonders gut, wenn zwischen den R in Schlingenhäkelei normal gehäkelte R liegen. ★ 2 fM durch beide R des fest gearbeiteten Teils der Arbeit häkeln, um sie zu verbinden. Die Schlinge verlängern, bis sie die Höhe der Schlingen im schlingengehäkelten Teil erreicht, sodass sie im Muster „verschwindet". In den kompakt gehäkelten Teil wieder 2 fM arb. und alle „normalen" R wie gewohnt verbinden.

Anschlagreihen verbinden

Die Lm-Anschlag-R können wie üblich zusammengehäkelt werden.

Gerundete Oberkanten verbinden

Die Arbeit sieht sehr viel ordentlicher aus, wenn nur die Mittel-M jeder Schlingengruppe – nicht alle M – zusammengenäht oder -gehäkelt werden. Das gilt besonders dann, wenn die Schlingen in Gruppen von 4 oder mehr abgehäkelt werden. Das Ergebnis ist eine dekorative Naht mit kleinen, rhombenförmigen Öffnungen.

Kombination mit normaler Häkelei

Die Maschenproben eines Musters in Schlingenhäkelei und eines in normaler Häkelei mit derselben Nadel und demselben Garn unterscheiden sich stark voneinander. Wenn Sie Häkelmaschen und Schlingenhäkelei kombinieren wollen, müssen Sie die Breite der gerade gehäkelten Reihen ausgleichen.

Nadelstärke wechseln: Das kann einen Unterschied bis zu 4 Nadelstärken bedeuten, wobei sich die in üblichen M gehäkelte Arbeit deutlich anders ausnimmt, denn die fM in der Schlingenhäkelei wirken recht locker. Bei einem derartigen Wechsel der Nadelstärke erscheinen die Häkel-R zwischen der Schlingenhäkelei bretthart. **Geänderte Maschenzahl:** Arbeiten Sie stets mit der gleichen Häkelnadel, doch wenn die Schlingen beispielsweise in Fünfergruppen abgehäkelt werden, verwenden Sie nur die 4 obersten M und lassen die M zwischen den Gruppen unbehäkelt. Werden die Schlingen in Vierergruppen abgehäkelt, lassen Sie in jeder 2. Gruppe 1 M weg und arbeiten die Schlingenhäkelei mit einer um eine Nummer stärkeren Nadel als die Häkelreihen zwischen den Schlingenreihen. Wenn Sie die Schlingen in Dreiergruppen abmaschen, lassen Sie ebenfalls 1 M in jeder 2. Gruppe weg, wechseln jedoch die Nadelstärke nicht.

SCHLINGENHÄKELEI

Mustersammlung

Sie können unzählige reizvolle Muster arbeiten, allein indem Sie Stäbe unterschiedlicher Stärke verwenden, die Zahl der Schlingen verändern oder die Häkelnadel in einer anderen Richtung einstechen. Probieren Sie die folgenden Beispiele aus, um zu sehen, wie vielseitig die Schlingenhäkelei ist.

Unterschiedliche Stabstärken

Durch die Verwendung unterschiedlich dicker Stäbe lassen sich allerlei Effekte erzielen. Schlagen Sie eine durch 4 teilbare Luftmaschenzahl an. Das Übungsstück wurde über 24 Luftmaschen mit je einem Stab von 25 und von 12 mm Stärke gearbeitet.
1. Reihe: 24 Schlingen über dem 12-mm-Stab auffassen und in Zweiergruppen mit 2 fM pro Gruppe abhäkeln.
2. Reihe: 24 Schlingen über dem 25-mm-Stab auffassen und in Vierergruppen mit 4 fM pro Gruppe abhäkeln. Die 1. und 2. R bis zur gewünschten Höhe fortlfd. wdh.; enden mit der 1. R.

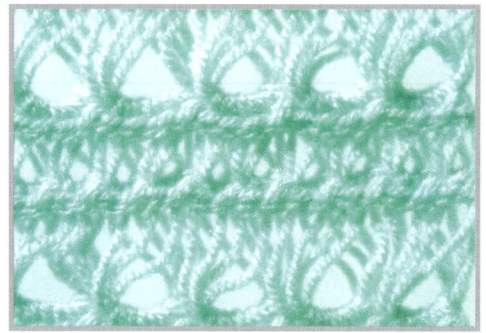

Kombination von Schlingenhäkelei mit normaler Häkelei

Für Häkelreihen zwischen den Schlingenreihen muss die Maschenzahl angepasst werden. Schlagen Sie eine durch 5 teilbare Luftmaschenzahl an (Übungsstück: 25 Lm).
1. Reihe: 25 Schlingen auffassen und in Fünfergruppen mit 5 fM pro Gruppe abhäkeln. **2. Reihe:** 2 Lm, je 1 Stb in die nächsten 8 M, 1 M üb-spr., 9 Stb, 1 M üb-spr., 5 Stb. **3. Reihe:** 1 fM in jede M bis R-Ende. **4. Reihe:** *8 Schlingen auffassen, je 1 Schlinge von vorne und 1 Schlinge von hinten aus der nächsten M auffassen; ab * 1 x wdh., 5 Schlingen auffassen und alle Schlingen in Fünfergruppen mit 5 fM pro Gruppe abhäkeln.
Die 2. – 4. R bis zur gewünschten Höhe fortlfd. wdh.

Abhäkeln unterschiedlicher Schlingenzahlen

Je weniger Maschen in einer Gruppe abgehäkelt werden, desto länger wird die Kante. Schlagen Sie eine durch 6 teilbare Luftmaschenzahl an (Übungsstück: 24 Lm).
1. Reihe: 24 Schlingen auffassen und in Sechsergruppen mit 6 fM pro Gruppe abhäkeln.
2. Reihe: 24 Schlingen auffassen und in Zweiergruppen mit 2 fM pro Gruppe abhäkeln.
Die 1. und 2. R bis zur gewünschten Höhe fortlfd. wdh.

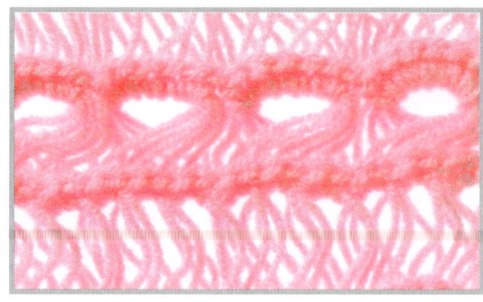

Abhäkeln mit Stäbchen

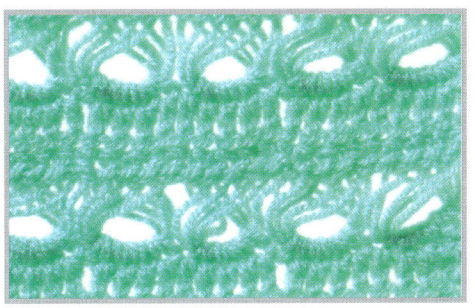

Eine andere Wirkung lässt sich durch das Abhäkeln mit unterschiedlichen Maschen erzielen. Schlagen Sie eine durch 5 teilbare Luftmaschenzahl an (Übungsstück: 25 Lm).
1. Reihe: 25 Schlingen auffassen, 2 Lm (= Anfangsschlinge), *5 Stb in eine Gruppe von 5 Schlingen; ab * fortlfd. wdh. bis R-Ende. Diese R bis zur gewünschten Höhe fortlfd. wdh.

Zu- und Abnahmen in der Schlingenhäkelei

Die Arbeit lässt sich durch Zu- und/oder Abnahmen über zwei Reihen ohne Stufen formhäkeln. Schlagen Sie eine durch 4 teilbare Luftmaschenzahl an (Übungsstück: 24 Lm).
1. Reihe: 24 Schlingen auffassen, 4 Schlingen auf die Nadel nehmen und 2 fM in die Gruppe häkeln; *4 fM in die nächste Gruppe von 4 Schlingen; ab * fortlfd. wdh. bis zu den letzten 4 Schlingen; 2 fM in die letzte Vierergruppe.
2. Reihe: 20 Schlingen auffassen, 6 Schlingen auf die Nadel nehmen und 4 fM in die Gruppe häkeln; *4 fM in die nächste Gruppe von 4 Schlingen; ab * fortlfd wdh. bis zu den letzten 6 Schlingen; 4 fM in die letzte Sechsergruppe (= 16 M).
Die 1. und 2. R noch 1 x wdh., wobei die M-Zahl um 4 je R abnimmt.
5. Reihe: 8 Schlingen auffassen; *6 fM in 1 Vierergruppe arb.; ab * 1 x wdh.
6. Reihe: 12 Schlingen auffassen, 4 fM in die 1. Zweiergruppe arb.; *4 fM in die nächste Vierergruppe; ab * fortlfd. wdh. bis zu den letzten 2 Schlingen; 4 fM in die letzte Zweiergruppe.
7. Reihe: 16 Schlingen auffassen, 6 fM in die 1. Vierergruppe; *4 fM in die nächste Vierergruppe; ab * fortlfd. wdh. bis zu den letzten 4 Schlingen; 6 fM in die letzte Vierergruppe. Die 6. und 7. R noch 1 x wdh.

Nadel von vorn nach hinten einstechen

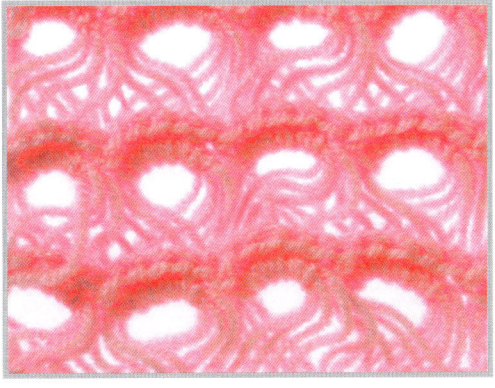

Je nachdem, wie sie aufgefasst werden, sind die Schlingen unterschiedlich ausgerichtet. Dieser Effekt kommt aber nur zur Geltung, wenn der Wechsel in senkrechten oder waagerechten Reihen beibehalten wird. Schlagen Sie eine durch 5 teilbare Luftmaschenzahl an (Übungsstück: 25 Lm).
1. Reihe: 25 Schlingen auffassen, 5 fM in die 1. Fünfergruppe, dabei die Nadel mit der Spitze zur Spitze des Stabes einstechen; *5 fM in die nächste Fünfergruppe, dabei in Richtung des unteren Stab-Endes einstechen; 5 fM in die nächste Fünfergruppe (einstechen in Richtung Stab-Spitze); ab * fortlfd. wdh.

17. Projekt: Stola

Diese schicke schwarze Mohairstola wird in zwei Teilen gearbeitet und bietet Ihnen die Gelegenheit, ihre Fertigkeiten in der Schlingenhäkelei zu perfektionieren.

Material

250 g *Mohairgarn* (LL 175 m/100 g) in Schwarz
Häkelnadel Nr. 5
Stab zur Schlingenbildung, 25 mm Ø

Größe

120 x 40 cm (ohne Fransen)

Maschenprobe

4 Schlingengruppen (12 M) = 8 cm Breite;
3 R = 10 cm Höhe

Anleitung

1. Hälfte
58 Lm anschl.
1. Reihe: 1 Schlinge für jede Lm auf den Stab auffassen (= 58 Schlingen). 4 Schlingen abheben, 1 Anfangs-Lm, 4 fM in die Schlingengruppe; ★2 Schlingen abheben, 2 fM in die Gruppe, 4 Schlingen abheben, 4 fM in die Gruppe; ab ★ fortlfd. wdh. bis R-Ende (= 19 Gruppen).
2. Reihe: 1 Schlinge pro M auf den Stab auffassen. 4 Schlingen abheben, 1 Anfangs-Lm, 4 fM in die Schlingengruppe; ★2 Schlingen abheben, 2 fM in die Gruppe, 4 Schlingen abheben, 4 fM in die Gruppe; ab ★ fortlfd. wdh. bis R-Ende.
Die 2. R noch 16 x wdh., dann Faden abschneiden und sichern.

2. Hälfte
Faden an der Anfangs-Lm-Kette anschlingen (gerippte Seite des Schlingenmusters liegt hinten).
1 x die 1. R und 17 x die 2. R arb.

10. Kapitel

Der letzte Schliff

Zum Wichtigsten beim Anfertigen eigener Häkelmodelle gehört die Gesamtwirkung, wenn die Arbeit vollendet ist. Ein tadellos gehäkeltes Stück in der richtigen Farbe und hochwertigem Garn kann zur Enttäuschung werden, wenn es nachlässig fertig gestellt ist. Welche Verschlüsse Sie wählen, wie Sie die Nähte schließen, wenn Ihr Modell aus mehr als einem Teil besteht, und natürlich der Sitz eines Kleidungsstücks sind entscheidend für ein professionelles Erscheinungsbild.

Wann immer möglich, sollten Sie Häkelmodelle in einem Stück arbeiten. Bei einer Jacke nach einer gedruckten Anleitung können Sie beispielsweise die Seitennähte einsparen, indem Sie das erste Vorderteil, das Rückenteil und das zweite Vorderteil in einem Arbeitsgang häkeln und erst an den Armausschnitten teilen.

Auch wenn Sie sich noch so viel Mühe geben, leiern schwerere Häkelteile bisweilen aus. Deshalb empfehle ich, Häkelarbeiten nicht zusammenzunähen, sondern zusammenzuhäkeln – denn dann leiern die Nähte ebenfalls aus. Wenn Sie ein sehr langes Teil häkeln – etwa eine Gardine, einen Mantel oder einen Rock –, sollten Sie die Arbeit auf einem wattierten Kleiderbügel feststecken und in einer Hülle aufhängen, während Sie gerade nicht häkeln.

DER LETZTE SCHLIFF

Fertigstellung von Häkelarbeiten

Jetzt können Sie Ihrer Arbeit eine persönliche Note verleihen. Abgesehen von professionellen Nähten, Verschlüssen und Ähnlichem verwandeln ein paar zusätzliche Elemente Ihr Werk in ein Unikat.

Größe der einzelnen Teile überprüfen

1 Bevor Sie einzelne Teile zusammennähen, sollten Sie sich vergewissern, dass Sie Ihre Häkelarbeit in die Richtung gezogen haben, in der sie auch hängen soll, also von oben nach unten.

2 Motive verbinden Sie am besten gleich während des Häkelns. Wenn Ihr Modell jedoch aus Baumwollmotiven besteht, die nicht schon während der Arbeit zusammengehäkelt wurden, stecken Sie sie mit rostfreien Nadeln auf eine mit Stoff bezogene Unterlage, sodass sie alle exakt dieselbe Größe haben. Dann dämpfen Sie die Teile und lassen sie völlig trocknen. Motive aus Wollgarnen, die nicht bereits nach und nach zusammengehäkelt wurden, sollten ebenfalls auf eine einheitliche Größe gespannt und aus 15 cm Entfernung gedämpft werden (Dampfstoß). Vor dem Zusammennähen oder -häkeln müssen die Teile trocknen.

Teile richtig verbinden

1 Wenn möglich, sollten Sie Teile, die flach, aber dicht gehäkelt sind, von der linken Seite her mit festen Maschen zusammenhäkeln. Das ist bei Modellen aus Wollgarnen besonders wichtig.

2 Um die Naht flacher zu halten, können Sie die Teile aus Wolle auch mit Kettmaschen zusammenhäkeln. Kettmaschen geben jedoch nicht nach. Wenn Ihr Modell also zum Ausleiern neigt, könnte die Naht schlampig wirken.

3 Wenn Sie die Teile zusammennähen, verwenden Sie statt des Rückstichs lieber überwendliche Stiche. Nähstiche geben grundsätzlich nicht nach, und das gilt für Rückstiche ganz besonders.

4 Bei Spitzenhäkeleien folgen Sie dem Muster und verbinden die Teile ähnlich wie Häkelmotive. Sie können aber abwechselnd in jedes der beiden zu verbindenden Teile zwei Luftmaschen und eine Kettmasche arbeiten.

5 Wie tunesische Arbeiten und Schlingenhäkeleien verbunden werden, lesen Sie auf Seite 89 und 135. Die dort beschriebenen Methoden können Sie auch auf andere Häkelarbeiten anwenden.

6 Häkelarbeiten mit ausgeprägter Struktur können oft von der rechten Seite mit Krebsmaschen verbunden werden. Die Krebsmaschen wirken plastisch und erscheinen wie ein Teil des Musters.

7 Häkeleinsätze können bündig mit den Stoffkanten abschließen, zwischen die sie eingepasst werden, oder diese Kanten dekorativ überlappen. Im letzteren Fall sollte der Einsatz beidseitig attraktive Ränder haben, etwa wie der Zopf (Seite 146/147). Wenn der Zopf jedoch bündig mit dem Stoff abschließen soll, müssen beide Zopfkanten gerade sein.

Borten, Spitzen und Einsätze

Am besten ist es, wenn Borten und Spitzen gleich an das Modell angehäkelt werden können. Auch wenn der Einsatz, die Borte oder Spitze einzeln gearbeitet und dann erst angebracht wird, sollten Sie am Rand des Hauptteils eine Reihe feste Maschen häkeln, egal ob es sich um ein gehäkeltes Modell oder um eines aus gewebtem Stoff handelt. Die festen Maschen verleihen ihm Stabilität, vereinheitlichen das Erscheinungsbild und erleichtern das Anbringen der Borte.
Knopflochblenden sollten Sie nicht in Maschen arbeiten, die sich leicht dehnen. Wenn Sie die Bündchen in Reliefstäbchen gehäkelt haben, sollten Sie daher der Versuchung widerstehen, auch Knopfleiste und Knopflochblende so zu arbeiten. Feste Maschen oder Kettmaschen eignen sich besser.

Verschlüsse

Die bekanntesten Verschlüsse sind Knöpfe und Reißverschlüsse. Klettband, Haken und Ösen sowie Druckknöpfe verziehen die Häkelarbeit leicht, wenn sie nicht mit Baumwollband verstärkt wird.

Knöpfe

Fertig gekaufte Knöpfe machen Ihnen die Arbeit leicht. Im Handel finden Sie viele reizende Knöpfe – besonders für Kindersachen – zur Auswahl. Wenn Sie jedoch nach einem Knopf suchen, der genau zur Farbe des verwendeten Garns passt, gibt es oft nicht die geeignete Größe in der richtigen Farbe. In diesem Fall ist das Überziehen von Knöpfen eine einfache und schnelle Alternative. Probieren Sie die auf Seite 145 vorgestellten Knöpfe doch nur so zum Spaß einmal aus!

Meistens ist es nicht notwendig, das Knopfloch zu verstärken, doch wenn Sie das Gefühl haben, dass der als Knopfloch vorgesehene Luftmaschen-Zwischenraum zu wenig fest ist, umnähen Sie das ganze Knopfloch mit dem Häkelgarn statt mit Nähgarn. Dicke Garne lassen sich für diesen Zweck oft teilen.

Dekorative Clips

Verschlussclips bestehen gewöhnlich aus geprägtem Metall oder ummanteltem Draht. Ihre beiden Teile werden ineinander gehakt und wirken wie eine Brosche. Auf dichten Häkelarbeiten kommen solche Verschlüsse am besten zur Geltung.

Schnallen

Schnallen können überzogen werden, sodass sie zu jedem gehäkelten Gürtel passen – sei er nun als Accessoire oder nur zur Zierde gedacht. Es gibt Schnallen mit und ohne Dorn, aber auch zweiteilige Modelle, die ineinander greifen.

Reißverschlüsse

Um einen Reißverschluss unsichtbar einzusetzen, häkeln Sie auf der rechten Seite jeder Kante eine Reihe feste Maschen und darüber eine Reihe Krebsmaschen.

Anschließend fixieren Sie den Reißverschluss auf einer ebenen Arbeitsfläche sorgfältig mit Stecknadeln so, dass die beiden Krebsmaschenränder aneinander stoßen und die Häkelarbeit nirgends gedehnt wird.

Von links befestigen Sie mit Nähfaden die Stoffkanten des Reißverschlusses mit überwendlichen Stichen auf der Rückseite der Häkelmaschen.

Zum Schluss nähen Sie den Reißverschluss mit farblich passendem Nähfaden und unauffälligen Rückstichen fest.

Verzierungen

Ein gekauftes Modell kann durch einfache Blüten, hübsche Knöpfe, kleine Motive oder Zöpfe aufgepeppt werden. Diese Elemente können dekorativ auf die jeweiligen Gegenstände appliziert werden.

Zöpfe

Ein Zopf ist nicht dasselbe wie eine Randborte. Die Randborte hat eine gerade und eine gemusterte Kante, während bei einem Zopf beide Ränder mit Bogen, Pikots, Spitzen oder ähnlichen Verzierungen versehen sind. Beim Zopf sollte keine Seite gerade sein – aber wie überall gibt es auch hier Ausnahmen von der Regel. Eine Auswahl an Mustern für Zöpfe finden Sie auf Seite 146/147.

Auswahl der Schmuckelemente

Ich rate Ihnen, ein fertiges Häkelmodell erst einmal beiseite zu legen, bevor Sie es tragen. Nach zwei oder drei Tagen holen Sie es wieder hervor. Versuchen Sie, es nicht anzusehen, während Sie es an einem Ende des Raumes platzieren.
Anschließend treten Sie – immer noch, ohne das Modell anzusehen – so weit wie möglich zurück. Nun betrachten Sie es aus der Entfernung: Ihr Werk wird Ihnen völlig verändert erscheinen, weil Sie das fertige Stück vor sich sehen und – hoffentlich – stolz darauf sind.
An dieser Stelle sollten Sie konstruktive Kritik üben und sich selbst folgende Fragen stellen:

1 Würde ein zusätzliches Spitzenmotiv oder eine Blüte die Wirkung steigern?

2 Würde ein Zopf einige der Hauptlinien des Modells hervorheben?

3 Könnte das Modell durch je eine Reihe feste Maschen und Krebsmaschen in einer anderen Farbe gewinnen?

4 Lenkt ein Musterstreifen oder ein dekoratives Element die Aufmerksamkeit ab, sodass es schwierig ist, das Modell als Ganzes zu sehen? Wenn Sie alle Fragen mit „nein" beantwortet haben, tun Sie nichts weiter an Ihrem Modell. Falls Sie auf die Fragen 1, 2 oder 3 mit „ja" geantwortet haben, fügen Sie ihm die entsprechenden Verzierungen hinzu. Wenn Ihre Antwort auf die vierte Frage „ja" lautete, versuchen Sie den jeweiligen Streifen durch ein Motiv, einen Zopf oder ein anderes dekoratives Element aufzulockern.

Häkelarbeiten richtig pflegen

Jetzt, da Sie Ihre Häkelarbeit fertig gestellt haben, wollen Sie natürlich wissen, wie Ihr Werk fachgerecht gepflegt wird. Die folgenden Hinweise zu Wäsche, Reinigung und Bügeln sollen dazu beitragen, dass Ihre Häkelei immer perfekt aussieht.

Wäsche

Ich gestehe, dass ich die Waschmaschine der Handwäsche vorziehe, aber ich treffe Vorkehrungen, damit Häkelarbeiten nicht ruiniert werden. Vielleicht helfen Ihnen die folgenden Tipps bei der Entscheidung, wie Sie Ihre Handarbeit waschen sollen:

1 Stecken Sie die Häkelarbeit in einen Kissenbezug; so wird sie nicht unnötig gedehnt und zerknautscht.

2 Stellen Sie die Waschtemperatur entsprechend den Pflegehinweisen auf der Garnbanderole ein.

3 Häkelarbeiten aus Baumwollgarnen vertragen auch hohe Waschtemperaturen und Schleuderdrehzahlen. Am besten bügeln Sie diese Modelle, wenn sie noch leicht feucht sind, und lassen sie danach flach ausgebreitet völlig trocknen. Sie können sie aber auch aufspannen und an der Luft trocknen lassen.

4 Reine Wolle oder Mischfasern sollten Sie lieber kalt waschen und nur kurz anschleudern. Danach lassen Sie das Häkelmodell flach ausgebreitet trocknen.

5 Modelle aus Mohairgarn müssen nach dem Trocknen aufgebürstet werden. Dafür eignen sich Bürsten besonders gut, wie sie auch zur Pflege von Langhaarkatzen verwendet werden.

Bügeln

Wirklich gebügelt werden dürfen nur Häkelmodelle aus reiner Baumwolle oder reinem Leinen. Ein wenig Sprühstärke lässt zum Beispiel Tischwäsche besonders frisch aussehen, ohne sie zu verfärben.

DER LETZTE SCHLIFF

Mustersammlung

Hier finden Sie verschiedene Vorschläge für Verschlüsse, die nicht nur praktisch, sondern darüber hinaus auch noch sehr dekorativ sind.

Einfacher Pierrot-Knopf

3 Lm anschl. und mit 1 Km zum Ring schließen. **1. Runde:** 3 Lm, 11 Stb in den Ring, Rd schließen mit 1 Km in die oberste der 3 Lm. **2. Runde:** 1 Lm, 1 fM in jedes Stb, Rd schließen mit 1 Km. **3. Runde:** Wie die 2. Rd arb. Ein 20 cm langes Fadenende hängen lassen und mit einer stumpfen Sticknadel durch die Maschen weben. Das Innere des Knopfes sehr fest mit Garn ausstopfen und die Maschen mit dem losen Fadenende fest zusammenziehen. Fadenende sichern und den Knopf damit annähen.

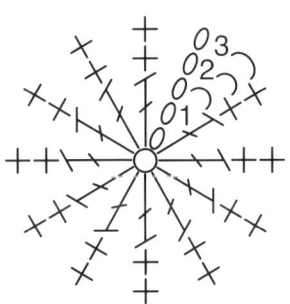

Kleiner Pierrot-Knopf und Variante für feine oder glitzernde Garne

Arb. wie den einfachen Pierrot-Knopf, jedoch eine 4. Rd hinzufügen: **4. Runde:** 1 Lm; ★2 fM zus. abm., 1 fM; ab ★ fortlfd. wdh. bis Rd-Ende. Diese Runde reduziert die M-Zahl auf 8 M. Fertig stellen wie den einfachen Pierrot-Knopf.

Flacher Knopf

Arb. wie den kleinen Pierrot-Knopf, sodass eine Art Hülle entsteht, in die Sie einen Knopfrohling, eine Perle oder einen alten Knopf schieben können. Bedenken Sie, dass sich die Häkelmaschen dehnen. Es ist daher entscheidend, dass der vorgesehene Knopf stramm in die gehäkelte Hülle passt.

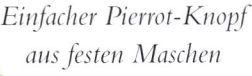

Einfacher Pierrot-Knopf aus festen Maschen

Zweifarbiger Knopf

In Fb A 3 Lm anschl. und mit 1 Km zum Ring schließen. **1. Runde:** In Fb A 1 Lm, 5 fM in den Ring. Fb A abschneiden. **2. Runde:** In Fb B 3 Lm, 1 Stb in dieselbe Einstichstelle, 2 Stb in jede fM bis Rd-Ende, Rd schließen mit 1 Km. Ein 20 cm langes Fadenstück durch die M fädeln und den Knopf fertig stellen wie den einfachen Pierrot-Knopf.

Dreifarbiger Knopf

In Fb A 3 Lm anschl. und mit 1 Km zum Ring schließen. **1. Runde:** 3 Lm, 8 Stb in den Ring, Rd schließen mit 1 Km (= 9 M). Fb A abschneiden. **2. Runde:** Fb B unter 3 (nicht 2) M-Gliedern anschlingen; ★1 RStbv, 1 Lm; ab ★ noch 8 x wdh.; Rd schließen mit 1 Km. Fb B abschneiden. **3. Runde:** Fb C unter 3 M-Gliedern anschlingen (d. h. zwischen den

Dreifarbiger Knopf

Dreifarbiger Knopf in anderer Farbstellung

Einfacher Pierrot-Knopf

M); ★ Faden zur Vorderseite durchholen, 1 Stb in das Stb der 1. Rd (liegt wegen des RStb frei), 1 fM in die nächste M; ab ★ bis Rd-Ende fortlfd. wdh.; Rd schließen mit 1 Km (= 18 M). Faden nicht abschneiden. **4. Runde:** 1 Lm, 2 fM zus. abm.; ★1 fM, 2 fM zus. abm.; ab ★ bis Rd-Ende fortlfd. wdh.; 1 Km (= 12 M). **5. Runde:** Wie die 4. Rd arb. Fertig stellen wie den einfachen Pierrot-Knopf (S. 145).

Ringknopf

Umhäkeln Sie einen Ring dicht mit fM. Rd schließen mit 1 Km. Langes Fadenende hängen lassen, mit einer stumpfen Sticknadel 9 „Speichen" quer über den Ring spannen und dann durchweben.

Schnalle

Eine Schnalle können Sie wie einen Ringknopf dicht mit festen Maschen umhäkeln. Rd schließen mit 1 Km.

Zweifarbiger Zopf
(längs gearbeitet)

In Fb A genügend Lm anschl. Faden abschneiden. ★ Von der „raueren" Seite der Lm her Fb B am obersten M-Glied anschlingen, 1 Lm; ★★1 fM ins obere Glied der nächsten M; ab ★★ bis R-Ende fortlfd. wdh. Faden abschneiden. Ab ★ auf der anderen Seite der Lm-Kette wdh. Ohne die Arbeit zu wenden Fb A an der linken Seite der Arbeit anschlingen, 1 Lm, Krebs-M häkeln bis R-Ende. Faden abschneiden. Eine 2. R Krebs-M entlang der anderen Seite arb.

Dreifarbiger Zopf
(längs gearbeitet)

In Fb A genügend Lm anschl. **1. Reihe:** Von der glatten Seite der Lm-Kette her je 1 fM jeweils ins obere M-Glied auf beiden Seiten der Lm-Kette. **2. Reihe:** Arbeit nicht wenden. Fb B am R-Beginn anschlingen. 1 Lm, 1 fM in dieselbe Einstichstelle; ★1 tiefer gestochene fM in den Fuß der nächsten fM, 1 fM; ab ★ fortlfd. wdh. bis R-Ende. Faden abschneiden und die 2. R auf der anderen Seite wdh. **3. Reihe:** Fb C am R-Beginn anschlingen. 1 Lm, 1 fM in dieselbe Einstichstelle; ★1 Lm, 1 M üb-spr., 1 fM in die nächste fM (d. h. links von der tiefer gestochenen M und rechts von der fM); ab ★ fortlfd.

Flacher Knopf mit einer zusätzlichen Runde Krebsmaschen

Einfacher Pierrot-Knopf

Ringknopf

Zweifarbiger Knopf

Umhäkelte Schnalle

Zweifarbiger Zopf

wdh. bis R-Ende. Faden abschneiden und die 3. R auf der anderen Seite wdh.

Wickenzopf

8 Lm anschl., mit 1 Km zum Ring schließen, 3 Lm, 7 Stb in den Ring, 6 Lm, 1 fM in den Ring, wenden; *3 Lm, 7 Stb in 6-Lm-ZR, 6 Lm, 1 fM in 6-Lm-ZR, wenden; ab * fortlfd. wdh.

Klassischer Zopf

4 Lm anschl.

1. Reihe: 1 fM in die 2. Lm, 1 fM in jede der 2 verbleibenden Lm; 2 Lm, wenden.
2. Reihe: 1 fM in dieselbe Einstichstelle wie die Wende-Lm, 2 fM; 2 Lm, wenden. **3. Reihe:** Wie die 2. R häkeln. **4. Reihe:** 1 fM in dieselbe Einstichstelle wie die Wende-Lm, 1 DStb, 1 fM; 2 Lm, wenden. **5. Reihe:** Wie die 2. R häkeln. Die 2. – 5 R bilden das Muster (siehe Häkelschrift). Diesen Mustersatz fortlfd. wdh.

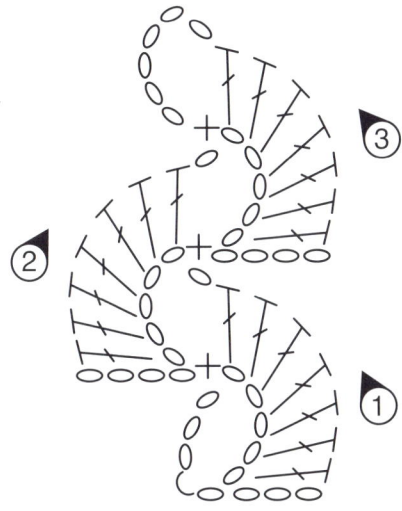

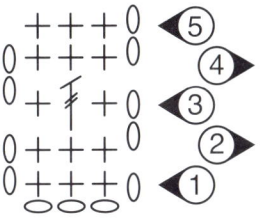

Dieser Zopf kann flach aufgenäht werden. Wenn er zur Hälfte zusammengelegt und an eine Kante genäht wird, entsteht die Wirkung von Pikots.

Fischgräten-Noppenzopf

4 Lm anschl.

1. Reihe: (1 Stb, 1 Noppe) in die 4. Lm nach der Nadel; 3 Lm, wenden.
2. Reihe: (1 Stb, 1 Noppe) zwischen Stb und Noppe der Vor-R, 1 fM in die oberste Lm; 3 Lm, wenden.
3. Reihe: (1 Stb, 1 Noppe) zwischen Stb und Noppe der Vor-R, 1 fM; 3 Lm, wenden.
Die 3. R bis zur gewünschten Höhe fortlfd. wdh.

Wasserfall-Zopf

8 Lm anschl.

1. Reihe: 1 Stb in die 5. Lm nach der Nadel, 3 Stb, 5 Lm, wenden.
2. Reihe: 1 Stb, 1 Lm, 3 Stb zus. abm. zwischen den nächsten 2 Stb, 1 Lm, 1 Stb üb-spr., 1 Stb, 5 Lm, wenden. **3. Reihe:** 2 Stb in den 1-Lm-ZR, die 3 zus. abgem. Stb üb-spr., 2 Stb in den nächsten Lm-ZR, 5 Lm, wenden. Die 2. und 3. R bis zur gewünschten Höhe fortlfd. wdh.

Einsatzstreifen

21 Lm anschl.

1. Reihe: 1 Dreifach-Stb in die 6. Lm nach der Nadel, 5 Lm, 5 Lm üb-spr., 2 DStb in die nächste Lm, 1 DStb, 2 DStb in die nächste Lm; wenden, um über die DStb zu arb., 3 x (3 Lm, 1 Km in das nächste DStb), (2 Lm, 1 Stb) in das nächste DStb, wieder wenden; 3 x (3 Lm, 1 Km in den 3-Lm-ZR), 3 Lm, 1 Km in das nächste DStb, 5 Lm, 5 Lm üb-spr., 2 Dreifach-Stb, 6 Lm, wenden.
2. Reihe: 1 Dreifach-Stb, 2 x (4 Lm, 1 3-Lm-ZR üb-spr., 1 Stb in den nächsten 3-Lm-ZR), 4 Lm, 2 Dreifach-Stb, 6 Lm, wenden.
3. Reihe: 1 Dreifach-Stb, 5 Lm, üb-spr. 5 Lm und 1 Stb, 5 DStb in den nächsten 5-Lm-ZR; wenden, um über die DStb zu arb., 3 x (3 Lm, 1 Km in das nächste DStb), (2 Lm, 1 Stb) in das nächste DStb, wieder wenden; 3 x (3 Lm, 1 Km in den 3-Lm-ZR), 3 Lm, 1 Km in das nächste DStb, 5 Lm, 5 Lm übspr., 2 Dreifach-Stb, 6 Lm, wenden. Die 2. und 3. R fortlfd. wdh.

Dreifarbiger Zopf

Allgemeine Informationen

Grafiken für Linkshänder

Wenn Sie Linkshänderin sind, halten Sie sich an die hier gezeigten Grafiken anstelle der Abbildungen im vorderen Teil des Buches. Sie können aber auch die Abbildungen aus den Einleitungskapiteln vor einen Spiegel halten, um zu sehen, wie Sie als Linkshänderin verfahren müssen.

Laufknoten

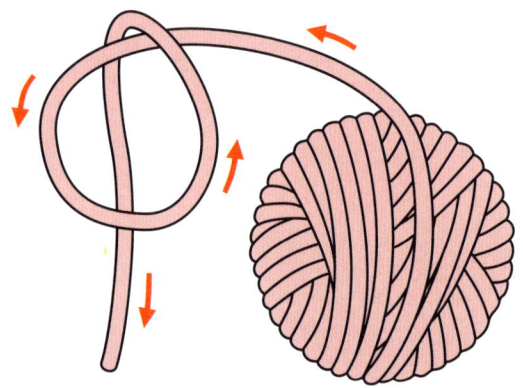

Legen Sie eine Fadenschlinge für den Laufknoten. Stechen Sie die Häkelnadel von links nach rechts unter dem mittleren Faden ein (siehe S. 18).

So halten Sie den Faden

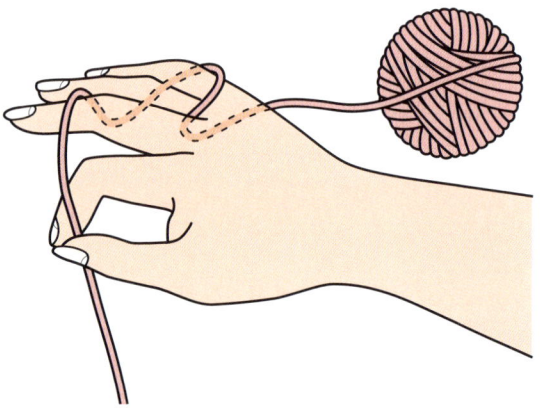

Führen Sie das Fadenende über die Finger, wie es die Abbildung zeigt (siehe S. 17).

So halten Sie die Häkelnadel

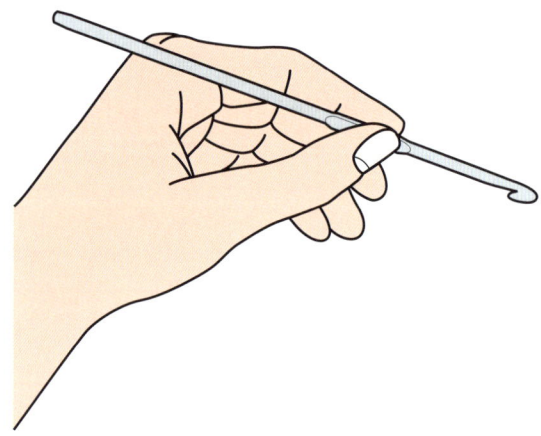

Sie können die Häkelnadel zum Beispiel wie einen Stift halten (siehe S. 17).

Luftmasche

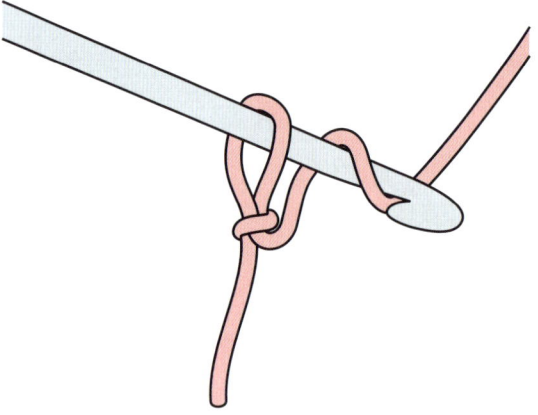

Legen Sie den Faden um die Spitze der Häkelnadel, sodass sie vom Haken festgehalten wird. Faden durchziehen (siehe S. 18).

Feste Masche

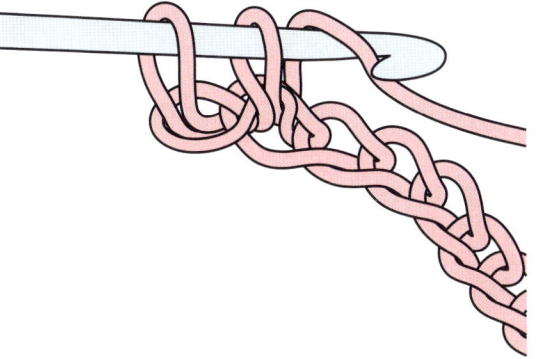

Die erste feste Masche wird in die zweite Luftmasche gearbeitet. Wenn zwei Schlingen auf der Nadel sind, Faden um die Nadel legen und durch beide Schlingen ziehen (siehe S. 26).

In die dritte Luftmasche nach der Nadel einstechen

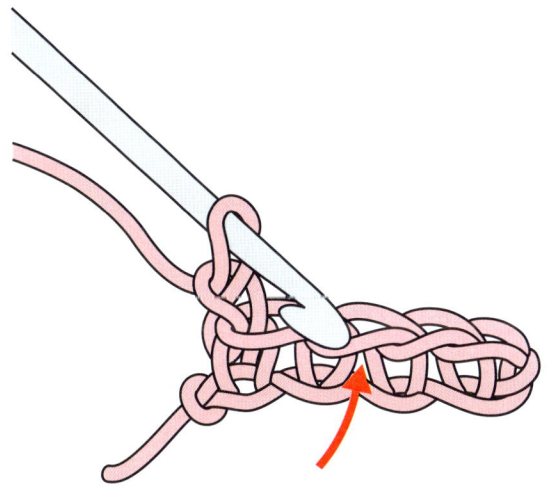

Stechen Sie die Nadel in Pfeilrichtung ein. Achtung: Die Wende-Luftmasche zählt als Masche (siehe S. 27)!

Arbeit für die zweite Reihe wenden

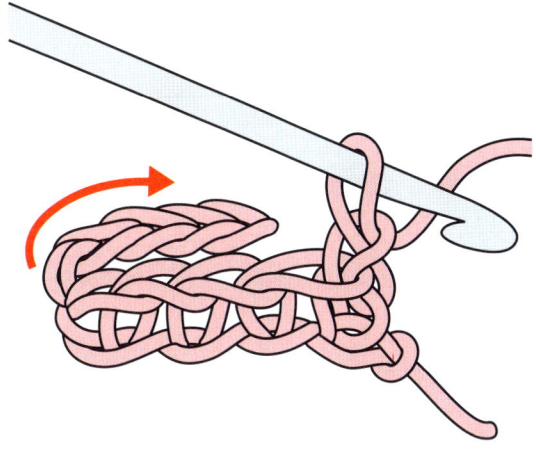

Es ist einfach, die letzte Masche einer Reihe zu finden, wenn man zuerst die Wende-Luftmasche arbeitet und die Arbeit dann wendet, wie oben abgebildet (siehe S. 27).

Beginn einer zweiten Reihe in festen Maschen

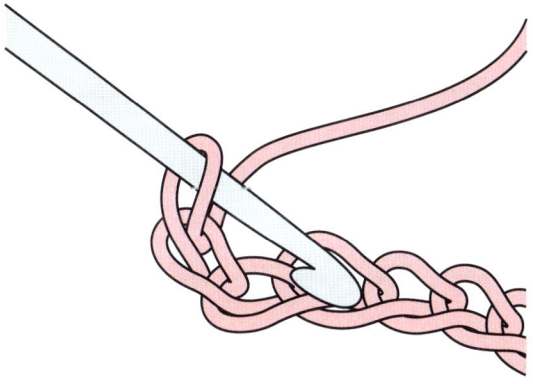

Die Schlinge auf der Nadel zählt nicht als Masche. Der Haken der Nadel (Abb. oben) zeigt auf die dritte Luftmasche (siehe S. 26).

Allgemeine Informationen

Stäbchen

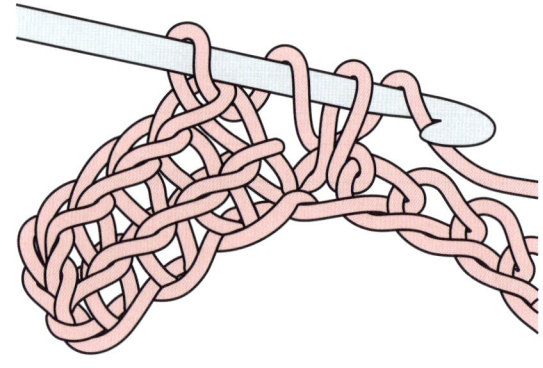

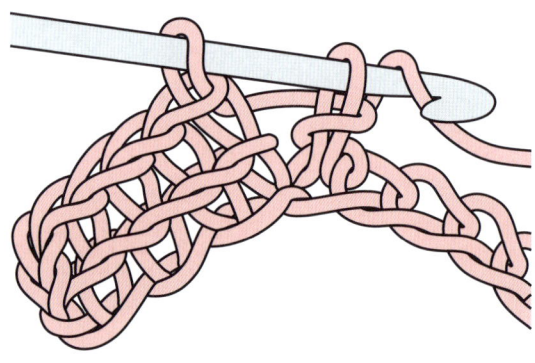

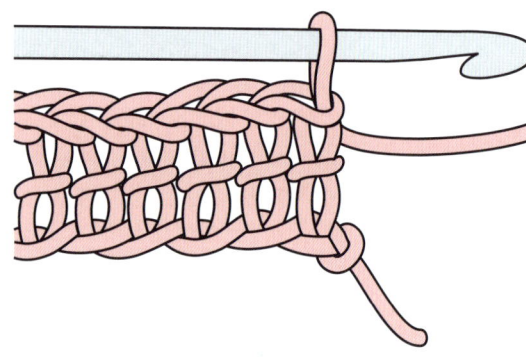

Diese drei Illustrationen zeigen, wie ein Stäbchen gehäkelt wird. Das Stäbchen ist eine höhere Masche, bei der man den Faden bereits vor dem Einstechen um die Nadel legt (siehe S. 29).

Krebsmasche

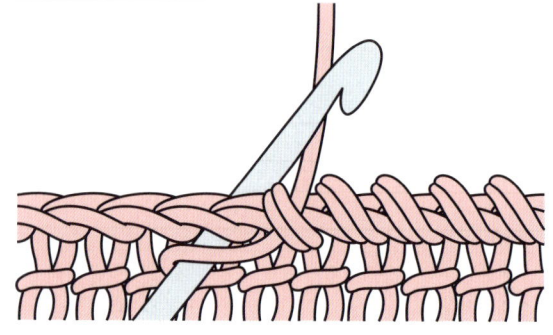

Krebsmaschen werden von der rechten Seite der Arbeit her von rechts nach links gearbeitet (siehe S. 28/29).

Die letzte Masche einer Reihe

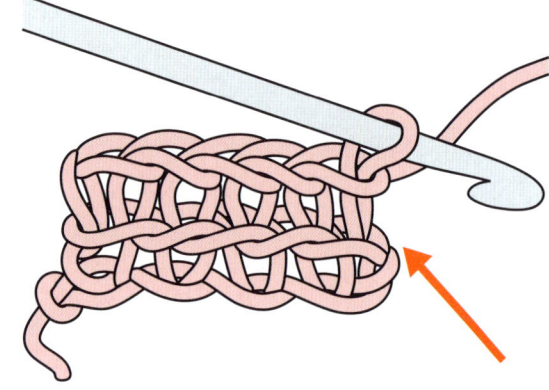

Die letzte Masche wird leicht vergessen. Überprüfen Sie, ob Sie die Wende-Luftmasche behäkelt haben (siehe S. 27).

Maschen abnehmen

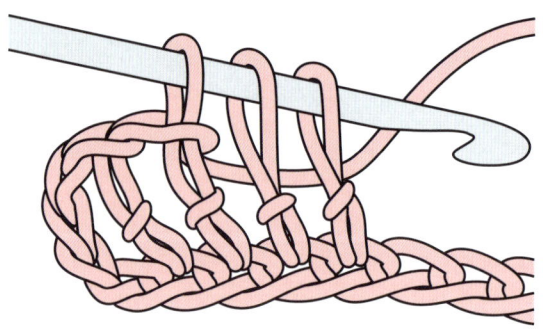

Bei einer Abnahme werden zwei unvollendete Maschen zusammen abgehäkelt (siehe S. 55).

Register

abketten 88
Abkürzungen 11
Aran-Garn 12
Aran-Pullover 75 ff.
   – für Erwachsene 75 f.
   – für Kinder 76 f.

Babydecke 79 ff.
Badezimmerteppich 48 ff.
Baumwollgarn 12, 99 f.
   – merzerisiertes 12
Bienenmuster 45
Blenden, seitliche 89
Blüte, kleine 108
Blütenquadrat 107
Blütenschmuck 115 ff.
Boot 58
Borte
   – dreifarbige 146
     – Fischgräten-Noppen 147
     – klassische 147
     – Wasserfall- 147
     – Wicken- 147
   – zweifarbige 146
Borten 142 f.
Bosnisches Muster 21
Bouclégarn 13
Bouclé-Muster 73
Buchhüllen 38 f.
Bügeln 144
Bündchen 28
Büschelmaschen 70

Chenillegarn 13
Clips 143

Dochtwolle 13
Doppelstäbchen 31
   – tunesische 89
Dornenmuster 47
Dreieck, flaches 103
Dreifach-Stäbchen 31
Durch dick und dünn (Muster) 34

Ecken 56
Eckmasche 56
Effektgarn 13
einfacher tunesischer Stich 85 f.
Einkaufsnetz 22
Einsätze 122, 142
Einsatzstreifen 147

Fächerstreifen 33
Faden anschlingen 87
Faden
   – anschlingen 87
   – ansetzen 87
   – halten 17, 148
   – neuen ansetzen (Schlingenhäkelei) 134
Fantasiemuster 33
Farbbad 43
Farbe, neue anschlingen 43
Farbkombinationen 42
Farbkreis 42
Farbstreifen häkeln 46
Farbwahl 42
Farbwechsel 43, 87
Fausthandschuhe 60 ff.
   – für Babys 62
   – für Erwachsene 60 ff.
   – für Kinder 62
Fertigstellung von Häkelarbeiten 142
feste Masche 26, 149
   – doppelte 34
   – versetzte 34
Feuerrad 59
   – zweifarbiges 59
Filethäkelei 119 ff.
Filetspitze 119 f.
Fischgräten-Noppenborte 147
Flächenmuster 50
flämisches Motiv 108
Formgebung 53 ff.

Garn 12
   – aus Kunstfasern 13
   – dunkles 13
   – feines 13
   – flauschiges 12
   – seidiges 12
   – strukturiertes 13
Garnhäkelnadel 10
Garnstärken 101
Größe überprüfen 142
Grundkurs 9 ff.
Grundmaschen 25 ff.
Grundreihe 15, 85

Häkelarbeit beenden 19
Häkel-Frivolitäten 119
häkeln
   – Farbstreifen 44
   – Kreise und Motive 99 ff.
   – mehrfarbig 41 ff.
   – mit Baumwoll- oder Leinengarn 100
   – nach Anleitungstext 15
   – nach Häkelschrift 15
   – Rhombus 55
   – tunesisch 83 ff.
Häkelnadel 10
   – aus Stahl 100
   – halten 17, 148
   – mit Handgriff 100
   – mit Kunststoffgriff 13
   – tunesische 10
Häkelnadelstärken 10
Häkelquadrat 102
Häkelschrift 15 f.
Häkelspitze 119
halbes Stäbchen 31
Hausschuhe 126 f.
Hilfsmaschen 69
Hüte 109 ff.
   – für Damen 109
   – für Kinder 109 f.

Juwel, kleines 106

Karomuster 46
Karos, versetzte 124
Kettmasche 19 f.
   – englische 21
Kieselsteine 90
Kissen, rundes 92
Kissenhülle 51
Kleiderbügel, umhäkelte 35 ff.
Klöppelspitze 99, 119
Knopf
   – dreifarbiger 145
   – flacher 145
   – Ring- 146
   – zweifarbiger 145
Knöpfe 143, 145 f.
Knopflöcher 89, 143
Korbgeflecht 74
Kornmuster 45
Krebsmasche 28 f., 32, 142, 150
Kreise 99 ff.
   – flache 103
Kreuz des Südens 124
Kuscheldecke 95 ff.

Laufknoten 18, 148
Leinengarn 100
Lilienmuster 57
Linkshänder, Grafiken 148 ff.
Lochmuster 90
Luftmasche 18, 20, 148

Maschen
   – abnehmen 55, 87, 123, 133, 150
   – zunehmen 54, 86, 123, 133
Maschenhöhen 30
Maschenprobe 14
Maßband 10
Material 12
Messent, Jan 67

Mitte, Beginn in der 102
Mohairgarn 13
Motiv, flämisches 108
Motive 99 ff.
– verbinden 104
Motivhäkelei 99
Motivkissen 112
Muschelmuster 33
Muster, bosnisches 21
Musterrapport 15
Mustersammlung 21, 33 f., 45 ff., 57 ff., 73 f., 90 f., 105 ff., 124 f., 136 f., 145 ff.
Mustersatz 16

Nadelspitze 99, 119
Nadelstärken 10, 100 f.
Nähte
– in der Schlingen-häkelei 135
– vermeiden 84
Netzgrund 20
Noppen 72
Noppenmuster 74

Omas Quadrat 108
Orchideen 125
Ostereier 59

Pannenhilfe 43
Pfauenauge 34
Pflege 144
Pierrot-Knopf
– einfacher 145
– kleiner 145

Pikot 19, 21
Plustermaschen 71
Plustermaschen-Rippen 74

Quadrat
– flaches 103
– Omas 108
Querrippen

Randspitzen 122, 142
Reißverschlüsse 143
Reliefmaschen 68 f.
Reliefstäbchen 68 f.
Reliefstäbchen-Rhomben 73
Reliefstäbchen-Rippen 69
Ringknopf 146
Rohrstuhlgrund 120
Römische Säulen 91

Schere 10
Schlingenhäkelei 131 ff.
– Muster 136 f.
Schmetterling 125
Schmuckelemente 144
Schnalle 143, 146
Sechseck, mehrfarbiges 107
Sicherheitsnadeln 10
Sonnenblume 116
Spitzendreieck 105
Spitzenhäkelei 119
Stab für Schlingen-häkelei 10, 132

Stäbchen 29 f., 150
– tunesische 89
Stäbchen-Familie 30
Stecknadeln 10
Sticknadeln, stumpfe 10
Stiefmütterchen 116
Stola 138
Streifen, senkrechte 45
Strickgarn 12
Strickhäkelei 83
Strukturgarne 67
Strukturmaschen 67 ff.
Strukturstoffe 67
Symbole 11, 15 f.

Taschen 110
Tatzenstich 91
Teile verbinden 142
Träger-Top 63 ff.
Trikothäkelei 83
Tropfenmuster 46 f.
tunesische Doppel-stäbchen 89
tunesische Häkelei 83 ff.
tunesische Noppe 95
tunesische Stäbchen 89
tunesische Techniken 89
tunesischer Strickstich 90
Tupfenmuster 47
Tweed-Effekt 88

Unionsflagge 125

Veilchen 58, 115
Verbindungen, unsicht-bare 89
Verschlüsse 143
Verzierungen 143
Vierfach-Stäbchen 31
V-Muster 33
Vorhangspitze 128
Vorwort 7

Wäsche 144
Wasserfallborte 147
Wasserrad 106
Wellen im Hintergrund 124
Wellen
– lange 58
– sanfte 46
Wende-Luftmasche 18, 30
Wickenborte 147
Wiederholungssternchen 15
Wirbelrad 105
Wollhäkelnadel 10

Zackenmuster 57
Zickzackmuster 46
Zopf
– aus Doppelstäbchen 73
– aus Dreifach-stäbchen 74
Zöpfe 69
Zubehör 10
Zunahmen 53 ff., 102 f., 123, 133

BEZUGSQUELLEN

Coats-Garne
Coats GmbH
Postfach 1179
79337 Kenzingen
www.coatsgmbh.de
(Nur über den Handarbeits-fachhandel)

Rowan-Garne
in Deutschland
im Versand erhältlich über:
Wolle und Design
Wolfshovener Straße 76
52428 Jülich-Stetternich
Telefon 02461/54735
www.wolleunddesign.de

Häkelnadeln
(auch tunesische Nadeln)
addi
Gustav Selter GmbH + Co. KG
Postfach 8066
58754 Altena
www.addinadeln.de
(Nur über den Fachhandel)